城市集聚与住房价格时空演化

兰 峰 焦成才 著

中国建筑工业出版社

图书在版编目（CIP）数据

城市集聚与住房价格时空演化/兰峰，焦成才著
. -- 北京：中国建筑工业出版社，2022.12
ISBN 978-7-112-28267-8

Ⅰ.①城… Ⅱ.①兰… ②焦… Ⅲ.①城市—房价—研究—中国 Ⅳ.①F299.233.5

中国版本图书馆CIP数据核字（2022）第240535号

本书选取中房指数系统的100个城市为样本，通过空间聚类分析将样本城市划分为若干个城市群，并确定相应城市群的中心城市；从时间角度研究中心城市与外围城市之间、中心城市之间、城市群之间商品住房价格的溢出效应；从空间角度构建城市房价的星型网络，研究城市及空间关联城市之间的房价溢出关系和路径特征；从时空角度研究城市之间房价溢出随时间和空间交互演化所呈现出的复杂变化规律。

本书可作为高等院校房地产开发与管理、工程管理等专业领域的研究生以及房地产开发企业、相关行政管理部门工作人员的参考用书。

责任编辑：高延伟　张　晶　牟琳琳
书籍设计：锋尚设计
责任校对：李辰馨

城市集聚与住房价格时空演化
兰　峰　焦成才　著

*

中国建筑工业出版社出版、发行（北京海淀三里河路9号）
各地新华书店、建筑书店经销
北京锋尚制版有限公司制版
北京建筑工业印刷厂印刷

*

开本：787毫米×960毫米　1/16　印张：14　字数：246千字
2022年12月第一版　　2022年12月第一次印刷
定价：**48.00元**
ISBN 978-7-112-28267-8
（40677）

版权所有　翻印必究
如有印装质量问题，可寄本社图书出版中心退换
（邮政编码100037）

前言

近年来，商品住房价格变化是全社会普遍关注的热点问题，特别是随着城市集聚及城市网络化结构的形成，中心城市商品住房价格变化对周边城市的市场预期产生持续作用，继而引发全国范围内的商品住房价格波动与时空溢出，对国民经济发展以及社会稳定产生了重大影响。然而在商品住房价格波动与时空溢出研究方面，目前尚缺乏城市集聚下大样本容量城市的相关研究成果，无法有效地揭示城市之间以及城市群之间的商品住房价格溢出特征以及随时间和空间二维变量交互演化所呈现出的变化规律。本书基于百城价格指数的100个城市为样本研究城市集聚下的商品住房价格时空溢出效应，有利于完善商品住房价格波动的相关理论，同时对中国情境下的"因城施策"差异化调控策略具有积极的现实意义。

具体而言，本书的主要研究内容和研究发现有以下几点：

（1）城市群空间聚类分析及中心城市确定。运用主成分分析法、引力模型和块模型，在考虑商品房因素下将100个样本进行城市群边界范围识别，并通过"城市总吸引力"和"联结线数量"确定各城市群的中心城市。结果显示，100个样本城市最终可划分为京津冀蒙、东北、中原、西部、长三角、长江中游、山东半岛、珠三角-北部湾、海峡西岸共计9个城市群，并存在20个中心城市。

（2）基于时间维度的商品住房价格溢出效应检验。通过构建向量自回归模型，基于时间维度采用Johansen协整检验方法验证城市之间及城市群之间商品住房价格是否存在协整关系，以此判断不同主体之间是否存在商品住房价格的溢出关系。研究发现，中心城市与外围城市之间、中心城市之间、城市群之间均存在多个协整关系，表明在以上三个层面均存在商品住房价格的溢出效应。

（3）基于空间维度的商品住房价格溢出的因果关系和路径特征。通过Granger（格兰杰）因果关系检验确定房价波动的中心城市和房价溢出的主要路径，运用社会网络分析法以城市间房价溢出的互动关系为链路构建星型网络，分析房价溢出的空间路径特征。研究发现，北京和深圳是全国房价波动的源头城市，各城市群中均存在1~2个房价中心城市，中心城市房价波动向外围城市溢出的特征显著；城市间的商品住房价格互动关系呈现出显著的网络结构特征，单一城市房价的波动是由多个城市共同作用的结果；商品住房价格波动整体上呈现出由南北向中部、由东部向中西部扩散的路径；城市群及城市网络化格局的形成，为商品住房价格的空间扩散提供了便捷的外部条件，但同时也有利于弱化"极点"城市房价变化对城市群外其他城市的溢出效应。

（4）基于时空二重维度的商品住房价格溢出效应和演化规律。运用时空扩散模型分析中心城市房价的当期变化和滞后变化对其他城市房价的影响程度，并采用广义脉冲响应函数（GIRF）探究房价波动的单位冲击随滞后期变化的GIRF在时间和空间二重维度上的变动规律。研究发现，城市之间房价溢出的效应与城市的经济基本面及城市等级有显著关系；在经济基本面和城市等级基本一致时，城市之间房价的溢出效应显示出与空间距离呈反比的规律；在拥有高度网络结构化的城市群内，房价的溢出效应与城市经济基本面及空间距离等要素均无绝对关系，其表现为中心城市房价的全面直接溢出。

本书由国家自然科学基金项目住房价格与城市空间失配的时空交互演化机理研究（71874136）和基于城市星型网络的商品住房价格时空溢出机理研究（71573201）资助。

目录

1 绪论
- 1.1 研究背景 2
- 1.2 国内外研究现状 7
- 1.3 研究设计 19
- 1.4 研究方法和技术路线 22
- 1.5 研究的创新点 22

2 研究理论基础
- 2.1 城市集聚理论 26
- 2.2 城市空间互动理论 30
- 2.3 商品住房价格互动理论 33
- 2.4 本章小结 36

3 城市群空间聚类及边界范围识别
- 3.1 城市群空间聚类及边界范围识别的方法 38
- 3.2 评价指标体系构建与数据来源 45
- 3.3 城市集聚引力与城市集群边界识别 51
- 3.4 中心城市的确定 60
- 3.5 本章小结 62

4 商品住房价格的溢出效应检验
- 4.1 溢出效应检验的模型与方法 64
- 4.2 数据来源与分析 67
- 4.3 中心城市与外围城市房价溢出效应检验 71
- 4.4 中心城市之间房价溢出效应检验 86

| | 4.5 城市群之间房价溢出效应检验 | 89 |
| | 4.6 本章小结 | 94 |

5 商品住房价格溢出的空间路径

	5.1 研究的模型与方法	96
	5.2 商品住房价格溢出的因果关系	99
	5.3 商品住房价格溢出的网络特征	108
	5.4 商品住房价格溢出的空间路径	119
	5.5 本章小结	121

6 基于时空二重维度的商品住房价格溢出及演化规律

	6.1 研究模型与方法	124
	6.2 中心城市间商品住房价格的时空二维溢出效应	127
	6.3 城市群内商品住房价格的时空二维溢出效应	134
	6.4 商品住房价格的时空溢出模式与影响因素	166
	6.5 本章小结	172

7 研究结论与展望

| | 7.1 研究结论 | 174 |
| | 7.2 不足与展望 | 175 |

附表 ... 177
参考文献 ... 208

1 绪论

1.1 研究背景

1.1.1 问题的提出

（1）我国城市群的集聚效应和带动效应持续增强

城市集聚是区域经济发展的结果，同时也是推动区域经济增长的重要力量。在城市化与城市区域化快速发展的推动下，城市群已经成为当前我国人口密度高、产业竞争力强、创新要素集聚和经济效益最优的地区，并成为区域乃至国家空间未来发展的重要生长点。

在我国区域经济发展不平衡、不充分的问题仍旧凸显的背景下，以城市群为主体形态推进区域经济协调发展成为当前中国开拓新空间、引入新动力的重要战略举措。2014年，《国家新型城镇化规划》发布了"两横三纵"为主体的城镇化战略格局规划，在规划期内将显著增强城市群集聚经济和人口的能力，提高东部地区城市群的一体化水平和国际竞争力，将中西部地区城市群打造成推动区域协调发展的新的重要增长极。2016年，《中华人民共和国国民经济和社会发展第十三个五年规划纲要》中进一步提出加快城市群建设发展，优化提升东部地区城市群，培育中西部地区城市群，规划引导其他城市群发展，形成更多支撑区域发展的增长极。党的十九大报告中指出："以城市群为主体构建大中小城市和小城镇协调发展的城镇格局，加快农业转移人口市民化"。目前，就国家规划的19个城市群而言，其人口总量约占全国的78%，国内生产总值占全国总量的比例超过80%，其中京津冀城市群、长三角城市群、珠三角城市群、成渝城市群和长江中游城市群等虽然仅占全国10.4%的面积，但却集聚了全国近40%的人口，贡献了超过50%的国内生产总值，城市群的集聚效应和带动效应仍在持续增强。

随着区域化进程的持续推进和交通信息技术的飞速进步，各种要素在城市之间流动的速度和方向正发生着根本性改变，城市之间的经济联系逐渐由双向、线性联系向整体、多向交叉的网络经济联系转变，大中小城市之间正在形成具有一定功能和结构关联的城市网络体系。在市场机制作用下，规模效应、技术外溢和不完全竞争会引导经济活动的空间集聚，人口、资金、技术、信息等生产要素也将向资本回报率高的城市集聚,当城市经济活动和生产要素集聚到一定阶段便逐渐形成城市群。城市群有利于促进要素的自由流动,不断拓展市场边界;有利于形成规模经济,降低企业的生产成本和交易成本;有利于劳动分工、知识溢出,产生正外部性,促进创新并带动收益递增;有利于在区域内形成合理的发展格局和健全的协调机制。城市群通过引领区域经济转型升级、资源高效配置、技术变革扩散,在增强区域经济活力、提升区域经济效率方面发挥着重要作用。

(2)商品住房价格持续性波动上涨和政策调控的特征明显

1998年实施商品住房货币化改革后,我国房地产业进入高速发展时期,商品住房价格也随着住房需求的释放实现快速上涨,特别是《国务院关于促进房地产市场持续健康发展的通知》(国发〔2003〕18号)将房地产业定位为国民经济支柱产业之后,我国商品住房价格上涨更是异常迅速,以北京、上海、深圳、广州等为代表的中心城市商品住房价格持续波动性上涨。除2008年和2014年商品住房价格呈现下跌外,其余时间均呈上涨态势,全国商品房销售均价从1998年的2063元/m^2上涨至2020年的9860元/m^2,年均增长率达到17.18%,远超GDP和居民收入水平的增长速度。

与商品住房价格持续性波动上涨相对应的是密集的宏观调控政策,过去20年的房地产调控目标只有两个,即避免过热和防止过冷。按照商品住房价格的走势和调控政策发布的时间可大致将房地产调控分为6个阶段(图1-1),其中2个阶段为实施刺激政策,4个阶段为实施控制政策。①1998—2003年为第一阶段,房地产业在该阶段被确定为国民经济支柱产业。1998年房改政策出台,住房分配从实物转向货币化,同时为应对亚洲金融风暴,房地产相关税费大幅下调,并且进行了住房信贷和土地出让市场化改革,房地产业在刺激政策下快速发展并被正式确定为国民经济支柱产业。②2004—2007年为第二阶段,抑制房地产过热、稳定房价是主旋律。从2003年开始,全国房价普遍进入持续上涨通道,2003—2004年全国房地产开发投资连续两年增长超过30%,2004年商品房销售价格同比涨幅达18%,2005年商品房销售面积同比增幅达45%,全国房地产行业出现投资和需求并存的过热现象。政府在该阶段先后出台严控开发贷款、提高二套房首付比例和贷款利率、开征二手房交易个税及建设廉租房等措施,以期遏制房价过快上涨。③2008—2009年为第三阶段,在该阶段政府发布了一系列促进房地产市场发展的政策。源自美国的次贷危机迅速席卷全球并引发国际金融危机,我国房地产市场也受到严重影响,出现商品房销售量价齐跌的情况,2008年我国

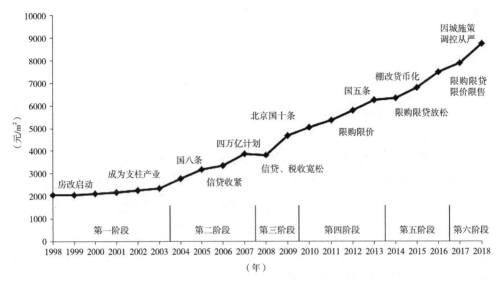

图1-1 1998—2018年商品房销售均价及调控政策走势图

商品房销售面积同比下滑15%，商品房销售价格自1998年以来首次出现下跌（-2%）。为应对国际金融危机带来的负面影响，保持宏观经济增长，政府出台"四万亿计划"，同时出台信贷、税收等宽松政策，有效刺激了房地产市场发展。④2010—2013年为第四阶段，该阶段商品住房价格再次快速上涨，调控政策再次收紧。2009年底商品房销售面积同比增长44%，销售价格同比上涨23%，并在此后几年内一直保持较高的上涨速度。为遏制房地产市场过热，全国一、二线城市相继出台限购、限价等政策，全面实施限制性调控措施。⑤2014—2016年为第五阶段，面对经济下行趋势，房地产再一次成为刺激经济的重要手段。在上一阶段实施限购的46个城市中，除了北京、上海、广州、深圳、三亚外，其他41个城市在2014年先后取消限购政策，并实施了"去库存"的相关措施，加之2015年三、四线城市实施大规模的棚改货币化政策释放大量购房需求，至2016年新一轮的房价上涨周期重新启动。⑥2017年至今为第六阶段，受第五阶段刺激政策影响，商品房销售面积和销售价格开始迅速上涨，严重影响了房地产业和宏观经济的健康发展。2016年中央经济工作会议首次明确"房子是用来住的，不是用来炒的"的定位，并成为此后房地产调控的主旋律。全国上百个城市实施了限制性政策，在限购、限贷、限价等基础上首次出现了"限售"措施，房地产调控力度空前。2019年中央经济工作会议提出了"因城施策、分类指导",要求避免一、二线城市房地产市场过热,同时对三、四线城市制定符合市场规律的"去库存"措施,全面促进房地产市场平稳健康发展。2020年,中央继续坚持"房住不炒、因城施策"的政策主基调,实现稳地价、稳房价、稳预期的长期调控目标,促进房地产市场平稳健康发展。

(3) 城市集聚和商品住房价格全面溢出的关联性显著

回顾我国商品住房价格的波动历程,由最初一、二线城市房价波动发展至近年来的全面波动溢出,如2013年9月的70个大中城市房价指数显示,新建商品住房价格下降的城市有58个,而2014年9月新建商品住房价格下跌的城市扩大至69个,再到2018年8月,70个大中城市中有67个城市房价上涨,全国重点城市商品住房价格呈现出长期协同变动的现象。造成这一现象的原因包括经济发展和人均收入水平提高带动的需求、城镇化发展造成的人口聚集、棚改货币化释放的需求、中心城市资金的转移、信贷扩张引起的需求增长、品牌房企开发策略的导向等,但城市网络的形成也为商品住房价格的波动溢出提供了重要的宏观平台和条件。随着交通、通信技术的变革与发展,区域经济发展的空间格局发生巨大变化,城市之间的空间距离更多以时间效应来体现,城市之间的资金、技术、人口、信息等经济要素快速流动,并逐渐形成经济发展一体化的城市集群,如20世纪90年代我国仅有长三角、珠三角和京津冀三个城市群,而发展至当前已形成数十个城市群和都市圈。我们注意到,在我国房地产市场发展过程中,商品住房价格波动总是首先产生于经济社会发展层级较高的城市,继而对周边城市产生影响并引发价格波动。在其市场表现中,随着区域化城市集群的逐步形成,具有较强集聚和辐射能力的区域中心城市对于周边邻近城市的房价溢出效应愈发显著。如35个大中城市2005—2014年期间的商品住房价格数据显示,城市之间的联动性和溢出效应十分显著,且东部城市房价变动对其他城市冲击的传递强度和传递速度最高。

在研究商品住房价格溢出方面,现有研究大多数以城市为研究对象,在城市样本容量上是普遍偏小的,并存在非连续性或地域性的特点,且大多数通过建立时间序列和面板数据来检验城市间是否存在商品住房价格的长期或短期的协整关系,或检验城市间商品住房价格存在着某种因果关系等,但对于"如何建立大样本容量下的城市空间边界研究模型,应对我国商品住房价格的溢出特征与演化规律给出更科学合理的阐述""城市集聚与商品住房价格溢出,以及城市群之间房价的溢出路径存在怎样的内在规律性""商品住房价格在时间和空间二重维度交互作用下的变动趋势"等关键问题缺乏解释力度,无法对我国商品住房价格的溢出效应作出较为全面的描述。随着对于房价溢出研究的迫切性和愈加深入,目前研究的局限性也逐渐体现出来。

基于此,本书选取由国务院发展研究中心、中国房地产业协会、中国房地产开发集团等联合发起形成的全国及各重要城市房地产市场监控系统——中国房地产指数系统(CREIS)的100个城市为样本,研究城市集聚下中心城市与外围城市之间、中心城市之间、城市群之间商品住房价格的溢出效应和溢出因果关系,并以城市间商品住房价格波动的溢出效应和滞后效应为链路构建房价溢出的城市星型网络,分析房价溢出的空间关联结构及路径特征,在此基础上,研究城市之间商品住房价格的时空溢出效应,揭示商品住房价格随时间和空间二维变量交互演化所呈现出的变化规律。

1.1.2 研究意义

(1)理论意义

随着经济的高速发展,区域经济的空间结构正发生深刻变迁,城市之间的人口、资金、技术、信息等经济要素流动更加频繁,城市网络的形成将带来一系列新的社会问题,商品住房价格同样伴随着城市集聚及城市网络的形成呈现出全面溢出的态势。然而,现有的研究缺乏将城市集聚与商品住房价格溢出进行关联研究,且建立的城市样本容量相对而言是偏小的,无法反映全国层面房价的溢出效应和空间关联关系以及商品住房价格随时间和空间二维变量交互演化所呈现出的变化规律。因此,本书将以大样本城市容量为研究对象,在城市空间聚类分析和边界范围识别的基础上,从时间维度、空间维度及时空二重维度研究我国商品住房价格的溢出效应,有助于丰富和完善中国情境下的商品住房价格波动理论。

(2)现实意义

近年来,商品住房价格的波动以及城市之间、城市群之间的房价溢出现象对百姓生活、社会稳定产生了重大影响,成为全社会关注的热点问题。虽然政府针对商品住房市场和价格问题实施了一系列调控措施,但实践证明,刺激性政策往往能起到立竿见影的效果,而抑制性政策则在短期"有效"而长期"失效",以至于出现房价"越限越高"的表象。2016年12月中央经济工作会议首次提出"房住不炒"的定位,2018

年12月中央经济工作会议再次提出"构建房地产市场健康发展长效机制，坚持房子是用来住的、不是用来炒的定位，因城施策、分类指导，夯实城市政府主体责任，完善住房市场体系和住房保障体系"。然而，现有的研究还缺乏对全国及城市群层面商品住房价格时空溢出效应的研究，为"因城施策，分类指导"政策的制定提供相关理论依据还有一定局限性。本书通过研究城市集聚下的商品住房价格时空二重维度溢出效应，揭示其溢出的变化规律，对促进房地产市场健康平稳发展、为中央及地方政府贯彻"房住不炒"的调控方针和实施"因城施策"的地区差异化调控策略具有积极的现实意义。

1.2 国内外研究现状

国内外关于商品住房价格溢出关系的研究积简充栋，按照研究内容，可大致分为商品住房价格溢出效应的研究和商品住房价格溢出的影响因素研究两部分。

1.2.1 商品住房价格溢出效应的研究

关于区域间商品住房价格溢出效应的研究，按照由浅入深的研究层次，可总结为验证不同主体之间商品住房价格的溢出效应、研究不同主体之间商品住房价格溢出的因果关系、研究不同主体之间商品住房价格溢出的路径特征和研究商品住房价格的时空溢出效应四个方面。

（1）商品住房价格的溢出效应

1）国外相关研究

目前已有大量文献证实了不同城市或区域之间的住房价格存在长期协整关系和溢出效应，其中最早进行住房价格溢出效应的研究出现在英国，并取得了丰富的研究成果。英国学者将区域之间住房价格的溢出效应称为"波纹效应"，Macdonald和Taylor以英国11个区域19年间的房价季度数据进行长期协整关系检验，结果显示其中9个区域的住房价格有协整关系，证明了区域之间房价波纹效应的存在。Munro和Tu采用1970—1993年的年度数据构建了住房价格模型，通过实证研究发现英国东南部区域的房价首先上涨,在滞后1年后引起其他区域的房价上升,同时发现伦敦的房价作为外生变量可以解释其他地区房价的变化,证实了波纹效应的存在。Cook的研究同样发现,英国东南部地区住房价格上涨会带动其他区域房价上涨,且在房价溢出过程中当南部区域的住房价格上涨时,英国整体房价达到均衡状态的过程就非常快,反之当南部区域的住房价格下降时,整体房价回复的过程则比较慢,进一步证明了波纹效应的存在。Stevenson通过对爱尔兰22年间住房价格季度数据的研究表明,在爱尔兰以及其与北爱尔兰之间,存在与英国房价的波纹效应类似的住房价格传导效应。

进入20世纪90年代,关于美国地区间住房价格溢出效应的研究也逐渐增多,且大多数研究以大都市或城镇住房市场为对象,与英国的住房市场研究多采用区域为对象不同。Pollakowski和Ray采用美国东北部、中部等区域1975—1994年的住房价格数据构建了向量自回归模型,实证表明住房价格的连续性空间扩散发生在大都市区的相邻区域内,并且认为宏观经济环境的变化是产生房价"溢出效应"的主要原因,因此房价相互溢出的地区一般在经济上也存在相互关联特性。Dolde和Tirtiroglu则以康涅狄格和旧金山为样本构建了GARCH-M估计模型,除了考虑住房价格外还纳入了波动变化率等因素,结果同样表明房价在非相邻区域不存在价格溢出关系,而仅在相邻城镇之间存在,该结论与Cho的研究结果一致。

除英国和美国外,也有学者对瑞典、马来西亚和荷兰等国家的房价溢出关系进行了研究,并且证明了溢出效应的存在。在瑞典,Berg用1981—1997年住房价格指数研究了7个地区的住房价格的动态变化,结果表明所有地区的住房价格具有显著的协整关系,且斯德哥尔摩的房价在所有地区中具有主导作用。在马来西亚,Lean和Smyth研究了14个地区的住房价格关系后,得出了住房价格变化由发达地区向欠发达地区溢出的结论。在荷兰,Teye和Ahelegbey采用12个省1995—2016年的住房价格数据,通过构建BG-VAR模型对不同地区住房价格的时空关系进行分析,发现不同省份之间的住房存在溢出效应,且不同时期主导房价波动的中心城市各不相同。

当然,也有部分国外学者研究了我国北京、上海、广州等城市的价格传导机制,以及我国34个城市的房价传导趋同机理,也逐一验证了住房价格溢出效应的存在。

2)国内相关研究

我国关于住房价格溢出方面的研究起步较晚,但运用西方成熟的研究方法也取得了丰富的实证成果。在台湾地区,研究表明有40%的区域存在"波纹效应"。在香港地区，虽然城市规模有限，但通过研究不同质量层次住房之间的关系，发现当住房政策变化时房价存在会从低层次住房向高层次住房传导的溢出效应。相对而言，大陆地区地域辽阔，城市分布星罗棋布，更容易进行房价溢出关系的检验。研究表明，住房价格的溢出关系存在于省域之间、直辖市之间、中心城市之间和城市群内部城市之间。张谦和王成璋采用31个省域面板数据构建空间面板计量模型，实证表明中国省域之间的住房价格存在显著的正相关性和溢出效应；王锦阳和刘锡良通过研究4个直辖市1999—2012年季度房地产相关数据后发现，4个直辖市之间存在广泛的房价溢出效应，但在溢出方向上存在明显的差异；董加加和纪晗通过35个大中城市房价数据构建GlobalVAR模型来研究房价之间的联动性和溢出关系，结果表明35个大中城市房价的联动性随房价的上涨而增强，且存在显著的溢出效应。谷静通过对70个大中城市2005—2009年的月度住房价格数据研究发现，大中城市房地产市场联系紧密，具有较强的联动性，金融危机后大中城市房价的相关性显著提高，联动更强。兰峰等通过研究长三角城市群、珠三角城市群、关中城市群、成渝城市群和长江中游城市群城市之间的房价关系后发现，在各大城市群内广泛存在着商品住房价格的溢出关系。

除此之外，也有大容量样本城市的房价溢出关系检验，如丁如曦和倪鹏飞利用2005—2012年全国285个城市建立空间滞后面板数据模型，分析城市房价的空间溢出关联关系，研究显示住房价格在近邻约400km范围城市间及跨地区城市之间存在显著的溢出效应。

（2）商品住房价格溢出的因果关系

1）国外相关研究

随着计量经济学理论的发展，国外关于不同区域间房价溢出关系的研究从20世纪80年代初开始逐渐增多。在检验区域间住宅价格溢出的因果关系方面，比较具有代表性的成果主要以英国、美国和澳大利亚为主。

Alexander和Barrow认为，受人口迁移影响，英国东南部城市房价变化是南部区域城市房价变化的Granger原因，并且住房价格整体上是从中东部区域向北部区域传导的。Muellbauer和Murphy的研究同样能够证明东南部区域的房价引发了其他区域房价的变动。Holmes对英国10个区域的住房价格进行研究后发现，区域之间的住房价格存在长期均质协整关系和价格趋同现象。

在美国，Gupta和Miller研究了洛杉矶、拉斯维加斯和凤凰城房价之间的时间序列关系，通过时间Granger因果关系测试显示洛杉矶的房价导致了拉斯维加斯（直接）和凤凰城（间接）的房价上涨，拉斯维加斯的房价导致凤凰城的房价上涨，洛杉矶的房价在时间上被证明是外生的，而凤凰城的房价则不会导致其他两个市场的房价上涨。除了研究城市之间房价的因果关系，也有学者研究了宏观经济对美国西部城市房价的影响，Kuethe的研究表明，1998—2007年宏观经济变化及城市之间的溢出效应是房价变化的Granger原因，这与Pollakowski和Ray的研究结论一致。

在澳大利亚，住房价格在省会城市之间普遍存在着因果关系，进一步研究表明，在7个省会城市之间存在不同方向的因果关系，如悉尼与布里斯班等存在长期的单向因果关系，墨尔本与悉尼等则存在短期的因果关系，阿德莱德与霍巴特存在长期的相互影响的双向因果关系。

2）国内相关研究

关于不同主体之间住房价格溢出的因果关系，我国台湾地区和大陆地区均有较丰富的研究成果。我国台湾地区商品住房价格溢出关系存在两种观点，一种观点认为除台北以外其他城市都存在溢出效应，台北市的房价变化并未对其他城市造成影响；另一种观点则认为台北市和高雄市是全台湾地区房价波动的源头城市，当其价格发生异动时会向周围城市扩散。在大陆地区，研究房价溢出因果关系可以大致分为中心城市间、区域内城市间和大中城市间三类。

郭文伟基于北京、上海、深圳、杭州等10个中心城市2005—2016年一、二手住宅市场数据，通过Granger因果检验研究房价泡沫的传导关系，结果显示一线城市的房价泡沫向二线城市扩散，一手住房价格泡沫的扩散主导城市为深圳、天津、南京和成都，二手住宅价格泡沫的扩散主导城市则为上海、深圳和杭州。黄飞雪采用2005—2010年东中西9个中心城市的月度住房价格数据检验房价的涟漪效应，对9个城市进行了两两Granger检验，研究表明深圳是多数城市房价变化的Granger原因，是最具活力和影响力的城市，而太原和合肥则受其他城市的影响程度最大。

在城市群内部，研究表明南京是镇江、扬州、芜湖和马鞍山的Granger原因，但镇江和马鞍山房价的变动也会影响南京的房价变化。黄燕芬等运用2005—2014年京津冀城市群的房价数据进行了实证检验，结果显示城市群内的住房价格存在显著的溢出效应，其中北京是房价溢出的中心城市，其对外围城市的溢出效应随空间距离的增加而逐渐减弱。王松涛等研究认为，北京和大连是北部沿海地区城市的Granger原因、上海和宁波是中部沿海城市的源头城市、深圳和厦门是南部沿海城市的Granger原因、郑州和武汉是中部地区城市的Granger原因、西安和重庆是西部地区的Granger原因。

王雪等将我国70个大中城市分为五个等级，研究不同等级城市在2011—2016年房价的溢出效应，结果显示各级城市的房价存在显著的联动关系，其中一线城市具有较高的独立性，对其他城市的"引领"作用不明显，而二线城市在中长期来看对其他城市的溢出效应逐渐增强，三、四、五线城市的对外溢出效应最弱。

当前我国现有文献几乎已覆盖了全国热点区域和城市，然而目前国内研究中多以中心城市或城市群为样本，尚缺少全国层面城市的房价溢出因果关系研究。

（3）商品住房价格溢出的路径特征

1）国外相关研究

由于地理条件和经济水平存在空间差异，各区域的房地产市场发展水平也不尽相同，学者对区域间房价溢出路径的研究也都各具特殊性。在英国，Holly研究认为伦敦是房价变化的主导区域，并将这种变化以空间和时间的维度扩散到相邻地区，之后再传导至其他地区，呈现出辐射式的传导路径；在澳大利亚，研究发现东南沿海城市之间的房价存在两条均始于布里斯班而止于墨尔本的路径，但其经过的路径略有不同，且整体上表现出从北部向南部的地理扩散。进一步研究发现，澳大利亚8个省会城市之间住房价格存在"1-1-2-4"的扩散模式，其中两个1分别是房价扩散的源头城市悉尼和房价扩散的二级城市墨尔本，2为第三层级的佩思和阿德莱德，4为最低层级的布里斯班、堪培拉、达尔文和霍巴特，这一研究表明城市之间的房价传导具有显著的路径特征。在芬兰，赫尔辛基是全国房价变化的主导城市，并呈现出由赫尔辛基向周边城市扩散的传导路径。

除此之外，还有学者分别研究了南非、新加坡、法国和西班牙等国家的房价溢出效应，并能够分析出各自房价扩散的路径特征。

2）国内相关研究

在房价溢出路径方面，国内研究大致分为区域之间、省域之间和城市之间三个方面。

在区域层面，行成生按照房价波动特征将26个大中城市划分为6个组，采用协整检验和格兰杰因果检验来研究不同区域和不同城市间的房价互动关系，结果表明房价波动整体上是从东部发达地区向东北、西部和中部地区溢出，其中向东北和西部地区的溢出显示出直接的路径特征，而向中部地区的溢出则先经过武汉和郑州，再向其他城市扩散。

在省域层面，徐迎军和李东选取东部、中部和西部地区共计7个省为样本，采用Engle-Granger协整检验方法研究了省域之间的房价扩散模式，结果显示存在3-2-2的传导路径，即陕西、黑龙江和青海在第1层级，山东和湖北在第2层级，北京和云南在第3层级，该结论虽表明省域之间的房价存在显著的溢出路径特征，但因其样本选取缺乏地理空间连续性，因此结论是否具有普适性和可靠性有待考证。

在城市层面，方晓萍和丁四保运用35个大中城市1998—2009年的商品住房指数进行Granger因果检验，表明房价在水平方向上的传导具有地理方向性，而垂直方向上的传导具有"4-4-9-9-9"的层级结构性。龚健等以长三角城市群的12个城市为例研究各城市2000—2014年的住房价格数据，结果显示存在7个传导源城市和6条溢出路径，即以上海为传导源的传导路径及由其延伸出以苏州、嘉兴为传导源的两条传导路径，以南京、杭州为主传导源的传导路径及与其相互影响的以湖州和宁波为次传导源的两条传导路径。

在珠三角城市群，钟威和李进涛、李红波均以9个主要城市为研究对象，分别采用2000—2009年和2001—2010年的住房价格季度数据研究珠三角城市的传导关系，研究结果一致显示，珠三角城市存在两个层级的房价传导路径，即在板块之间，房价从"广—佛—肇"向"深—莞—惠"和"珠—中—江"扩散，同时也存在"深—莞—惠"向"珠—中—江"扩散的路径；在城市之间，广州、深圳、珠海分别是"广—佛—肇""深—莞—惠"和"珠—中—江"区域的房价变化源头城市，并对区域内其他城市产生房价传导效应。

吕龙和刘海云选取35个城市2011—2017年的房价数据，构建量化房价的溢出效应的测度指数来分析房价溢出的网络关联关系，结果表明北京、上海、深圳等7个城市是"领导者"，天津、杭州、武汉等7个城市是"经纪人"，石家庄、沈阳、重庆等11个城市是"双向引导者"，青岛、西安、长沙等10个城市属于"跟随者"，同时将城市样本扩大至42个城市研究房价泡沫传染的路径与强度后发现，北京和三亚是房价溢出的源头城市，其中北京房价泡沫主要向上海、天津、济南等城市扩散，并在海口、福州等城市终止，三亚房价泡沫主要扩散至广东和福建等区域，整体上具有"由东至西"的规律。

目前，国内涉及城市群之间商品住房价格传导的研究较少，且样本普遍以局部区域居多，样本容量大、覆盖区域广的全国性城市群间的房价溢出关系研究尚属空白。

（4）商品住房价格的时空溢出效应

1）国外相关研究

研究住房价格溢出关系和溢出效应的方法，最初多采用时间序列进行建模，并运用Johansen协整检验和Granger因果关系检验进行分析，但传统计量分析往往会忽视地理空间因素，无法对住房价格的溢出效应进行时间和空间二重维度的分析，可能会导致结果有一定的偏差。随着空间计量经济学的发展，在传统计量经济学模型中引入空间权重矩阵可以很好地考虑不同城市之间的空间依赖性，极大提高住房价格时空溢出效应分析的可靠度。Clapp和Tirtiroglu运用美国哈特福特、康涅狄格州的房价数据进行研究，发现在相邻城镇之间的房价会产生空间上的扩散关系，但在非相邻区域却不存在这种传导效应，他们将这种城镇之间的房价扩散过程称之为"冲击效应"。Ioannides和Thanapisitikul以美国375个大都会统计地区23年的房价数据为样本研究城市之间房价的时空扩散效应，在采用普通回归模型对房价变化率进行滞后回归分析的基础上，加入房价变化率的空间滞后项，按照城市地理距离将其划分为6个等级并进行空间权重下的滞后回归分析，结果显示，考虑地理空间滞后项后对房价变化率的解释能力更具可靠性。

Holly等采用美国49个州1975—2003年的住房价格数据构建了空间面板数据模型，结果同样表明住房价格在相邻州之间存在具有空间相关性和依赖性的溢出效应。Cohen等则采用了更大容量的城市样本数据，通过美国363个城市1996—2013年的住房价格面板数据进行研究，结论与Holly的研究基本一致，即城市之间的房价增长率存在显著的空间溢出效应，且在2008年金融危机后房价扩散的变化程度比整个样本周期内的表现更加显著。

2）国内相关研究

目前国内关于商品住房价格空间扩散方面的研究，多在传统回归分析基础上，通过引入空间矩阵，采用全域空间自相关、局域空间自相关和空间计量分析模型等方法，研究房价的领先与滞后、趋同与分异等问题，而同时考虑时间和空间双重影响下的住房价格溢出关系的成果较少，且仅有的成果多出自近几年。

王鹤等（2014）运用空间动态面板数据模型和局部线性投影法探讨区域房价的时间和空间扩散效应，结果显示，在东部地区上期房价变化会对该地区房价变化造成6个季度的影响，而相邻地区的房价变化的影响周期为3个季度；在中部地区上期房价变化的影响周期为5个季度，而相邻地区的房价变化无显著影响；在西部地区上期房价变化的影响周期为2个季度，而相邻地区房价变化则不会产生显著影响。与传统面板数据模型相比，空间动态面板数据模型的估计结果更可靠。

林睿等（2016）运用Holly提出的时空扩散模型及时空脉冲响应函数对30个省域的房价扩散效应进行研究，发现北京的房价变化主要向华北、西南和西北地区扩散，上海房价变动主要向华东、西南、华北和华中地区扩散，海南房价变化主要是向华东地区扩散，浙江房价变化主要向华东、西南和西北地区扩散。

马晨伊（2016）选取华东地区18个大中城市为样本研究华东地区城市间房价时空扩散效应，构建两变量VAR模型和空间VECM模型进行实证分析，在空间权重矩阵选取上，分别以地理距离、空间相邻和经济距离为依据进行对比分析，最终结论认为上海市和杭州市是华东地区房价扩散的中心城市，周边城市房价存在明显的时空扩散效应。

李祥飞和凯斯·布尔斯马（2017）在Holly的时空扩散模型的基础上，以中国114个城市2007—2017年的住房价格数据为样本建立模型，研究房地产调控政策的时空扩散效应，结果发现当主导城市受政策冲击时，所产生的作用力会以波浪的形式向各区域内其他城市扩散，并且作用程度各不相同。

Holly的时空扩散模型虽然在国内运用较少，但现有文献表明该模型在研究时间和空间二重维度下房价扩散效应时具有较强的解释能力。

1.2.2 商品住房价格溢出的影响因素研究

（1）国外相关研究

关于产生房价溢出效应的原因，国外的研究成果比较丰富，其中Meen在总结以往研究的基础上，将产生住房价格溢出现象的原因分为5类，包括人口迁移、交易与搜寻成本、资产转移、空间套利、房价决定因素的领先/滞后因素和趋同关系等，该观点得到大部分学者的认同。

在人口迁移方面，Alexander和Barrow认为英国不同区域住房价格差异是导致家庭迁移的主要原因，家庭从房价较高的区域向房价较低的区域迁移，导致房价较低区域的需求增加和房价上涨，从而形成房价的"波纹效应"。Cun和Pesaran建立了区域住房市场的动态空间均衡模型研究美国房价及人口迁移的关系，解释了因实施严格的土地使用法规而使得本地住房供应减少时，住房需求过剩所造成的房价上涨压力会通过移民转移到其他地区。

在交易与搜寻成本方面，Ekman和Englund通过建立模型证明，交易成本差异决定了人口迁移，从而导致住房价格发生变化。Goodman通过构建交易成本和市场失灵约束下的买方行为模型，解释交易成本、经济收入和预期的均衡过程，如果交易成本大于约束条件的经济成本，则家庭仍将留在原居住地，当预期价格和收入发生变化时则会导致家庭住房需求发生变化。

在资产转移和空间套利方面，Stein构建了房地产交易模型用以反映房价波动以及价格与交易量之间的相关性，研究认为，家庭购置新房所需的首付款及支付能力可能取决于现有住房的价值，因此来自高房价区域的家庭其支付能力越强，越容易引起迁入地区的房价上涨，当然出于套利的目的，家庭也可能未发生迁移而仅去异地进行投资，同样能够造成房价上涨。Nneji通过调查美国9个人口普查区域，发现有5个区域的房地产市场具有投机泡沫的特征，投机泡沫和非基本面因素在区域之间的传播是多向的，不依赖于邻近性或距离。

在房价决定因素的领先/滞后因素和趋同关系方面，Holmans认为经济发展较快和人均收入增长较快的地区，其房价增长速度也高于其他区域。尽管地区之间可能不存在空间关系，但从经济发展、人均收入和房价的回归结果显示出"波纹效应"。

除以上5个方面外，Muth研究认为预期会对房价的变化产生影响；Ngene等研究认为羊群效应是造成房价溢出的关键作用。Oikarinen则认为房价溢出的因素主要为地区之间的结构差异和经济相互依存关系以及信息，其中大都市区内部房价溢出主要受人口迁移和就业率提升影响，距离较远地区间的房价溢出主要受信息因素影响。综合国外相关研究可知，影响住房价格溢出的主要原因可从区域市场之间的社会、经济和政治联系中得出。

（2）国内相关研究

国内学者从不同角度对房价溢出的主要原因和影响因素进行了研究分析。

陈浪南和王鹤采用2002—2010年省际季度数据研究房价的区域互动，结果表明房价在相邻地区之间的影响程度较不相邻地区的影响程度大、经济特征相似地区间的相互影响程度较不相似地区间的相互影响程度小。

张炜和景维民利用30个省域2006—2016年的面板数据分析房价溢出效应的影响因素，发现空间距离较近、经济水平和发展模式相似的地区更容易产生房价的溢出效应，其中地价、土地供应稀缺、房价压力和交通设施是北上广地区房价产生空间溢出的主要原因，而低房价、人口迁入、住房需求、投资心理和城镇化是东北、华东地区房价溢出的推动因素，中部地区的房价溢出效应较弱且产生房价溢出的主要因素为地理环境、经济发展与政策支持等。

范新英和张所地采用35个城市2005—2014年的数据研究产业结构对城市房价的影响机理，结果表明城市产业结构合理化和高度化的提高能够聚集部分其他城市的资源，从而造成本地房价上涨和周边其他城市房价下降，导致城市房价进一步分化。吕龙和刘海云运用35个城市数据分析房价溢出的主要影响因素，结果表明房价溢出的重要途径是人口流动与羊群效应。

张所地和程小燕通过建立半参数模型研究35个城市2006—2015年城市创新性对房价及地价的影响，研究发现显著的创新性特质会吸引人才流入从而导致住房需求的增加，推动城市商品住房价格上涨，而人口流出城市则正好与之相反，出现房价下降的现象。余华义和黄燕芬研究认为一线城市和东部城市的房价波动不仅受本城市人均收入变动的影响，还在很大程度上受其他城市收入变动的影响，而中西部城市的房价则主要受本城市收入变动的影响。

高然和龚六堂研究认为房地产供给冲击导致的房价上升放松了不耐心家庭的信贷约束，造成其对住房的需求增加，从而引起房价的进一步上涨，在信贷市场不完备条件下，房价波动会通过信贷渠道在区域间进行传导。比较而言，较低的信贷市场一体化程度会导致冲击所在地房价的更大波动，而较高的信贷市场一体化程度会导致更为显著的房价溢出效应。陈卓通过建立住房基本面价格模型，实证检验长三角地区城市经济基本面与其实际住房价格的关系，并估算出每个城市的房价偏离度，结果发现经济增长、人口城镇化和信贷扩张是近年来长三角地区城市房价上升的主要推手。

曾海舰和赵佳雯运用开发企业的数据和104个城市数据研究2006—2013年区域房价波动的网络传导机制，结果表明城市房价上升和开发企业加大投资能够通过网络传导和循环反馈引起关联城市的房价上涨,并最终推动房价的整体上涨。曾岚婷等以30个省份为样本研究国际资本与省域房价空间影响效应和非线性关系,结果表明区域房价上涨后产生的溢出效应是推动其他区域房价的上涨的外生因素。

吴伟巍等综合波纹效应理论、传导机制理论、行为经济学理论和区域经济学理论,将住房价格溢出效应的形成机理归纳为城市层级、人口迁移、城市经济基本面和心理预期4个方面的综合作用,卢建新的研究得出同样的结论。

综合而言,影响商品住房价格溢出的主要原因涉及城市间的经济社会、产业结构、人口迁移、资金转移、外部信息等方面。

1.2.3 研究述评

(1)不同主体间商品住房价格溢出效应研究方面

关于商品住房价格的溢出效应基本得到了国内外相关研究的证实,但是在不同国家或地区房价溢出的特征表现各有差异。研究证实了连续性空间扩散多发生大都市区,且从经济社会发达地区向经济社会欠发达地区扩散,也有研究证明了住房价格在相邻城镇之间会发生空间上的传导。但是目前国内的研究在城市样本选择上呈现容量小、地理非连续性的特点,针对我国这样一个人口大国,在经济增长保持较快平稳发展的宏观背景下,城市之间以及城市群之间的要素流动日益加快,城市之间的经济协同效应日益增强,十分有必要从城市群及大数据样本城市视角下来验证商品住房价格溢出效应的存在特征。为此,本书拟在进行城市群空间聚类分析和边界范围识别的基础上,开展大样本容量城市商品住房价格溢出效应的研究。

(2)不同主体间商品住房价格溢出的因果关系研究方面

目前研究表明大多数地区的住房价格存在长期协整关系和价格趋同现象,且不同区域的住房价格显示出向长期均衡方向调整的趋势;中心城市与邻近城市之间的房价存在因果关系和长期均衡关系,而一些城市之间存在着长期单向因果关系,一些城市之间又存在着长期的双向因果关系。现有文献大多数以通过1%显著水平的Granger因果检验分析不同主体间的房价溢出关系,而忽视了主体间尚存在不同影响程度的溢出关系,更无法描述我国这样一个地理和人口大国在不同区域所呈现的住房价格溢出特征。为此,本书拟以不同主体间1%、5%和10%显著水平的Granger因果检验关系构建房价溢出的星型网络，分析全国层面及城市群内部城市之间、城市群之间商品住房价格波动的空间关联关系。

（3）不同主体间商品住房价格溢出的路径特征研究方面

目前，大部分的研究证实了中心区域房价与周边区域房价存在着"领先—滞后"关系，住房价格、成交量变化呈现从低质单元向高质单元扩展的特征，"核心城市"房价的正向新生信息能引起区域内其他城市房价的上涨，"核心城市"对其次级区域内的其他城市在空间上能够产生住房价格传导。截至目前，仅发现为数不多的住房价格传导路径研究，但也局限在小地理区域内城市圈或小样本城市容量组成的区域描述。遗憾的是，目前国内研究尚无更广阔的大数据样本城市视角，而且现有的研究模型中尚未引入空间连续地理变量，本书将借助城市房价溢出的星型网络模型研究我国商品住房价格在不同城市间和城市群间溢出的路径特征。

（4）区域间商品住房价格的空间扩散效应研究方面

房价的扩散效应是时间和空间维度上共同作用的结果体现。现有文献或仅采用时间序列构建向量自回归模型进行扩散路径分析，或运用空间计量经济学方法考察不同主体房价的空间相关性和空间滞后/误差模型估计，但在实现时空二重维度下房价溢出效应研究的难度较大。Holly提出的时空扩散模型以面板数据为研究对象，在模型中同时考虑了时间和空间因素，其基本思想是假设在一个动态系统中存在一个主导区域，该区域的房价主要受自身房价影响，而其他区域会受到该主导区域及其自身房价的影响。实证表明，时空扩散模型在估计住房价格时空溢出效应方面具有较好的可靠性，但是目前在国内的研究和应用屈指可数，且均以中心城市和都市圈的城市为样本，样本城市容量偏小且具有地理非连续性和地域性的特点，无法揭示全国商品住房价格的时空溢出效应和变化规律，因此本书将运用时空扩散模型并结合广义脉冲响应函数探索全国层面商品住房价格在时间和空间上的溢出特征以及随时间和空间变量交互演化所呈现出的变化规律。

（5）区域间商品住房价格溢出的影响因素研究方面

现有研究从不同的视角推导出区域间住房价格溢出的主要原因和机制，且大多数可归纳为区域经济学和行为经济学方面的因素。相对而言，国内研究大多数仍以省域或35个大中城市为例，在样本选择方面仍有一定的局限性，而针对大样本容量城市间房价溢出机理的研究仍是缺乏的。当然我国幅员辽阔，区域之间存在显著的地理条件和经济水平差异,探究全国层面房价溢出的机理涉及影响因素多、数据庞杂及建模复杂等问题,具有很大的难度和挑战,因此本书首先研究全国商品住房价格波动溢出的时空效应和变化规律,结合房价溢出的特征,在归纳现有文献研究脉络和成果的基础上,分析当前我国商品住房价格溢出效应的影响因素。

1.3 研究设计

1.3.1 研究目标

(1) 研究城市集聚和商品住房价格溢出的关联关系和内在规律特性;
(2) 研究城市之间和城市群之间商品住房价格的溢出效应和空间关联关系;
(3) 研究城市之间在时空二重维度下的商品住房价格溢出效应和演化规律。

1.3.2 研究思路

在城市之间商品住房价格溢出效应研究方面,现有文献大多以中心城市、省域、城市群内或省域内城市为样本。控制样本城市数量有利于确定商品住房价格溢出的源头区域和溢出路径,但针对大样本容量城市及城市集聚的情境,城市之间的房价可能存在错综复杂的关系,很难厘清其商品住房价格溢出的脉络和变化规律,因此现有研究鲜有进行全国层面的商品住房价格的溢出效应研究,基于此,本书提出城市集聚下的大样本容量城市商品住房价格溢出效应的研究思路:

首先,将样本城市按照社会经济指标、地理距离指标、房地产指标等方面的联络关系进行聚类分析并将其划分为若干个城市群,并根据城市之间聚类关系的疏密程度确定各城市群的中心城市。

其次,从时间维度分别检验中心城市与外围城市之间、中心城市之间、城市群之间是否存在商品住房价格的溢出效应。

第三,针对具有房价溢出效应的城市及城市群,检验其房价溢出的因果关系,主要包括三个层面的检验:①检验中心城市和外围城市间房价溢出的因果关系,确定各城市群中房价溢出的中心城市，并对第一步中确定的中心城市进行调整，调整后的中心城市既是城市群中经济社会等级较高的中心城市，也是商品住房价格溢出的主导城市；根据城市之间房价溢出的因果关系大致确定城市群中房价溢出的路径；②检验中心城市之间的商品住房价格溢出的因果关系，确定中心城市中房价变动的主导城市，该主导城市同时也是全国房价溢出的源头城市；根据中心城市间的因果关系确定其房价溢出的大致路径；③检验城市群之间房价溢出的因果关系，在宏观层面分析区域之间房价的溢出关系和传导路径。

由此可推导出城市集聚下大样本容量城市房价溢出过程的基本假设，即当外部环境变化后，房价首先从源头城市产生变动，其在向邻近外围城市扩散的同时，会引起其他中心城市的房价产生变化，随后这种影响由中心城市向城市群内的其他外围城市扩散并导致其房价产生波动；城市群内大部分的城市房价波动后产生的共同波动特性及趋势，构成了区域之间商品住房价格的波动与溢出关系。

第四，以城市之间商品住房价格的溢出关系和滞后关系为链路构建星型网络，从空间维度分析房价溢出的网络结构和空间关联关系，并借助空间分析工具研究中心城市与外围城市之间、各中心城市之间以及全国层面的房价溢出路径。

第五，运用时空扩散模型和广义脉冲响应函数，研究中心城市对于外围城市以及中心城市之间的房价时空溢出效应，揭示城市之间的商品住房价格随时间和空间二维变量交互演化所呈现出的变化规律。

1.3.3 研究内容

选取中国房地产指数系统中的100个城市为研究样本，从时间维度检验城市间商品住房价格波动的溢出效应；从空间维度以商品住房价格波动的溢出关系和滞后关系为链路构建星型网络，分析城市或区域间商品住房价格溢出的空间关联关系和路径特征；从时空维度研究城市之间的商品住房价格时空溢出效应，以及商品住房价格波动的单位冲击随滞后期变化的GIRF在时间和空间二重维度上的变动趋势，揭示商品住房价格波动的溢出及变化规律。

本书研究的内容主要分为以下4个部分：

（1）城市及城市群之间商品住房价格的溢出效应检验——基于时间维度

由于各地区的资源条件和经济基础存在较大差异，因此不同城市的房地产市场所处的波动周期有所不同。随着城市集聚化发展和城市网络的形成，城市及区域间商品住房价格波动的溢出效应也逐步增强。该部分研究针对不同主体间商品住房价格波动的溢出效应检验，主要解决以下问题：

一是对样本城市进行城市集群划分，并确定各城市群中经济社会水平等级较高的中心城市；二是研究不同主体间商品住房价格波动的协整关系，判断城市或城市群间商品住房价格的波动是否受到其他城市或城市群房价波动的影响。

（2）城市及城市群之间商品住房价格溢出的因果关系检验——基于空间维度

针对存在显著溢出效应的城市和城市群，通过研究城市群内两两城市间房价的Granger因果关系，确定城市群内房价溢出的中心城市和主要传导路径；通过研究中心城市间房价的Granger因果关系，确定房价波动溢出的源头城市和中心城市间房价溢出的主要传导路径；通过研究城市群间房价的Granger因果关系，分析城市群之间房价溢出的主要传导路径。

（3）城市之间商品住房价格溢出的路径特征——基于空间维度

首先以观测期内的中心城市和外围城市的商品住房价格数据为变量，将城市群内部的中心城市作为中央节点，外围城市看作分支节点，将两两城市的商品住房价格波动的溢出关系和滞后关系作为研究链路，从城市群层面分析其内部城市间商品住房价格波动溢出的网络结构特征和空间关联关系，最后再结合大样本容量下的城市分布多中心空间格局，从全部样本层面建立城市间住房价格溢出的星型网络，从宏观层面分析城市间商品住房价格溢出的网络结构和空间关联特征，研究基于大容量样本城市整体层面的商品住房市场价格波动传导脉络，分析商品住房价格波动的扩散途径，为进行城市间商品住房价格波动的时空溢出效应研究建立基础。

（4）商品住房价格的时空溢出效应及演化规律——基于时空二重维度

在上述研究基础上，深入探索观测期内城市商品住房价格波动的时空演变特征，研究中心城市之间、中心城市与外围城市之间的房价时空溢出效应，并从时空二重维度研究当受到中心城市房价波动单位冲击的其他城市在观测期内的持续性波动演变趋势，探究商品住房价格溢出效应随时间和空间变量交互演化所呈现出的变化规律。

1.4 研究方法和技术路线

本书采用规范分析与实证研究、定性分析与定量分析相结合的方法。

（1）在城市群空间聚类分析及边界范围识别中，主要运用主成分分析、引力模型和块模型方法。

（2）在城市间及城市群间的商品住房价格溢出效应检验研究中，主要运用向量自回归模型和Johansen协整关系检验方法，其中在城市群之间房价协整关系检验时，运用因子分析法提取各城市群的房价波动区域因子，并以此构建时间序列进行研究。

（3）在商品住房价格波动的溢出关系和周边城市的滞后关系研究中，主要采用向量自回归模型和Granger因果关系检验方法分析城市商品住房价格波动的起源以及溢出路径。在此基础上，运用社会网络分析法建立商品住房价格溢出关系的星型网络，研究商品住房价格波动的联动性和空间传导路径。

（4）在基于时空二重维度的商品住房价格时空溢出效应研究中，运用Holly提出的时空扩散模型和广义脉冲响应函数，研究商品住房价格在时空二重维度下的溢出效应和变化规律。

（5）在商品住房价格溢出效应的影响因素研究中，采用定性分析方法，梳理国内外现有文献的研究脉络和成果，结合本书的研究结论，归纳当前我国商品住房价格溢出效应的影响因素。

本书研究的技术路线如图1-2所示。

1.5 研究的创新点

本书主要在以下几个方面尝试了创新性的探索和研究工作：

（1）基于城市群视角的大样本容量城市商品住房价格溢出效应研究。选取具有地理连续性的大样本容量城市，构建融合商品住房因素的城市群空间范围识别评价体系，提出并构建城市商品住房价格溢出关系的星型网络，研究城市集聚情境下的商品住房价格的溢出效应。研究发现，城市群及城市网络化格局的形成，为商品住房价格的空间扩散提供了便捷的外部条件，但"极点"城市的房价溢出效应和作用能力容易

1 绪论

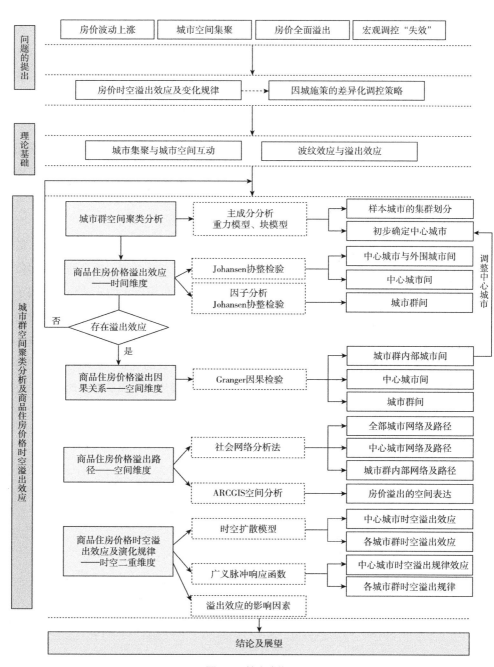

图1-2 技术路线图

被空间关联城市"稀释",有利于弱化"极点"城市房价变化对城市群外其他城市的溢出效应。

（2）城市群之间商品住房价格的溢出效应研究。采用空间聚类研究方法分析,确定了具有样本城市容量大、覆盖区域广、空间地理相关联特点的9大城市群,提取城市群房价波动的区域因子构建VAR模型,研究当前我国城市群之间商品住房价格的波动溢出效应,探索当前缺乏城市群之间房价的溢出路径和内在规律研究的局限性问题。研究表明,京津冀蒙城市群、珠三角-北部湾城市群和山东半岛城市群房价波动的影响力比较显著,城市群之间的商品住房价格溢出已形成明显的网络化结构,并呈现出由南北向中部、由东部沿海向西部内陆传导的路径特征。

（3）商品住房价格在时空二重维度下的溢出效应和变化规律研究。运用时空扩散模型和广义脉冲响应函数研究城市间商品住房价格的时空溢出效应,探究商品住房价格波动的单位冲击随滞后期变化的GIRF在时间和空间二重维度上的变动趋势,揭示当前中国情境下商品住房价格波动的时空溢出变化规律。研究显示,城市之间房价溢出的效应与城市的经济基本面及城市等级有显著关系；在经济基本面和城市等级基本一致时,城市之间房价的溢出效应显示出与空间距离呈反比的规律；在拥有高度网络结构化的城市群内,房价的溢出效应与城市经济基本面及空间距离等要素均无绝对关系,其表现为中心城市房价的全面直接溢出。

2
研究理论基础

城市区域化和区域城市化是当今世界各国城市和区域发展的主流和基本趋势。随着经济和社会的高速发展，城市之间尤其是具有地理空间和交通联络优势的城市之间，人口、资本、产业、信息、文化等产业和生产要素互动联系频繁，并按照一定的结构产生紧密关系，最终形成一个由若干城镇有机整合的空间区域组合体——城市群。在城市群形成过程中，经济因素的交融和重新分配促成了城市区域化，同时城市区域化进一步促进了经济要素在不同城市之间的结构调整。房地产作为经济发展中举足轻重的因素，与城市区域化进程息息相关，因此研究城市住房价格波动关系需要从与其周边城市空间关系走向城市群体空间关系层面，故本书研究的理论基础包括城市集聚理论、城市空间互动理论和商品住房价格互动理论三个方面。

2.1 城市集聚理论

2.1.1 大都市带理论

美国在第二次世界大战后由战时经济转为和平时期市场经济，宏观经济在原有基础上得到迅速发展，城市化进程也随之加快，由此造成城市和区域空间结构发生变化，尤其是以纽约为中心的东北部沿海地区的城市已反映出这种变化趋势。法国地理学家戈特曼（Jean Gottmann）最早关注这种城市形态与结构的变化，于1957年出版的《大都市带：美国东北海岸的城市化》中提出了大都市带的概念，开创了城市地理学的崭新领域，此后国外学者对此理论进行了深入研究，并衍生了一系列城市空间概念，比如都市区和都市连绵区等。戈特曼"大都市带"理论的主要内容有：

（1）大都市带从空间形态上看，在核心地区构成要素具有高度密集性，而在整个地区又存在多核心的星云状结构。大都市带是由多个都市区组成多核心区域的城市结构，核心地区的要素包括人口、经济活动、城市设施等，这些要素相互交织并形成高度密集性的网络，高度密集性是大都市带的本质特征，同时也是其他特征形成的基础。处在城市之间的乡村地区，它们不是城市开发用地也并非传统意义上的农业用地，而是以与城市功能完全不同的景观和产品同城市紧密地联系，为城市人口提供休憩场所，同时享有来自中心城市的各种配套服务，这些地区被称之为"星云状"结构。

（2）大都市带从空间组织上具有多样性和"马赛克"结构。都市区是大都市带空间结构的基本组成单元，每个都市区都是由自然、社会、经济、政治和文化构成的不同成分的组合体，而从宏观上来看，大都市带则是由多个不同层次结构和功能特色的都市区构成的自然、社会、经济、政治和文化等多方面的组合体。它们之间并不是相互独立的，而是具有一定程度上的分工和有机联系。

（3）大都市带的功能主要为枢纽功能和"孵化器"功能。大都市带是人口、资金、物资、观念和信息等可见和不可见要素的汇集区，起到经济和社会发展交流的枢纽作用，而这种枢纽功能并非依靠现有的区位优势，而是依赖其对资源整合的巨大潜能，这种枢纽功能在很大程度上反映国家在经济和社会发展方面的活动和政策制定，成为影响国家乃至全球的重要力量。大都市带各类要素的高度聚集导致要素在空间上相互作用的程度加强，在对物质环境产生巨大压力的同时，必然导致各种新思想和新技术的产生，并对其他地区的发展产生具有试验和引导意义的影响，这是大都市带枢纽功能和要素高度聚集的必然结果，同时也是大都市带发展的生命力之所在，戈特曼称之为"孵化器"功能。

（4）以美国东北部沿海地区为例，说明大都市带形成过程包括四个阶段：孤立分散阶段，各城市以贸易和行政职能为主独立发展，区域空间结构整体表现十分分散；区域性城市体系形成阶段，以重工业发展为主的城市规模迅速扩大，并带动了制造业的发展，同时铁路运输使得城市之间加强了联系，区域城市发展轴线基本形成，并加快了城市化进程；大都市带的雏形阶段，中心城市规模进一步扩大，单一城市向心集聚发展到顶点，各城市之间的职能联系更加密切，区域的枢纽功能得以充分体现；大都市带的成熟阶段，郊区的出现使得城市空间规模的进一步扩大，城市之间通过郊区联系更加紧密，产业升级和功能分工有力联系，第三产业高度发展的同时，以信息采集、处理和传输为主的第四产业逐渐影响到社会和经济发展，区域内要素和资源整合更加有效，枢纽功能在广度和深度上得到充分拓展，大都市带逐渐走向成熟。

2.1.2 增长极理论

法国经济学家弗朗索瓦·佩鲁（Francois Perous）于1955年在《经济空间：理论与应用》一文中提出增长极理论，他认为经济增长点不可能存在于全部经济部门，只有那些具有创新能力的行业才能最先促进经济增长。佩鲁的增长极理论的基本观点可以概括如下：

（1）在一定区域内经济增长呈现不均衡的状态，一些具有优势条件的区域率先增长，通过规模扩张等方式形成区域经济增长点或增长极，并通过各种途径和方式向其他区域和产业形成不同程度的扩散，从而对整个区域经济的发展产生影响。

（2）增长极对区域经济会产生两种不同方向的扩散效果，即负向的极化作用和正向的扩散作用。极化作用是指，增长极依托主导产业形成区域产业发展的向心力和吸引力，导致增长极周边的劳动力、资金和技术等生产要素和资源向增长极转移，从而使周边地区失去了相应发展计划，导致两极分化程度加重；扩散作用则正好与极化作用相反，是指增长极通过其产品、服务和技术等方式向周边其他区域扩散，并带动周边地区的生产力发展和技术进步，最终促进整个区域协同发展。

（3）系统地提出了经济发展的模式，即通过增长极的集聚发展再向周边扩散的形式促进整个区域经济的发展。一个国家或地区实现完全平衡发展几乎是不可能的，因此应把有限的资源和要素投向少数发展潜力大而效应明显的产业，加快发展这些条件较好的产业或地区，从而形成空间极化发展格局；再通过扩散效应逐渐从一个或几个"增长中心"传播到其他部门或地区，从而带动整个区域经济的协同发展。

自20世纪70年代以来，增长极理论已广泛应用于欠发达经济体和区域经济的发展，增长极理论已被许多国家用于解决不同的区域发展和规划问题。已成为解决不同地区经济发展差距、消除地区贫困问题的重要工具。如在巴西，通过首都迁移、修建公路交通体系、鼓励人口向落后地区迁移、开辟自由港和工业区、加大招商引资力度等一系列手段，最终推动了巴西中西部经济的协同发展。而在马来西亚，政府采取了与增长极观点十分接近的政策，即通过不平衡发展策略，优先发展特定产业和地区并在其发展至一定规模后，进行产业和人口向欠发达地区转移，实现缩小地区经济和收入差距、促进经济全面发展的战略。

2.1.3 核心-边缘理论

核心-边缘理论是由弗里德曼（Friedmann）在1966年首次提出的，并在1969年将这一思想进行了归纳总结最终形成理论体系。核心区域是区域社会组织的子系统，一般是城市或城市集群区域，其具有较高的创新和转化能力，而边缘区域同样是区域社会组织的子系统，一般是指经济欠发达或较为落后的地区。核心区域和边缘区域共同形成一个完整的空间系统，而核心区域在该系统中占据主导地位，并向周边区域形成结构等级不同的扩散效应。核心-边缘理论指出，随着社会经济的发展，区域空间结构也会发生变化，大致的空间经济结构可分为4个演变阶段（图2-1）：

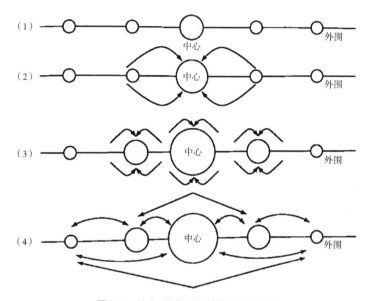

图2-1　核心-边缘空间结构演变示意图
（来源：王丽. 中国城市群的理论、模型与实证[M]. 北京：科学出版社，2017）

第一阶段为前工业化时期，该阶段社会经济以农业为主，工业产值比重和社会生产力水平低，作为经济主体的各城镇之间联系较少，在空间分布上较为分散，区域城镇体系尚不完整。

第二阶段为工业发展初期，经济结构开始发生变化，工业产值在经济中比重提升，生产要素和资源开始向城市集聚，并形成了经济增长极，且增长极与周边地区发展水平差异逐渐加大。

第三阶段为工业发展成熟时期，工业产值在经济中的比重进一步放大，核心区域边缘区的经济发展水平存在显著不平衡关系，生产要素开始由核心区域向边缘区域回流，边缘区的产业集群开始形成。

第四阶段为后工业化时期，资金、技术和信息等生产要素和资源向边缘区域溢出程度加大，整个区域在空间上形成相互联系的城镇体系，经济实现区域内平衡协同发展。

2.2 城市空间互动理论

2.2.1 城市空间相互作用理论

地理学家乌尔曼（Ullman E L）于1957年提出了城市空间相互作用理论，该理论大量吸收了经济学、统计力学和物理学等学科的理论及模型，极大丰富了地理学研究理论，对地区间经济关系的建立和变化，以及城市群内外空间相互作用机制的研究产生了重大影响。该理论认为：

（1）为了保持正常的生产和生活，处在区域中的任何城市都不可能孤立地存在和发展，城市和城市、城市和区域之间必然存在货物、劳动力、资本、技术和信息的相互传递过程，而这种交互作用被称为城市之间的相互作用。

（2）城市之间是通过吸引和排斥来进行互动作用的。当城市之间的相互引力大于排斥力时，区域内的城市集聚程度越高，中心城市的空间规模越大，整体的区域空间城镇体系不断增大；当城市之间的相互引力小于排斥力时，生产要素和资源开始从中心城市向郊区回流，并在城市周边不断出现卫星城市，整个区域空间城镇体系逐渐分散（图2-2）。

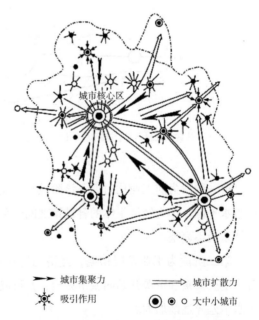

图2-2 城市群集聚与扩散的相互作用示意图
（来源：姚士谋，等. 中国城市群新论[M]. 北京：科学出版社，2016）

（3）随着城市的发展，城市之间的互动关系和空间结构体系也在发生变化，也就是说城市之间的互动作用并非一成不变，而是一个随时间和经济发展而调整的变量。在整体空间体系中，城市之间的吸引力和排斥力相等且处于平衡状态并非常态，而城市之间相互作用的不平衡状态才是常态，它是一个动态发展和不断调整的过程。

（4）城市相互作用的产生需要存在三个方面基本条件，即互补性、可达性和中介机会。只有城市之间存在要素的供求关系才能形成相互作用关系，因此城市之间的相互作用力与互补性成正比。可达性是指城市之间进行要素交换的途径是否具有可行性，一般影响区域之间可达性的因素包括空间距离和传输时间、被传输客体的可传输性、区域之间是否存在政治和行政等方面的障碍、区域之间的交通联系是否畅通。

城市空间相互作用理论被后来学者进行了广泛深入研究，并衍生多个理论模型，其中应用较多的主要有赖利模型、康弗斯模型、引力模型和潜力模型等，其模型的主要特点见表2-1。

城市空间相互作用理论模型表 表2-1

模型	形式	模型解释
赖利模型	$\dfrac{T_a}{T_b} = \dfrac{P_a}{P_b}\left(\dfrac{d_b}{d_a}\right)^2$	一个城市的规模越大，其对周围城市的吸引力越大；城市之间距离越大，则该城市对其他城市的吸引力越小
康弗斯模型	$d_A = D_{AB}/(1+\sqrt{P_B/P_A})$	从赖利模型发展而来，两个城市间的分界点（即断裂点）与其规模和两者之间的距离相关
引力模型	$I_{ij} = \dfrac{(W_iP_i)(W_jP_j)}{D_{ij}^b}$	从牛顿万有引力得出，两城市间的相互作用力与其人口规模和距离相关
潜力模型	$I_i = \sum\limits_{j=1}^{n} I_{ij} = \sum\limits_{j=1}^{n} \dfrac{P_iP_j}{D_{ij}^b} + \dfrac{P_iP_i}{D_{ii}^b}$	从引力模型引申得出，用作用量表达一个城市与其他所有城市总的相互作用

（来源：许学强，周一星，宁越敏. 城市地理学[M]. 2版. 北京：高等教育出版社，2009）

2.2.2 空间扩散理论

瑞典学者哈格斯特朗（Hagerstrand T）于1953年首次提出空间扩散的问题。空间扩散和空间相互作用两个概念既有联系又有区别，区别在于空间扩散导致区域自然或人文景观的转换和改变，这与空间互相作用中为保障现有空间结构生产和生活正常运行而进行的交互作用不同。

空间扩散有三种基本类型,即传染模式、等级扩散和重新区位扩散。

(1)传染模式。现象从源点到向外空间是一个渐近的连续扩散过程,被称为传染方式,由于距离的摩擦阻力作用,事物的传播随着距离的增加而逐渐减弱。

(2)等级扩散。地理距离在现象的扩散中并不总是发挥非常重要的作用,社会阶层、城市规模等有时也扮演着非常显著的角色。例如,昂贵的耐用消费品的普及与收入水平有关,新思想和新技术的扩散往往从同等规模城市开始,然后再向其他规模较小的城市传播。

(3)重新区位扩散。在现象传播过程中,假如现象接收者的数量未增加,而只是接受者的空间位移发生了变化,这种扩散形式称为重新区位扩散。

国内学者曾祥渭借鉴了地理学家哈哥斯特朗(T. Hagerstrand)和经济学家熊彼得(J. A. Schumpeter)关于空间扩散的研究成果,将商品住房价格在城市群区域空间互动的表现形态总结为三种典型的模式,即邻接城市传染模式、城市间跳跃传导模式和按照城市层级传导模式。

2.2.3 城市网络理论

Camagni和Salone于1993年根据城市体系中出现的横向关系提出了城市网络的研究范式,并在此后得到迅速发展和应用。城市网络理论认为,区域空间是由专业分工的城市之间横向的非等级关系构成的网络结构,Camagni(1994)将此理论应用于意大利北部地区研究,并采用通信流量数据分析城市之间的关系,研究发现城市在空间存在两种不同的结构特征,在以企业总部和高级生产性服务为主的城市之间存在经济协同的发展网络,而在次级地区则形成了产业之间互补的发展网络。

Bauen于1995年提出了网络城市的概念,即城市网络由大都市区内地理位置相邻且紧密相连的城市组成,这些城市通过内部经济和交通的紧密联系形成互利合作与交流,最终有利于整个地区经济的协同发展。随着交通和信息传输技术的发展,城市之间的联系已突破区域限制,并在更大区域空间内形成全国乃至世界范围内的城市网络体系。

到2000年,Capello通过研究城市网络特征,进一步界定了城市网络概念,提出了城市网络形成的三个要素：①网络关系要素，即城市网络不是局域网，而是处于不同距离，甚至是远距离的城市之间的关系网络；②网络外部性要素，即网络内部城市之间的互补作用和协同作用可以形成网络外部性服务，而这种外部性服务可供网络内部城市共享；③合作要素，即网络内部城市之间因专业分工不同，需要互利合作共同发展。

在国内也有学者运用城市网络理论进行了相关研究，如甄峰等利用某网络平台数据测度中国城市网络的特征，研究发现东部地区内部的联系，以及东部与中部地区和西部地区的联系几乎构成当前网络体系的全部。

2.3 商品住房价格互动理论

2.3.1 波纹效应

"波纹效应"最早被英国学者应用于房地产市场研究。20世纪60年代后期，学者们发现英国房价波动在空间区域上具有显著的连续周期性特征，由此引发了对房价在区域空间上关联关系的研究。从1982年McAvinchey和Maclennan研究住房价格膨胀率开始，通过围绕住房价格"波纹效应"的概念进入实证研究阶段，并在英国住房价格空间关联研究中占有重要的位置。概而言之，"波纹效应"是指当某个区域住房价格发生变化时会引起相邻区域的住房价格发生变化，这种价格传导关系像波纹一样有规律性地由中心向四周传播。

关于产生住房价格"波纹效应"的原因是多方面的，其中包括人口迁移、资产转移、空间套利、交易与搜寻成本、失业率、人均收入、家庭财富、信贷利率、家庭数量、收入差异回报率等因素。Meen根据以往文献将产生住房价格溢出的原因归为人口迁移、交易与搜寻成本、资产转移、空间套利、房价决定因素的领先/滞后因素和趋同关系共5大类，这一分类得到了广泛应用。

（1）人口迁移

当区域之间住房价格产生明显差异时，家庭出于节约住房成本的需求会从住房价格高的区域向住房价格低的区域迁移，且房价差异越大，人口向住房价格较低区域迁移的倾向越强,最终促使房价在区域之间产生新的均衡,"波纹效应"由此产生。人口迁移并不是绝对地从一个城市进入另一个城市,城市人口的规模也非此消彼长,人口流动往往是一个复杂的过程。一般而言,房价高的区域城市配套完善、服务水平高,具有强大的吸引力,导致人口迁入和住房需求增加,对住房价格造成压力,但同时高房价又迫使一部分人向低房价区域转移,造成低房价区域的住房市场需求量增加,并会影响到其他区域的住房价格。

(2)交易与搜寻成本

交易与搜寻成本在形式上互为矛盾,但却是市场结构的重要组成部分,它们往往导致市场供需及价格的反应表现出惯性特征。在一个有效的市场中,商品价格包含了所有参与者所收集到的总的信息的成本。交易成本包含在住房总价中且能够起到一定的动态调节作用。在没有此类交易成本的情况下,可以假定住房价格面对需求变化可进行即时的价格调整,且住房销售和空置量可能不会受到影响,然而搜寻模型可以对这种范式进行修改,主要表现在三个方面:①如果卖方调整住房价格预期的速度比买方响应需求冲击慢,则住房销售和空置将受到影响;②市场上保守价格随着时间的推移而下降;③住房价格越低,摩擦成本的作用就越明显。因此,当外部环境发生变化或市场受到冲击时,每个地区的价格变化不会立竿见影,而是存在某种形式的滞后调整。

(3)资产转移

资产转移与家庭迁移有一定的相关性,即假设居民在原城市拥有房产,当该居民由高房价城市向低房价城市转移时,往往因其资产增值而具备更强的购买能力,从而推动了迁入城市的住房价格上涨。如果居民是投资目的,同样在低房价地区拥有更高的投资能力,其结果一样会推动投资区域住房价格上涨,尽管这个时候该居民家庭没有发生人口迁移。

(4)空间套利

商品住房具有不可移动的特性,因此处在不同区域的住房其价值往往具有一定的差异,这为空间套利提供了基本前提,交易者可通过这种地区价格差异获取利润。美国的研究文献表明,价格的空间效应在相邻城镇之间比较显著,而在非相邻城镇之间不显著,即具有"正反馈效应"。

（5）房价决定因素的领先/滞后因素和趋同关系

当房价受到相同决定因素影响时，可能对不同的区域也会产生相同的房价变化效果，尽管这些城市在空间上不具有相关性，但是通过房价回归模型仍然可能得到类似的"波纹效应"。在众多决定因素中，家庭收入是影响房价最重要的因素之一，但不同区域的平均家庭收入一样时，任意一个区域住房价格发生变化，容易引起其他区域房价变化；当区域之间平均家庭收入不一样时，那么经济相对发达的城市房价波动容易引起经济欠发达地区的房价变化，因此家庭收入随时间变化的空间特征显得尤为重要。由此可见，即便区域之间没有空间相关性，房价决定因素的领先/滞后因素和趋同关系也会引起区域之间住房价格的"波纹效应"。

2.3.2 溢出效应

"溢出效应"最初起源于空间经济学，瑞典经济学家缪尔达尔（G. Myradal）提出溢出效应包含"极化效应"和"扩散效应"两部分，极化效应是区域经济要素和资源在空间上从一般集聚至高度集聚的发展过程，是集中过程在某一地域空间区位上的体现；扩散效应是经济要素和资源在某一区域空间内集聚到一定程度后向外扩散的过程。赫尔希曼（A. Hirschman）通过对溢出效应研究后得出如下定律：溢出效应（D）=扩散效应（S）-极化效应（P）。

溢出效应存在于多个行业和部门，其中在国际金融市场领域的研究和应用最广泛。当金融市场的波动与其历史信息相关并与其他相关市场产生联系互动时，便产生了价格或信息的波动溢出效应。波动溢出效应可以在不同的市场和不同的地区之间传递，且与市场信息的吞吐量和传输速度高度相关。当前世界各国的证券市场、商品期货市场以及国际黄金市场和外汇市场都可能存在波动溢出效应。

在房地产市场，英国最早研究区域之间房价波动关系的概念被称之为"波纹效应"，进入20世纪90年代，美国关于都市或城镇间房价传导关系的研究也逐渐增多。美国大多数学者在研究相邻区域住房价格关联关系时采用溢出效应的定义，研究发现房价在相邻城镇之间会发生"正反馈效应"的空间扩散，进一步发现单一市场无论发生正向还是反向的变化时，都会对相邻市场产生"冲击效应"。

本书认为"波纹效应"和"溢出效应"两个概念既有联系又有区别，相同之处都是描述住房价格在空间层面的扩散过程，区别在于"波纹效应"类似于哈哥斯特朗（T. Hagerstrand）关于空间扩散的邻接城市传染和按照城市层级传导两种模式，而"溢出效应"在包括以上两种模式后，可能还具有城市间跳跃传导模式，换而言之，住房价格在空间传导上并非按照地理区位进行逐层递减，而有可能是在更大空间区域上进行非毗邻的远距离扩散，因此本书在研究过程中更倾向于使用"溢出效应"的研究范式。

根据国内学者吴伟巍和卢建新的研究，房价波动的溢出效应可以分为广义和狭义两个层面的定义。广义层面的定义是指一个区域内城市房价波动的传播和扩散机制，这种关系的主体可以是城市之间、房地产市场与经济基本面之间，或者是房地产市场与其他市场之间，是在当前价格对滞后价格以及空间上的综合效应。狭义层面的定义是指两个或多个城市之间的房价波动的传导、互动关系和影响程度，这种关系可以是对称的也可以是非对称的，并且存在于时间和空间的两个维度。

而关于住宅价格波动溢出效应的形成机理方面，他们认为主要有城市地位层级、人口迁移、城市经济基本面和心理预期四个方面。

2.4 本章小结

本章第一部分阐述了城市群及城市空间互动理论，有利于研究城市空间与房地产市场之间演化的关系，为后续研究提供重要理论依据，比如进行房地产视角下城市集群空间范围识别时，需要借鉴大都市带理论中的范围界定标准和空间相互作用理论中的引力模型；在房价溢出路径方面可以借鉴空间扩散理论中三种扩散模式；建立城市房价溢出星型网络模型时可借鉴城市网络理论；分析商品住房价格溢出的影响因素时可借鉴城市空间相互作用、空间扩散和城市网络等理论。本章第二部分梳理了住房价格互动效应的相关内容，这是后续研究的重要基础，比如在研究内涵上，选择住房价格溢出关系的狭义层面进行研究，即研究多个城市之间的商品住房价格波动的传导、影响的相互关系和程度；在研究定义上，选择具有传染模式、等级模式和重新区位扩散内涵的溢出效应进行后续研究等。

3

城市群空间聚类及边界范围识别

本章将在回顾我国城市群的发展历程与现状的基础上，总结现有研究中关于城市群空间聚类和边界范围识别的模型和方法，构建兼具房地产因素的城市群空间聚类分析评价指标体系；以"百城价格指数"系统的100个城市为样本，计算城市的集聚引力并进行城市群的空间边界识别，在此基础上将样本城市划分为若干个城市集群，并结合城市最大引力值和最大联结线确定城市群的中心城市，为进行商品住房价格的溢出效应研究奠定基础。

3.1 城市群空间聚类及边界范围识别的方法

3.1.1 我国城市群的发展历程与现状

受限于发育机制和驱动因素，我国在1980年以前一直未出现大都市带或城市连绵区等各种类型的城市群，改革开放以后我国才有城市群开始形成和发育。时至今日，在全国已形成多个具有全国乃至世界影响力的庞大规模的城市群。按照中国城市群形成发育的过程可将其划分为三个阶段，即发育萌芽阶段、快速成长阶段和持续发展阶段，同样的，我国关于城市群的研究工作在三个阶段也各有不同。

（1）我国城市群的发展历程

1）20世纪80年代——发育萌芽阶段

改革开放之后，国家经济管理权限开始逐渐下放，各级地方和企业在市场经济中的主体地位逐步得到确立，并积极探索各种符合市场经济规律的区域经济发展模式，至1995年全国已建立起100多个各层次和类型的区域经济合作组织，为我国城市群的形成与发展奠定了最初的基础。在此过程中初步确立了城市在区域经济中的核心地位，并形成了一些城市经济圈，比如王健提出的九大城市经济圈和顾朝林提出的九大城市经济区，同时这期间出现了中国最早的城市群——长三角城市群的雏形：上海经济区。在该阶段我国关于城市群的研究大多集中于城市群相关概念、城市群特征类型、形成机制及发展趋势等方面。

2）20世纪90年代——快速成长阶段

开发区与产业集群的形成和发展，是工业化和城市化有机结合的区域发展模式，是城市或城镇扩张地域空间的主要载体,同时是扩大城市规模、增加城市数量的重要手段。改革开放之后,中国的开发区从4个特区开始,逐步在全国几乎所有地区展开,有力地带动了各地区产业和经济的快速发展,促进了城市化水平、城市规模和城市数量的发展。到20世纪90年代末期,全国已经形成长三角、珠三角及京津冀三大城市群。在该阶段我国在对城市群形成机制进一步研究的基础上,研究重点转向城市群空间的演变,同时开展了城市群的规划研究。

3) 21世纪——持续发展阶段

21世纪后,我国工业化发展已进入中期阶段,城市化已进入快速发展通道,但是区域发展不平衡问题却越来越严重,为此国家开始制定和实施加快城镇化和区域协调发展的战略,有力地促进了城市群的快速扩张和城乡区域的协调发展。全国各地逐渐形成以区域中心城市为核心、周边关联城市为副中心的多个城市群。而在这一时期关于城市群的研究领域不断拓宽,研究内容涉及城市群地区产业、经济、空间演进、可持续发展战略、规划管理机制等方面,研究方法逐步深化和多样化,研究成果丰硕。

(2) 我国主要城市群的发展现状

当前关于我国城市群空间范围识别和界定的成果较多,有学术界经过指标计量进行识别和划分的城市群,有国家行政批复实施的城市群,也有地方政府总体规划的城市群等,总结而言比较具有代表性的主要有5种界定:

1) 15大城市群。中国社会科学院在《2006年城市竞争力蓝皮书》中,分析和评估了我国200个地级以上城市的综合竞争力,最终划分了长三角城市群、珠三角城市群、京津冀城市群、半岛城市群、辽中南城市群、海峡西城市群、中原城市群、徐州城市群、武汉城市群、成渝城市群、长株潭城市群、哈尔滨城市群、关中城市群、长春城市群和合肥城市群15个城市群。

2) 23大城市群。中国科学院《2010中国城市群发展报告》依据我国城市群空间范围判断标准的确定方案,结合官方网站及文件综合统计的已经发育起来的城市群、国家和各省正在培育的城市群、计划有条件培育的城市群,可知中国城市群结构体系是由大小不同、规模不等、发育程度不一的23个城市群(15个达标的城市群、8个未达标但需要培育的城市群)组成的空间有序、分工相对合理的空间集群体,即"15+8"的结构体系。

3) 10大城市群。国家发展改革委课题组于2007年借鉴了戈特曼大都市带理论的评估理论、方法和框架，提出了10大城市群，包括长三角城市群、珠三角城市群、京津冀城市群、山东半岛城市群、辽中南城市群、中原城市群、长江中游城市群、海峡西岸城市群、川渝城市群和关中城市群。

4）19个城市群和2个城市圈。2016年政府工作报告中提出"19+2"（19个城市群和2个城市圈）的城镇体系建设框架，19个城市群分别为京津冀、长三角、珠三角、山东半岛、海峡西岸、哈长、辽中南、中原地区、长江中游、成渝地区、关中平原、北部湾、晋中、呼包鄂榆、黔中、滇中、兰州—西宁、宁夏沿黄、天山北坡；2个城市圈是指拉萨和喀什。"19+2"框架明确了我国以城市群为主体，构建大中小城市和小城镇协调发展的城镇格局发展思路。

5）11个国家级城市群。截至2018年3月，国务院共先后批复了9个国家级城市群，分别是：长江中游城市群、哈长城市群、成渝城市群、长江三角洲城市群、中原城市群、北部湾城市群、关中平原城市群、呼包鄂榆城市群、兰西城市群；2018年11月，中共中央、国务院发布的《中共中央 国务院关于建立更加有效的区域协调发展新机制的意见》，除已批复的9个国家级城市群之外，意见明确指出以北京、天津为中心引领京津冀城市群发展，带动环渤海地区协同发展。2019年2月中共中央、国务院批复《粤港澳大湾区发展规划纲要》，粤港澳大湾区与此前的10个城市群共同组成11个国家战略层面的城市群。

以上研究和政府批复大体上勾勒出中国城市群的发展现状与总体趋势，为本书后续进行房地产视角下城市集群空间范围识别提供重要参考依据。

3.1.2 城市群边界范围识别的方法与启示

城市群由于其边界的模糊性、地区范围的动态变化性和城市辐射范围的阶段性等特征，在有关城市群的研究中，无论采用何种标准和方法得出的空间范围都是相对的，大致存在两种识别和区划方法，可分别称为理论法和模型法。

（1）理论法为传统研究方法，一般是先根据已发育成熟的城市群的空间结构现状，建立城市群的研究范围标准，或者基于中心城市建立延伸空间范围，然后依据社会经济指标进行分类和聚类划分。国外代表性的理论法有戈特曼大都市带范围识别方法、日本行政管理厅"大都市圈"范围识别方法等。国内具有代表性的学者有周一星、姚士谋、方创琳等，他们从基础设施、经济水平、人口规模、城镇数量、城镇化率等方面做了具体的范围识别标准（表3-1），并根据相应的识别标准对城市群进行了划分和空间识别。理论法具有技术成熟、标准界定明确、空间可视化效果好等优点，但是该方法无法解释城市群内城市之间的联系，同时有些标准过于定性化，难以量化或者数据难以收集，致使理论法在进行复制应用时有一定局限性。

城市群主要界定标准　　　　　　　　　　　　　　　表3-1

时间	研究者	名称	空间界定标准
1957年	戈特曼	大都市带	①有较密集的城市；②较多大城市有各自的都市区，核心区与外围地区联系紧密；③交通走廊连接紧密；④人口在2500万人以上；⑤具有国际交往枢纽的作用
1960年	日本行政管理厅	大都市圈	①中心城市人口>100万人，邻近有50万人以上的城市；②中心城市GDP占圈内的1/3以上；③外围地区到中心城市的通勤人口>本身人口的15%；④货物运输量<总运输量的25%；⑤总人口>3000万人
1986年	周一星	都市连绵区	①2个以上特大城市；②大型海港、空港和定期国际航线；③综合交通走廊相连；④中小城市数量多，总人口2500万人以上，人口密度700人/km²；⑤各城市、中心区和外围区之间联系紧密
2006年	姚士谋	城市群	①人口1500万~3000万人；②特大超级城市不少于2座；③城市人口比重>35%；④城镇人口比重>40%；⑤城镇人口占省区比重>55%；⑥具有5个城市等级；⑦交通网络密度高；⑧社会消费品零售总额占全省比重>45%；⑨流动人口占全省比重>65%；⑩工业总产值占全省比重>70%
2009年	方创琳	城市群	①城市3~20个，至少有1个城市人口在100万人以上；②人口规模不低于2000万人，城镇化率>50%；③人均GDP>3000美元；④经济密度>500万元/km²，外向度>30%；⑤基本形成高度发达的综合运输通道；⑥非农产业产值比重>70%；⑦核心城市GDP中心度>45%；⑧通勤率>本身人口的15%；⑨n小时经济圈成型

（2）模型法是运用计量模型对城市有关经济社会的定量指标进行分析，最终根据城市之间的某种关系划分城市群的方法。常见的模型有城市群发育程度指数模型、城市综合实力的R型因子模型、重力模型、引力模型、摩擦系数模型等。顾朝林利用几何点的平面统计方法，通过城市之间的距离计算城市的集聚程度R值，当R值大于1时

表明城市呈分散状态，当R值小于1时表明城市呈集聚状态，由此对1985年的全国城市进行度量并识别出11个城市群。李震、顾朝林、姚士谋等学者将R值用传统引力公式代替并将城市规模的测度引入城市群的识别中来，确定出6个块状、10个条状城市聚集区和8个城市群。王丽运用潜力模型、场模型、传统引力模型和ARCGIS聚类方法对城市群进行测度和空间范围识别，最终界定出12个城市群。模型法通过定量分析能够解释城市之间在空间范围上的联系和相互作用程度，且按照一定计算标准可以明确城市群的空间范围，该方法的可复制性和应用性较强，对理论法在研究广度和深度上能够进行补充。

基于以上关于城市群空间范围识别的标准和方法，本书依据中国100个地级以上城市的经济社会发展指标，并加入房地产相关指标，运用主成分分析法对评判指标和数据进行降维，采用引力模型计算样本城市的综合引力值，在此基础上运用块模型的聚类分析方法进行房地产视角下的城市集群空间边界范围识别，为后续全面系统地研究住房价格溢出机理提供基础。

3.1.3 城市群聚类分析的方法与模型

（1）主成分分析法

主成分分析能够从数量较多的变量中提取出一组数量较少且互不相关的变量，提取到的能够反映原始数据大部分信息的变量即为主成分。各主成分可视为原始变量的线性组合，例如第一主成分可表示成：

$$PC_1 = \alpha_1 X_1 + \alpha_2 X_2 + \cdots\cdots + \alpha_k X_k \qquad (3-1)$$

PC_1是第一主成分，X_i是观测变量，α_i是权重，主成分可理解为是k个变量的加权线性组合，第一主成分对初始变量的方差和协方差矩阵解释能力最强，第二主成分次之，后面的每个主成分均最大化地解释初始变量的方差和协方差，且与之前的主成分互不相关地正交。

本书使用主成分分析法将100个样本城市的相关指标数据进行降维，从而得出各样本城市的综合实力值，主要步骤如下：

1）计算各指标方差贡献率。针对每个城市的具体指标，通过计算每个指标数据的累计方差贡献率得出每个主成分的贡献率，即代表包含原来指标数据的程度。

2）确定主成分。通过计算方差贡献率确定主成分，并取累积方差贡献率大于等于80%的主成分进行后续评价。

3）计算各主成分得分。以特征向量作为权重，将各主成分表示为原指标的加权线性组合，由此计算每个指标的主成分得分。

4）计算各城市的综合得分。以各主成分的方差为权，求其加权和综合得分。

$$C = \frac{\lambda_1 C_1 + \lambda_2 C_2 + \cdots\cdots + \lambda_m C_m}{\lambda_1 + \lambda_2 + \cdots\cdots + \lambda_m} = \sum_{j=1}^{m} W_j C_j \qquad (3-2)$$

C为城市的综合得分，C_j为第j主成分的分值，λ_j为各主成分的方差贡献率，W_j为主成分的权重。

（2）引力模型

传统引力模型是由牛顿万有引力定律引用而来的，其最基本的形式如下：

$$F_{ij} = G \frac{P_i P_j}{r_{ij}^2} \qquad (3-3)$$

在经济研究中常将式（3-3）定义为，F_{ij}为i，j两地的相互引力；G为引力常数；P_i，P_j为经济或人口规模；r_{ij}为i，j两地的空间距离，表示两地的联系强度与经济或人口规模成正比，与距离的平方成反比，类似于实体空间的物质引力作用，反映了地理空间之间的相互作用力。

引力模型被引入经济研究领域后得到广泛应用，并且在传统引力模型上得到了很多改进和变形（表3-2），以便针对具体经济社会问题进行研究，同时也是当前研究城市间相互作用及经济关系最为成熟的模型之一。

引力模型的实证研究　　　　表3-2

作者	研究区域	研究对象	函数形式及参数估计
Alcaly（1967）	美国加利福尼亚（10个城市）	4种客流	$T_{ij} = k P_i^{\alpha_1} P_j^{\alpha_2} d_{ij}^{-\beta}$ $T_{ij} = k(P_i P_j)^{\alpha} d_{ij}^{-\beta}$
Black（1972）	美国（9片区域）	80种商品流	$T_{ij} = O_i D_j d_{ij}^{-\beta} / \sum_j (D_j d_{ij}^{-\beta})$
Fujime（1977）	日本香川县（60区块）	4类个人旅行	$T_{ij} = k(O_i D_j)^{\alpha} d_{ij}^{-\beta}$
Kaneko（1973）	日本（9片区域）	19种商品流	$T_{ij} = k O_i D_j d_{ij}^{-\beta} / \sum_i O_i$

续表

作者	研究区域	研究对象	函数形式及参数估计
Chisholm and O'Sullivan（1973）	英国（78区块）	货物流	$T_{ij} = kO_iD_jd_{ij}^{-\beta_i}$
Fotheringham（1981）	美国（100标准大都会统计区，SMSAs）	客流	$T_{ij} = k_iP_i^{\alpha_i}d_i^{-\beta_i}$
Gould（1975）	瑞典（101片区域）	地理信息	$T_{ij} = k_iP_i^{\alpha_i}d_i^{-\beta_i} - 1$
Leinbach（1973）	马来西亚（16村庄）	电话交流	$T_{ij} = k_iP_i^{\alpha_i}d_i^{-\beta}\alpha$
Okuno（1967）	日本静冈县（25片区域）	个人旅行	$T_{ij} = k_iP_iP_jd_i^{-\beta_i}$
Riddell and Harvey（1972）	塞拉利昂（148部落）	移民	$T_{ij} = k_iP_id_i^{-\beta_i}$

注：T_{ij}为从i地到j地的流量；P_i为i地的人口；P_j为j地的人口；O_i为i地流出的流量；D_j为j地流入的流量；d_{ij}为从i地到j地的距离；β为距离参数；α为其他参数；k、k_i为常数。
（来源：王丽. 中国城市群的理论、模型与实证[M]. 北京：科学出版社，2017）

本书将运用引力模型计算城市间的集聚引力值（城市间的相互吸引力），并采用该引力值进行城市之间的聚类分析，以此揭示城市间的空间联系状态并进行城市集群的空间范围划分，因此可采用传统引力模型，即：

$$T_{ij} = K\frac{P_iP_j}{d_{ij}^b} \quad (3-4)$$

其中，T_{ij}为i，j两城市之间的相互作用强度；K为引力常数，一般取1；P_i和P_j分别为城市i和j在经济社会活动中所产生的需求力或生产力，类似于城市空间相互作用理论中的引力和斥力，这里以经济社会指标计算而得的城市综合实力分值替代；d_{ij}为i，j两城市之间的空间可达性距离，b为距离摩擦系数，根据顾朝林对b值的检验结果，本书选取其值为2。

（3）块模型

块模型分析最早由怀特（White）等学者提出，后来经学者们对此概念进行了多方面深入研究和推广，并在经济体系、组织结构及大量小群体研究中得到广泛应用。学者们提出许多方法构建块模型，一般涉及两个步骤，第一步是对行动者进行分区，即把各个行动者分到各个位置之中，常见的方法是CONCOR以及层次聚类方法；第二步是根据一些标准确定各个块的取值，即各个块是1-块，还是0-块，不同性质的关系采用的标准是不同的。总的来说有6种标准：完全拟合、0-块标准、1-标准、

α-密度指标、最大值标准以及平均值标准。

CONCOR是一种迭代相关收敛法，它基于如下事实：如果对一个矩阵中的各个行（或者列）之间的相关系数进行重复计算，最终产生的将是一个仅仅由1和-1组成的相关系数矩阵。进一步说，我们可以据此把将要计算的一些项目分为两类，即相关系数分别为1和-1的两类，这样就达到了对各个行动者进行分区，从而简化数据的目的。经过多次迭代计算之后，CONCOR利用树形图表达各个位置之间的结构对等性程度，并且标记出各个位置拥有的网络成员。在本书研究中，我们将以我国的100个样本城市作为整体网络进行划分，并最终形成具有聚类特征的城市集群。

3.2 评价指标体系构建与数据来源

3.2.1 指标选取与评价体系

在指标选取方面，本书拟在现有典型研究成果基础上，总结影响城市之间空间关联关系的经济社会指标，并增加房地产相关指标，进行房地产视角下的城市集群划分。经济社会指标的选取主要参考以下三类：

（1）倪鹏飞在《中国城市竞争力报告（2008年）》中，将城市群空间等级分为潜在区域级城市群、区域级城市群、国家级城市群和世界级城市群4个级别，其中识别指标与判断标准分为人口条件、经济规模、区位条件、政府规划和影响力5部分（表3-3）。

城市群等级及识别指标与判断标准　　　表3-3

指标	指标解释	潜在区域级城市群	区域级城市群	国家级城市群	世界级城市群
人口条件	人口总量	●	●	●	●
经济规模	经济总量	●	●	●	●
区位条件	区外交通条件	●	●	●	●
	区内交通设施		●	●●	●●●
政府规划	相关配套政策		●	●●	●●●

续表

指标	指标解释	潜在区域级城市群	区域级城市群	国家级城市群	世界级城市群
影响力	实际影响范围		●	●●	●●●
	战略影响范围		●●	●●●	●●●●

注："●"表示具备该项条件，且其数量越多表明具备该条件的程度越大。
（来源：方创琳，姚士谋，刘盛和，等. 2010中国城市群发展报告[M]. 北京：科学出版社，2010）

（2）方创琳、姚士谋在综合分析国内外专家有关都市区、都市圈、城市群、都市连绵区的判断指标和标准的基础上，提出中国城市群空间范围识别的7大标准，其可用9项具体指标来量化，分别为：城市数量、100万人口以上特大城市个数、人口规模、城市化水平、人均GDP、经济密度、经济外向度、非农产业产值比率、核心城市GDP中心度。

（3）在中国城市群的形成发育过程中，中央和地方政府主导的力量举足轻重，因此国家对城市群的相关批复在进行指标选取时也具有重要的参考价值。2015年3月至2018年2月，国务院共先后批复了9个具有重大区域战略意义的国家级城市群。梳理9个国家级城市群的批复文件，可以看出各城市群发展规划的基础条件主要集中在交通、经济、城镇体系、创新、区位和历史文化等方面（表3-4）。

9个国家级城市群及发展基础条件　　　　表3-4

批复时间	城市群	城市群规划的发展基础	解释指标
2015-03-26	长江中游城市群	历史渊源深厚	历史、人文
		交通条件优越	港口、机场、铁路、公路
		经济实力较强	农业、工业、产业体系
		城镇化基础良好	城市数量、城镇化率
		合作交流密切	跨省合作
2016-02-23	哈长城市群	区位优势独特	国内外连接
		经济基础较好	工业体系、边境贸易
		城镇体系完备	城市数量、城镇化率
		创新潜力较大	教育研发机构、开发区
		旅游资源丰富	历史、生态资源

续表

批复时间	城市群	城市群规划的发展基础	解释指标
2016-04-12	成渝城市群	区位优势明显	承东启西、交通体系
		经济发展水平较高	经济实力、产业、创新创业、开放型经济
		城镇体系日趋健全	城镇数量
		经济社会人文联系密切	经贸往来、区域合作、一体化
2016-05-22	长江三角洲城市群	区位优势突出	国家对外开放战略地位、交通条件
		自然禀赋优良	人居环境、自然资源、工业化、城镇化、信息化等
		综合经济实力强	产业体系、科教与创新、国际经贸、进出口总额等
		城镇体系完备	城市数量与规模、城镇化率
2016-12-28	中原城市群	综合实力较强	产业体系、科技创新、人力资源
		交通区位优越	高速公路、航空、铁路
		城镇体系完整	城市数量、城镇化率
		自然禀赋优良	自然景观、地形地貌、人居环境
		文化底蕴深厚	历史、风景名胜、文物
2017-01-20	北部湾城市群	资源要素禀赋优越	生态环境、环境容量、承载力
		发展活力日渐提升	经济发展速度、特色产业、工业集群、创新创业、人力资源
		开放合作不断深化	对外合作、开放型经济规模
		城镇发展基础较好	城镇数量、基础设施
		社会人文联系紧密	文化、民俗、区域合作
2018-01-09	关中平原城市群	区位交通优势显著	西部门户、高速、机场、交通物流
		历史文化底蕴深厚	历史、文化、民俗
		现代产业体系完备	工业体系、产业体系
		创新综合实力雄厚	研发机构
		城镇体系日趋健全	人口规模、城镇化率

续表

批复时间	城市群	城市群规划的发展基础	解释指标
2018-02-05	呼包鄂榆城市群	城市群雏形初步显现	城镇协同发展、城镇化率
		产业合作基础良好	工业体系、产业合作
		交通设施相互连接	高速公路、机场、铁路
		资源合作利用潜力大	能源矿产、新能源
		人文交流底蕴深厚	农耕文明、游牧文明
2018-02-22	兰西城市群	区位优势明显	座中四联、稳藏固疆
		资源禀赋较好	水土资源、矿产能源、新能源
		经济基础较好	工业产业体系、人口规模、科技力量
		生态地位突出	生态屏障
		经济社会人文联系紧密	经贸合作、文化多元、民族繁荣

（4）指标体系构建

综合以上三类学术成果及政府批复文件中关于城市群空间范围识别及划分的指标，本书拟从经济、人口、对外联系度、产业结构、城镇化、创新能力等方面进行指标甄选，选定7大类18项指标进行房地产视角下的城市群空间范围识别研究（图3-1）。

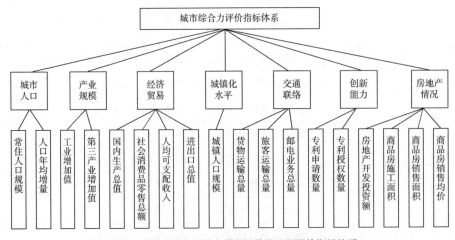

图3-1 房地产视角下城市群空间范围识别评价指标体系

1）城市人口类

①常住人口规模（万人）：是衡量城市规模等级、人力资源及综合实力的重要指标。

②人口年均增量（万人）：人口增加量能反映一定时期内城市的吸附能力、发展潜力和城市活力。本书选取2010—2017年的年平均人口增量作为衡量指标，更能反映一个城市的持续吸附能力，与单年的人口增量相比更具有说服力和科学性。

2）产业规模类

①工业增加值（亿元）：是指城市在一定期时期内所生产的和提供的全部最终产品和服务的市场价值的总和，代表一个城市的工业生产能力和规模水平，是体现城市实力的重要指标。

②第三产业增加值（亿元）：是吸纳劳动力的重要产业，反映城市化发展水平的重要指标之一。一般而言，越是经济发达的地区，第三产业增加值占GDP的比例往往越高。

3）经济贸易类

①国内生产总值（亿元）：是反映和衡量城市经济发展水平和规模的最重要指标。

②社会消费品零售总额（亿元）：是反映各行业通过各种流通渠道向居民和社会供应的生活消费品总量，是研究零售市场情况、反映经济景气程度的重要指标。

③人均可支配收入（万元）：是指居民可自由支配的人均财富，体现出更高的消费能力和潜力，是衡量城市居民生活水平和经济潜力的重要单元。

④进出口总值（亿元）：是反映一个城市对外贸易总规模的指标，体现城市对外经贸的活力和能力。

4）城镇化水平类

城镇人口规模（万人）：是反映人口向城市聚集的程度和城市化水平发展阶段的重要指标，同时侧面也能体现出城市公共服务设施的承载力和产业体系的吸附能力。

5）交通联络类

①货物运输总量（万吨）：包括铁路货运量、公路货运量、水运（包括内河、沿海、远洋）货运量、民航货运量，反映城市货物运输交通承载量。

②旅客运输总量（万人）：包括铁路客运量、公路客运量、水运客运量和民航客

运量，反映城市旅客运输交通承载量。

③邮电业务总量（亿元）：是邮电通信企业为社会提供各类邮电通信服务的总数量，是反映城市基础设施的一项重要指标。

6）创新能力类

①专利申请数量（件）：指专利机构受理的技术发明专利申请的数量，一个城市的专利申请数量越多，表示该城市的社会创新能力和活力越强。

②专利授权数量（件）：是指专利申请经过审核并最终授权的数量，与专利申请数量一样反映城市创新能力。

7）房地产情况类

①房地产开发投资额（亿元）：是指一定时期内具有开发资质的法人单位进行土地开发工程（不包括土地交易）的投资完成额，反映城市的房地产投资和开发强度水平。一般而言，一个城市的房地产供需市场容量越大，市场交易越活跃，其开发投资额越大。

②商品房施工面积（万m^2）：是指一定时期内房屋施工面积总量，包括本期新开工面积和上期开发转入本期的施工面积，是反映城市商品房建设规模和投资成果的综合指标之一。

③商品房销售面积（万m^2）：是指一定时期内与购房者已签订正式销售合同的商品房面积，反映城市的商品房社会总需求水平的重要指标。

④商品房销售均价（元/m^2）：是反映城市房地产市场供求关系、整体发展程度和趋势的最重要和最直观的评价指标。

3.2.2 数据来源

进行城市群空间范围识别需要采用横截面数据，为保证数据统计口径一致，本书统一采用2017年的相关统计数据。数据来源于《中国统计年鉴2018》，各省（自治区）市发布的《统计年鉴2018》、2017年《国民经济与社会发展统计公报》；部分城市的"专利申请数量"和"专利授权数量"来源于当地知识产权局网站。

另外，在100个样本城市中，江阴隶属于无锡市，昆山、吴江、张家港和常熟隶属于苏州市，故在无锡市各指标的统计数据中扣除江阴市数据，形成无锡（市区）和江阴2个样本城市;在苏州市各指标的统计数据中扣除昆山、吴江、张家港和常熟数据,形成苏州(市区)、昆山等5个样本城市(基础数据见附表1)。

3.3 城市集聚引力与城市集群边界识别

3.3.1 城市综合实力计算

运用主成分分析法计算城市综合实力值:

(1)主成分分析的必要性检验

通过SPSS软件输出初始变量之间的相关系数矩阵(附表2),从中可以看出,多个变量之间的相关系数较大,如国内生产总值与第三产业增加值的相关系数为0.977,与工业增加值的相关系数为0.909,与社会消费品零售总额相关系数为0.962,而社会消费品零售总额又与城镇人口规模的相关系数为0.943,与房地产开发投资额相关系数为0.892,相当数量的变量相关系数均达0.7以上,表明变量之间存在显著的相关性,有必要进行主成分分析。

对变量进行KMO和Bartlett检验,KMO检验值过低则表明变量之间的偏相关性较低,不适合进行主成分分析。从检验结果来看(表3-5),18个指标的KMO值为0.901,且Bartlett的球形度检验的显著性水平小于0.01,表明进行主成分分析是可行的。

KMO和Bartlett的检验　　　　　　　　　　　　表3-5

取样足够度的Kaiser-Meyer-Olkin度量		0.901
Bartlett的球形度检验	近似卡方	3335.957
	df	153
	Sig.	0.000

(2)主成分提取的可行性

计算18个指标的公因子方差,见表3-6,"提取"列表示初始变量共同度的取值,该取值表明对初始变量的解释程度,比如常住人口规模的提取值为0.866,表明提出的公因子能够解释常住人口指标的86.6%。18个指标中大部分提取值在85%以上，最差的提取值（货物运输总量和旅客运输总量）也能达到57%，表明提取的主成分对初始变量及其包含的信息有较强的解释能力。

公因子方差　　　　　　　　　　　　　　　　表3-6

指标	初始	提取
常住人口规模	1.000	0.866
人口年均增量	1.000	0.683
工业增加值	1.000	0.789
第三产业增加值	1.000	0.923
国内生产总值	1.000	0.960
社会消费品零售总额	1.000	0.918
人均可支配收入	1.000	0.592
进出口总值	1.000	0.860
城镇人口规模	1.000	0.933
货物运输总量	1.000	0.573
旅客运输总量	1.000	0.574
邮电业务总量	1.000	0.826
专利申请数量	1.000	0.907
专利授权数量	1.000	0.933
房地产开发投资额	1.000	0.886
商品房施工面积	1.000	0.793
商品房销售面积	1.000	0.811
商品房销售均价	1.000	0.755

提取方法：主成分分析。

（3）提取主成分和公因子

基于特征值大于1的原则，默认提取2个公因子得到解释的总方差表（表3-7），可以看出前2个公因子可以解释总体信息的81%，解释能力较强。

解释的总方差　　　　　　　　　表3-7

成分	初始特征值			提取平方和载入			旋转平方和载入		
	合计	方差	累积（%）	合计	方差	累积（%）	合计	方差	累积（%）
1	12.381	68.782	68.782	12.381	68.782	68.782	8.004	44.465	44.465
2	2.203	12.237	81.019	2.203	12.237	81.019	6.580	36.553	81.019
3	0.714	3.969	84.987						
4	0.669	3.715	88.702						
5	0.451	2.507	91.209						
6	0.398	2.212	93.421						
7	0.305	1.692	95.113						
8	0.234	1.298	96.411						
9	0.187	1.041	97.452						
10	0.132	0.732	98.184						
11	0.096	0.535	98.719						
12	0.088	0.487	99.206						
13	0.073	0.405	99.611						
14	0.028	0.157	99.769						
15	0.020	0.113	99.882						
16	0.012	0.067	99.949						
17	0.008	0.044	99.992						
18	0.001	0.008	100.000						

提取方法：主成分分析。

（4）计算城市综合实力值

根据2个主成分公因子计算各城市的综合实力得分，再将得分通过最大最小标准化的方法，把数据范围标准化在[0, 1]，得到城市综合实力值P（附表3中Y值）。

3.3.2 城市集聚引力矩阵计算

根据式（3-4）$T_{ij} = K \dfrac{P_i P_j}{d_{ij}^b}$ $(i \neq j; i = 1, 2, \cdots\cdots, m)$，

T_{ij}为两两城市之间的引力值，表示城市间的集聚引力；P_i和P_j分别为上文计算的城市综合实力值；d_{ij}为i，j两城市之间的空间可达性距离，本书用两两城市之间公路交通最短时间距离为统计值（为避免各城市交通拥堵情况造成的结果差异，以百度地图22:00—24:00期间最短驾车时间距离为统计值），将城市之间的距离统计值和各城市的综合实力分值代入式（3-4），计算两两城市间的引力值T_{ij}。

3.3.3 城市集群空间边界识别

将城市间的引力值矩阵（100×100）代入UCINET软件进行块模型的CONCOR分析，利用图形可以直观地反映出网络中城市间的集聚现象。通过CONCOR初次分析，得出在2-plex层面存在4个凝聚子群，在3-plex层面存在8个凝聚子群（图3-2）。

第一个凝聚子群称之为"京津冀蒙-东北城市群"，包括北京市、天津市、河北省、内蒙古自治区、黑龙江省、吉林省和辽宁省共计20个城市；第二个凝聚子群称之为"山东半岛城市群"，包括山东省10个城市和苏北地区2个城市，共计12个城市；第三个凝聚子群称之为"西部城市群"，包括四川省、陕西省、重庆市、兰州市、乌鲁木齐市、银川市、西宁市等共计10个城市；第四个凝聚子群称之为"中原城市群"，包括河南省3个城市和菏泽市，共计4个城市；第五个凝聚子群称之为"长三角城市群"，包括浙江省、江苏省和上海市，共计19个城市；第六个凝聚子群称之为"长江中下游城市群"，包括湖北省、安徽省和江苏省部分城市，共计10个城市；第七个凝聚子群称之为"珠三角-北部湾城市群"，包括广东省、海南省、广西壮族自治区等共计19个城市；第八个凝聚子群称之为"海峡西岸城市群"，包括湖南省、江西省和福建省等共计6个城市。

通过块模型初次分析得到的8个凝聚子群，大部分能够反映城市之间的经济联系及空间地理结构关系，但仍存在三个问题：

问题一，京津冀蒙-东北城市群地域跨度过大。虽然"京津冀蒙"与"东北"在

3 城市群空间聚类及边界范围识别

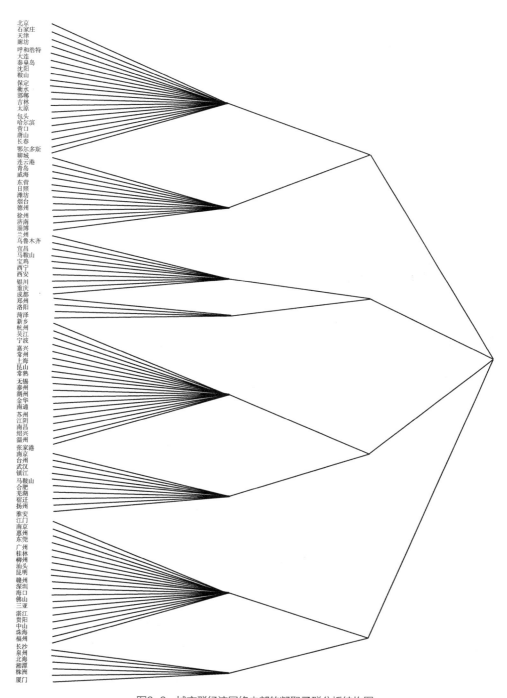

图3-2 城市群经济网络内部的凝聚子群分析结构图

55

地理空间上相邻，京津冀蒙对东北地区也有较强的经济辐射作用，但从整体地域来看，京津冀蒙和东北区域的空间跨度过大，城市数量多且布局过于分散，需要通过块模型的二次划分进行检验。

问题二，长三角城市群、长江中下游城市群和海峡西岸城市群的范围模糊。从空间地域来看，以上三个城市群的空间范围识别不够明确，比如南京、镇江、扬州与武汉市等划分在一个城市群，而在实际中以上城市与处于长三角的上海相比具有更加明显的空间区位优势；而长沙与福州、泉州市划为同一子群在空间上也略显牵强，故需要对以上三个城市集群进行二次划分检验。

问题三，贵阳和昆明两个西部城市被划入了在行政空间上不相邻的"珠三角-北部湾城市群"，因此需要根据核心城市的引力值，分析其对贵阳和昆明的作用力，从而判断两个城市的子群归属。

（1）"京津冀蒙-东北城市群"的二次划分检验

将"京津冀蒙-东北城市群"所包含的城市间引力值矩阵代入UCINET软件进行分析，显示在2-plex层面存在2个凝聚子群（图3-3），其中北京、天津、河北省和内蒙古自治区共计13个城市在一个子群。在此基础上，通过块模型的CONCOR进行三次划分，结果显示城市集群过于分散，且内蒙古自治区仅有的3个样本城市与"京津冀"子群的经济联系强度较大，因此可不再细分并将该子群定名为"京津冀蒙城市群"；第二个子群包括哈尔滨、长春、吉林、沈阳、大连、鞍山和营口7个城市，因样本城市较少无法再进行细分，故将该子群定名为"东北城市群"。

（2）"长三角、长江中下游和海峡西岸城市群"的二次划分检验

将"长三角、长江中下游和海峡西岸城市群"所包含的城市间引力值矩阵代入UCINET软件进行CONCOR分析，显示在2-plex级层面存在4个凝聚子群（图3-4），第一个子群包括上海、苏州、昆山等11个城市，可称之为"上海都市圈"；第二个子群包括南京、芜湖等8个城市，可称之为"南京都市圈"；第三个子群包括杭州、绍兴、宁波等8个城市，可称之为"杭州都市圈"；第四个子群包括武汉、宜昌、南昌、长沙、株洲和湘潭6个城市，可称之为"长江中游城市群"；剩余的福州、泉州和厦门归为一个子群并定名为"海峡西岸城市群"。考虑到"上海都市圈""南京都市圈""杭州都市圈"三者之间的紧密联系，将其统一归为一个子群并定名为"长三角城市群"。

3 城市群空间聚类及边界范围识别

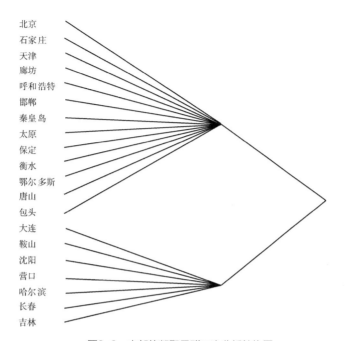

图3-3 内部的凝聚子群二次分析结构图

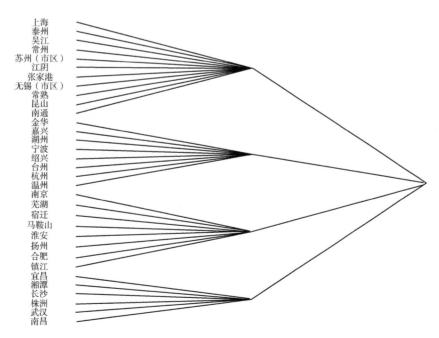

图3-4 内部的凝聚子群二次分析结构图

（3）贵阳和昆明的子群归属判定

根据空间地理关系选取"珠三角-北部湾城市群"和"西部城市群"对贵阳和昆明的子群归属进行判定，其中"珠三角-北部湾城市群"选取引力值较大的城市深圳、广州作为核心对比城市，"西部城市群"选取引力值较大的重庆作为核心对比城市。通过引力值大小对比，重庆对贵阳和昆明的引力明显大于深圳和广州（表3-8），故贵阳和昆明应划入"西部城市群"。

贵阳、昆明子群归属判定表　　　　　　　　　　表3-8

待确定城市	核心城市1	核心城市2	核心城市3	判定结果
贵阳	深圳（0.1291）	广州（0.1476）	重庆（0.8672）	重庆
昆明	深圳（0.0757）	广州（0.0789）	重庆（0.1893）	重庆

至此，100个样本城市经过城市集群空间范围的初步识别，可以划分出9个城市群（表3-9），分别为京津冀蒙城市群、东北城市群、山东半岛城市群、西部城市群、中原城市群、长三角城市群、长江中游城市群、珠三角-北部湾城市群和海峡西岸城市群。

样本城市空间范围识别　　　　　　　　　　表3-9

序号	城市群	城市数量	城市
1	京津冀蒙城市群	13	北京、石家庄、天津、廊坊、唐山、秦皇岛、太原、保定、邯郸、衡水、包头、鄂尔多斯、呼和浩特
2	东北城市群	7	沈阳、鞍山、营口、大连、哈尔滨、长春、吉林
3	山东半岛城市群	12	聊城、连云港、青岛、威海、东营、日照、潍坊、烟台、德州、徐州、济南、淄博
4	西部城市群	11	兰州、乌鲁木齐、绵阳、宝鸡、西宁、西安、银川、重庆、成都、贵阳、昆明
5	中原城市群	4	郑州、洛阳、菏泽、新乡

续表

序号	城市群	城市数量	城市
6	长三角城市群	27	上海、泰州、吴江、常州、苏州、江阴、张家港、无锡、常熟、昆山、南通、金华、嘉兴、湖州、宁波、绍兴、台州、杭州、温州、南京、芜湖、宿迁、马鞍山、淮安、扬州、合肥、镇江
7	长江中游城市群	6	宜昌、湘潭、长沙、株洲、武汉、南昌
8	珠三角-北部湾城市群	17	江门、南宁、惠州、东莞、广州、桂林、柳州、汕头、赣州、深圳、海口、佛山、三亚、湛江、中山、珠海、北海
9	海峡西岸城市群	3	福州、厦门、泉州

（4）与国家规划的城市群空间范围比较

与国家批复的城市群对比，房地产视角下的城市群的空间边界基本能与之吻合，但是也有部分城市群存在差异，主要差异及解析见表3-10。

房地产视角下的城市群与国家批复的城市群对比　　　表3-10

序号	房地产视角下的城市群	国家批复的城市群	差异与解析
1	京津冀蒙	京津冀、呼包鄂榆	国家批复的城市群规划中分为京津冀和呼包鄂榆，通过凝聚子群2次划分，均显示京津冀对呼包鄂的作用力大，故本书设定为"京津冀蒙城市群"
2	东北	哈长、辽中南	通过凝聚子群2次划分，样本城市联系均十分紧密，故本书按照凝聚子群研究设定为"东北城市群"
3	山东半岛	山东半岛	按照国家批复的城市群规划，徐州、连云港均未划入长三角和山东半岛城市群，但按照凝聚子群分析，本书将徐州、连云港划入山东半岛城市群
4	西部	关中、成渝、兰西	按照凝聚子群分析，三个城市群均显示为同一集群，故本书设定为"西部城市群"
5	中原	中原	城市划分和边界范围一致
6	长三角	长三角	城市划分和边界范围一致

续表

序号	房地产视角下的城市群	国家批复的城市群	差异与解析
7	长江中游	长江中游	城市划分和边界范围一致
8	珠三角-北部湾	珠三角、北部湾	按照凝聚子群分析，两个城市群显示为同一集群，故本书设定为"珠三角-北部湾城市群"
9	海峡西岸	海峡西岸	城市划分和边界范围一致

3.4 中心城市的确定

不同城市之间的住房价格差异受城市行政级别和城市的资源集聚能力影响较大。关于各城市群中心城市的选择，拟采用"城市总吸引力+引力联结线数量"和"Granger因果关系检验"相结合的方法确定。本节将采用"城市总吸引力+引力联结线数量"初步确定中心城市，而在第5章将采用"Granger因果检验"方法对本节确定的中心城市进行调整。两者的关系是，本节是基于城市经济社会及房地产综合指标进行中心城市的筛选和评判，而后者是基于房价溢出的因果关系进行中心城市判定。

在利用"城市总吸引力+引力联结线数量"筛选中心城市方面，主要借鉴顾朝林关于确定"节点城市"的思想和方法，其中各个城市的总吸引力G_i的表达式如下：

$$G_i = \sum_{j=1}^{n} T_{ij}(i \neq j) \quad (3-5)$$

关于最大引力联结线数量N^{max}，在得出引力矩阵以后，对各个城市（i）选取其最大的引力T_i^{max}，即：

$$T_i^{max} = \max(T_{i1}, T_{i2}, \cdots\cdots, T_{i(n-1)}, T_{in})$$

通过以上计算获得每个城市（C_i）对应的吸引力最大的城市，即城市C_i的"最大引力城市"，然后将C_i和C_i'进行两两连线，最后得到城市体系"最大引力联结线（L^{max}）"。联结线越多的城市在城市体系中的总吸引力越大，且具有更高的空间支配地位，从而成为体系中的节点。

因此，确定中心城市的选择条件为：$G_i > M + 3S$ 且 $N^{max} > 2$（M和S分别为G_i的平均值和标准差）。

根据以上选择标准最终确定20个中心城市（表3-11），其中京津冀蒙城市群有3个中心城市，分别为北京、石家庄和天津；东北城市群有长春和沈阳2个中心城市；山东半岛城市群有济南和青岛2个中心城市；西部城市群有重庆、成都和西安3个中心城市；中原城市群有郑州1个中心城市；长三角城市群中心城市数量最多，包括上海、南京、杭州和苏州4个城市；长江中游城市群有武汉和长沙2个中心城市；珠三角-北部湾城市群有广州和深圳2个中心城市；海峡西岸城市群有厦门1个中心城市。

中心城市评分表　　　　　　　　　　表3-11

序号	中心城市	G_i值	$M+3S$	最大联结线N^{max}	所属城市群
1	北京	86.99	13.70	10	京津冀蒙
2	广州	549.88	128.11	9	珠三角-北部湾
3	南京	56.78	4.19	6	长三角
4	上海	177.58	16.49	4	长三角
5	郑州	15.67	1.19	4	中原
6	济南	16.02	1.26	4	山东半岛
7	杭州	93.17	10.36	3	长三角
8	青岛	13.47	1.26	3	山东半岛
9	深圳	137.61	19.17	3	珠三角-北部湾
10	沈阳	3.10	0.26	3	东北
11	苏州	167.70	19.47	3	长三角
12	长沙	14.64	1.70	3	长江中游
13	重庆	12.63	1.58	3	西部
14	成都	10.82	1.63	2	西部
15	石家庄	9.84	0.88	2	京津冀蒙
16	武汉	13.23	0.71	2	长江中游
17	西安	5.77	0.33	2	西部
18	长春	1.71	0.17	2	东北
19	天津	55.89	9.90	2	京津冀蒙
20	厦门	12.98	2.17	2	海峡西岸

3.5 本章小结

本章通过空间聚类分析将100个样本进行城市群划分，主要解决的核心问题和结论如下：

（1）城市群空间聚类分析评价指标体系构建。我国城市群的形成和发育过程具有市场经济和政策引导相结合的特色机制，在城市群空间聚类分析时需兼顾城市间的经济社会联系和政府战略规划的双重影响，故本书在评价指标选择时重点梳理了国家级城市群的相关批复，在此基础上，构建了包含房地产类相关指标在内的7大类18项评价指标体系。

（2）城市群空间范围识别。通过主成分分析计算各城市的综合实力分值，并采用引力模型计算两两城市间的引力值，最后运用块模型划分出9个城市群，同时初步确定出20个中心城市。与国家战略规划的城市群相比，大部分城市群的空间边界范围均相吻合，但也有少量存在差异，究其原因，一方面城市集群的发育是一个具有动态特性的空间演进过程，随着经济社会发展的阶段不同，城市集群的结构形态可能发生变化；另一方面是考虑房地产类因素后，城市之间原来以经济社会及地理区位为动力的机制被打破而导致空间结构形态发生调整。

本章是后续所有研究的基础，将100个样本城市按照某种联系划分成若干城市集群，有助于研究大样本容量城市下商品住房价格之间的溢出效应和溢出关系。

四 商品住房价格的溢出效应检验

本章将按照前文确定的城市群和中心城市，建立商品住房价格的向量自回归模型，基于时间维度运用Johansen协整检验分析城市间及城市群间商品住房价格波动的协整关系，判断某区域房价波动是否受到其他区域房价波动的溢出影响，主要包括三个层面的问题，即中心城市与外围城市之间、中心城市与中心城市之间、城市群与城市群之间的商品住房价格溢出效应检验。

4.1 溢出效应检验的模型与方法

4.1.1 VAR模型

1980年西姆斯（C.A.Sims）在研究文献中将向量自回归模型（VAR）引入经济学中，推动了经济系统动态性分析的广泛应用。时至今日，VAR的研究建模已经由最初的二维拓展到多维度，受到越来越多的经济工作者的重视。

VAR模型可以把系统中每一个内生变量作为所有内生变量的滞后值的函数来构造模型，从而将单变量自回归模型拓展至由多元时间序列变量构成的向量自回归模型，因此它实际上是包含了多个方程的非结构化模型。VAR模型中的各个等式中的系数并不是研究者关注的对象，其主要原因是VAR模型系统中的系数往往非常多，因此无法通过分析模型系数估计值来分析VAR模型，需要借助格兰杰因果关系检验、IRF脉冲响应函数和方差分析等工具。

VAR模型的形式如下：

$$Y_t = A_1 Y_{t-1} + A_2 Y_{t-2} + \cdots\cdots + A_P Y_{t-P} + \varepsilon_t \qquad (4-1)$$

该式表示模型含有n个变量，且滞后期为P，其中：

$$Y_t = (y_{1t}, y_{2t}, \cdots\cdots, y_{nt})'$$

$$A_j = \begin{vmatrix} A_{11,j} & A_{12,j} & \cdots\cdots & A_{1n,j} \\ A_{21,j} & A_{22,j} & \cdots\cdots & A_{2n,j} \\ \cdots\cdots & \cdots\cdots & \cdots\cdots & \cdots\cdots \\ A_{n1,j} & A_{n2,j} & \cdots\cdots & A_{nn,j} \end{vmatrix}, j = 1, 2, \cdots\cdots, P$$

$$\varepsilon_t = (\varepsilon_{1t}, \varepsilon_{2t}, \cdots\cdots, \varepsilon_{nt})'$$

Y_t 为 $n×1$ 阶时间序列向量，A 表示相应的系数矩阵，ε_t 是 $N×1$ 阶误差向量。

VAR模型中有两个重要的问题，分别是VAR模型的估计方法和模型滞后阶数 P 的确定。

（1）VAR模型的估计方法

由于仅有内生变量的滞后期出现在等式的右边，所以不存在同期相关性的问题，那么对VAR模型中每个等式分别进行普通最小二乘法（OLS）回归，得到的系数估计值都是有效的估计量。即使模型中的随机扰动向量有同期相关，但因所有的方程有相同的回归量，故通过OLS回归的估计值与广义最小二乘法（GLS）得到的效果是等价的，因此VAR模型的估计方法采用OLS。

（2）VAR模型的滞后阶数 P

滞后阶数 P 对VAR模型的估计非常重要，一方面选择较大的滞后阶数，能够完整地反映模型的动态特征，但另一方面滞后阶数越多则需要估计的参数越多，会减少模型的自由度，因此滞后阶数的选择需要综合考虑。在研究中选择滞后阶数的依据主要有两种：一种是根据经济理论和研究问题的要求设定滞后期，如月度数据一般为滞后12期，季度数据滞后4期；另一种是根据AIC或者SC值最小准则进行选择，而在Eviews软件中则提供了5种滞后期的选择准则，也可利用这些准则进行综合考虑。

4.1.2　Johansen协整检验

假定一些经济指标被系统地联系在一起，那么从长期来看这些指标应该具有均衡关系，即使短期内受季节因素或其他随机项干扰，出现偏离均值的情况，但随时间的推移这些变量还会回到均衡状态；如果这种偏离是持久不变的，那么可以判断这些指标之间不存在均衡关系，这种均衡关系可用协整进行统计表示。

Johansen协整检验是基于回归系数的协整检验，是一种进行多变量协整检验较好的方法。首先建立一个VAR（P）模型：

$$y_t = \phi_1 y_{t-1} + \cdots\cdots + \phi_P y_{t-P} + Hx_t + \varepsilon_t, t = 1, 2, \cdots\cdots, T \quad (4\text{--}2)$$

其中 y_t 为非平稳的一阶单整序列，即 $y_t \sim I（1）$；x_t 是外生向量，代表趋势项、常数项等；$i = 1, 2, \cdots\cdots P$；H 为待估矩阵；ε_t 是扰动向量。在式（4–2）两端同时减去 y_{t-1}，通过添项和减项的方法可将公式转换成为如下公式：

$$\Delta y_t = \Pi y_{t-1} + \sum_{i=1}^{P-1} \Gamma_i \Delta y_{t-j} + Hx_t + \varepsilon_t \qquad (4\text{--}3)$$

其中：

$$\Pi = \sum_{i=1}^{P} \phi_i - I, \ \Gamma_i = -\sum_{j=i+1}^{P} \phi_j \qquad (4\text{--}4)$$

由于$I(1)$过程经过差分变换将变成$I(0)$过程，即式（4–3）中的Δy_t, Δy_{t-j}（j=1, 2, ……, p）都是$I(0)$变量构成的向量，那么只要Πy_{t-1}是$I(0)$的向量，即y_{t-1}的各分量之间具有协整关系，就能保证Δy_t是平稳过程。y_{t-1}的各分量之间是否具有协整关系主要依赖于矩阵Π的秩。设Π的秩为r，针对k维向量存在3种情况，即$r=k$, $r=0$, $0<r<k$。

（1）如果$r=k$，显然只有当y_{t-1}的各分量都是$I(0)$变量时，才能保证Πy_{t-1}是$I(0)$变量构成的向量，而这与已知的y_t为$I(1)$过程相矛盾，所以必然有$r<k$。

（2）如果$r=0$，意味着$\Pi=0$，因此式（4–3）仅仅是个差分方程，各项都是$I(0)$变量，不需要讨论y_{t-1}的各分量之间是否具有协整关系。

（3）如果$0<r<k$，表示存在r个协整组合，其余$k-r$个关系仍为$I(1)$关系。在这种情况下，Π可以分解成两个$k \times r$阶矩阵α和β的乘积：

$$\Pi = \alpha\beta' \qquad (4\text{--}5)$$

式中$r(\alpha)=r, r(\beta)=r$，将式（4–5）代入式（4–3），得到：

$$\Delta y_t = \alpha\beta' y_{t-1} + \sum_{i=1}^{P-1} \Gamma_i \Delta y_{t-i} + Hx_t + \varepsilon_t \qquad (4\text{--}6)$$

上式要求$\beta' y_{t-1}$为一个$I(0)$向量，其每一行都是$I(0)$组合变量，即β的每一列所表示的y_{t-1}的各分量线性组合都是一种协整形式，所以矩阵β决定了y_{t-1}的各分量之间协整向量的个数与形式，因此β称为协整向量矩阵，r为协整向量的个数。

矩阵α的每一行α_i是出现在第i个方程中的r个协整组合的一组权重，故称为调整参数矩阵，而且容易发现$\alpha D(D^{-1}\beta)$和β并不是唯一的，因为对于任何非奇异$r \times r$矩阵D，乘积$\alpha\beta'$和$\alpha D(D^{-1}\beta)$都等于Π。

将y_t的协整检验变成对矩阵Π的分析问题，这就是Johansen协整检验的基本原理。因为矩阵Π的秩等于它的非零特征根的个数，因此可以通过对非零特征根个数的检验来检验协整关系和协整向量的秩，设矩阵Π的特征根为λ，常采用特征根迹检验（Trace检验）和最大特征值检验。

特征根迹检验的检验统计量为：

$$\eta_r = -T\sum_{i=r+1}^{k}\ln(1-\lambda_i),\ r=0,\ 1,\ \cdots\cdots,\ k-1$$

最大特征值检验的检验统计量为：

$$\xi_r = -T\ln(1-\lambda_{r+1}),\ r=0,\ 1,\ \cdots\cdots,\ k-1$$

η和ξ是一个联合检验，其原假设为：协整向量的个数小于或等于r个。

4.2 数据来源与分析

4.2.1 数据来源

本书选取的中房指数系统100个样本城市在经济、人口及房地产开发方面占全国总量的比重较大，以2017年为例，样本城市各项指标较全国总量而言，GDP占比为69%、工业增加值占比为74%、第三产业增加值占比为72%、常住人口规模占比为46%、城镇人口规模占比为54%、房地产开发投资额占比为74%、商品房施工面积占比为68%、商品房销售面积占比为60%，因此选取的100个样本城市在进行全国商品住房价格研究中具有极大的代表性。

本书采用100个城市2010年6月—2018年12月"百城价格指数"的月度商品住房价格（百城价格指数从2010年6月开始统计发布）为研究数据。其中吴江区（2012年9月1日，吴江撤市设区，为苏州市吴江区）数据从2016年1月开始统计，而2010年6月—2015年12月数据缺失，为保证所有样本数据的一致性，剔除吴江区，最终所选样本城市为99个，累计有99×103=10197个有效观测值。

"百城价格指数"来源于中国指数研究院的中房指数系统。中房指数系统是一套以价格指数形式来反映全国各主要城市房地产市场运行状况和发展趋势的指标体系和分析方法。它最早由国务院发展研究中心、中国房地产业协会和中国房地产开发集团等于1994年发起，目前覆盖全国主要城市，定期发布中国主要城市的房地产价格指数，包括百城指数、城市综合指数、住宅指数、特征价格指数、写字楼指数、商铺指数、别墅价格指数、二手房销售及租赁价格指数等，是目前中国覆盖范围最广、城市最多的价格指数系统。

关于百城价格指数样本选取及计算规则说明如下：

（1）样本选取

"百城价格指数"对全国主要的100个城市进行全样本监测，100个城市中的已取得预售（销售）许可证的在售项目被全部纳入统计系统，同时为保证样本的典型性和代表性，也对项目的建筑规模进行一定限制，比如一线城市单盘项目不低于30000m^2，二、三、四线城市单盘项目均不低于10000m^2。

（2）样本价格

样本价格均为项目对外报价扣除优惠后的实际价格，同时为保证统计口径一致，当项目在售房源的建筑形态发生变化时，如由高层变为多层，需要对统计数据类别进行调整以便如实反映实际成交情况。

（3）数据采集方法

数据采集的渠道主要包括4种，即由"中国指数研究院"和"房天下"在各城市的工作人员实地调查采集；由当地的房地产开发企业填报数据；由当地的房地产中介及经纪代理公司提供项目数据信息；由当地的政府及企业公开信息获取。

（4）数据复核

数据采集完成后，须与各城市房管局发布的数据及各项目实际成交价格等进行交叉复核，同时总分析师通过抽查的方式对数据进行交叉复核和多级复核[①]。

百城价格指数相较于官方公布的数据，统计范围更加精准、价格更加真实，更具代表性和典型性，更能客观反映市场情况。

4.2.2 描述性分析

为便于研究，使用汉语拼音首写字母对各城市进行标识，比如北京以BJ代替；若两个城市的首写字母拼音相同，则增加拼音进行区分，比如杭州和湖州分别以HZ、HUZ表示；若两个城市拼音完全相同，则在拼音后面加上所在省份的首写字母进行区分，比如泰州和台州分别以TZJ和TZZ表示。在上述标识之前加符号"D"来表示

---

① 资料来源：中国指数研究院官网。

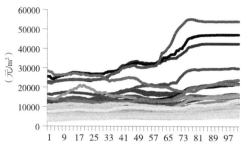

图4-1 研究期内样本城市住宅价格走势图　　图4-2 研究期内样本城市住宅价格增长率

数据序列的一阶差分。

（1）样本城市商品住房价格波动特征

从样本城市2010年6月—2018年12月商品住房价格走势来看（图4-1、图4-2），样本城市房价均呈波动上涨的态势，其中深圳房价的绝对值及涨幅引领全国其他城市，至2018年12月深圳商品住房均价达到54060元/m²，较2010年6月上涨143.62%；此外，上海、北京、厦门、珠海等城市的房价绝对值均处于领先地位，99个样本城市中除深圳外，涨幅达到100%以上的城市还有厦门、东莞、合肥、廊坊、珠海、湛江、保定、新乡等城市，唯有三亚房价出现了下跌情况，研究期内房价下跌16.06%。

另外从各城市群内房价波动（环比增长率）走势图来看（图4-3），各城市房价波动明显，波动幅度和整体走势较为相似，存在共同的波动起伏的特征，可能存在房价波动的相关性。

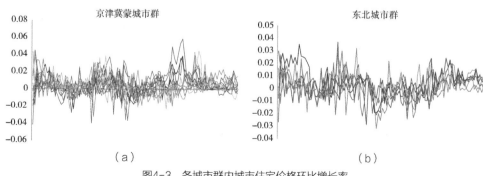

图4-3 各城市群内城市住宅价格环比增长率

城市集聚与住房价格时空演化

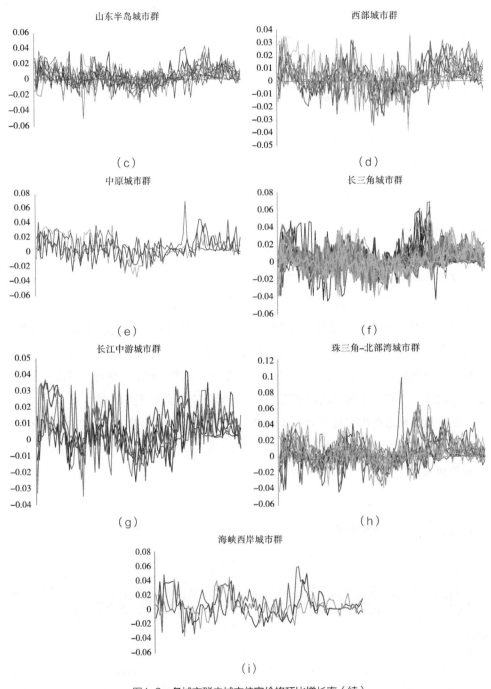

图4-3 各城市群内城市住宅价格环比增长率（续）

(2)统计性描述

2010年6月至2018年12月期间,样本城市商品住房价格指数的描述性统计结果显示(附表4),从标准差(Std.Dev.)粗略来看,北京、上海、深圳、厦门、珠海的标准差明显大于其他城市,说明这些城市房价波动幅度可能较大,整体市场可能存在"高风险、高收益"的分布特征。从偏度(Skewness)和峰度(Kurtosis)来看,大多数城市房价的分布呈现"右偏,矮胖"的特征;Jarque-Bera统计量及其P值表明,大多数城市房价变动都显著为非正态分布。

4.3 中心城市与外围城市房价溢出效应检验

4.3.1 序列平稳性检验

在经济研究中,大多数时间序列通常会受到时间变化的影响而出现序列不平稳的现象,若时间序列不平稳则会造成虚假回归问题,因此在建立计量经济模型后需要对变量的平稳性进行检验。时间序列的平稳性可以通过统计方法进行检验,即单位根检验。

单位根检验由Dickey-Fuller在1979年提出,它是各项变量之间关系检验的前置工作,它检验变量序列中是否存在单位根,若是存在单位根则表明该序列为非平稳序列;相反若不存在单位根,则表明该序列平稳。单位根检验方法有多种,本书在研究分析中用到的是ADF检验法,即:

考虑一个AR(P)模型:

$$\Delta y_t = \Pi = \sum_{i=1}^{P} \phi_i - I, \Gamma_i = -\sum_{j=i+1}^{P} \phi_j I(0) \tag{4-7}$$

要检验AR(P)是否含有单位根,只需要检验原假设$\alpha=1$相对于备择假设$\alpha<1$是否能被拒绝,拒绝则代表模型是平稳的,接受则代表存在单位根为不平稳的。

下文运用ADF检验法分别就中心城市与外围城市之间、中心城市之间和城市群之间的商品住房价格进行平稳性检验。

(1)京津冀蒙城市群

针对京津冀蒙城市群的13个城市进行单位根检验(表4-1),结果显示原序列大部分在90%的置信水平下不平稳，而所有的一阶差分序列在95%的置信水平下均平稳。

京津冀蒙13个城市房价序列的平稳性检验结果　　　　表4-1

序号	变量	检验类型 (c, t, k)	ADF值	P值	结论	变量	检验类型 (c, t, k)	ADF值	P值	结论
1	LnBJ	$(c, t, 2)$	-2.1380	0.5182	不平稳	DLnBJ	$(c, t, 0)$	-4.8767	0.0007	平稳
2	LnTJ	$(c, t, 3)$	-2.3640	0.3960	不平稳	DLnTJ	$(c, t, 2)$	-2.4480	0.0146	平稳
3	LnTY	$(c, t, 0)$	-1.1543	0.9138	不平稳	DLnTY	$(c, t, 0)$	-9.3414	0.0000	平稳
4	LnSJZ	$(c, t, 2)$	-1.6802	0.7529	不平稳	DLnSJZ	$(c, t, 1)$	-5.3335	0.0001	平稳
5	LnHHHT	$(c, t, 0)$	-0.9075	0.9505	不平稳	DLnHHHT	$(c, t, 0)$	-7.0271	0.0000	平稳
6	LnBT	$(c, t, 1)$	-2.0077	0.5899	不平稳	DLnBT	$(c, t, 0)$	-9.5583	0.0000	平稳
7	LnTS	$(c, t, 1)$	-0.1938	0.9924	不平稳	DLnTS	$(c, t, 0)$	-8.2826	0.0000	平稳
8	LnLF	$(c, t, 3)$	-2.9602	0.1488	不平稳	DLnLF	$(c, t, 1)$	-3.5897	0.0358	平稳
9	LnQHD	$(c, t, 1)$	-0.8527	0.9565	不平稳	DLnQHD	$(c, t, 0)$	-7.0314	0.0000	平稳
10	LnBD	$(c, t, 0)$	-1.1429	0.9159	不平稳	DLnBD	$(c, t, 0)$	-7.6786	0.0000	平稳
11	LnEEDS	$(c, t, 0)$	-3.5379	0.0407	平稳	DLnEEDS	$(c, t, 0)$	-7.7162	0.0000	平稳
12	LnHD	$(c, t, 0)$	-1.6823	0.7521	不平稳	DLnHD	$(c, t, 0)$	-8.7281	0.0000	平稳
13	LnHS	$(c, t, 3)$	-2.6669	0.2526	不平稳	DLnHS	$(c, t, 2)$	-2.9309	0.0454	平稳

注：1. DLnBJ为LnBJ的一阶差分序列，其他序列同理；
　　2. 检验形式中，c、t、k分别表示常数项、时间趋势和滞后阶数，α表示显著性水平（下同）。

（2）东北城市群

针对东北城市群的7个城市进行单位根检验（表4-2），结果显示原序列大部分在90%的置信水平下不平稳，而所有的一阶差分序列在95%的置信水平下均平稳。

东北城市群7个城市房价序列的平稳性检验结果　　　表4-2

序号	变量	检验类型 (c, t, k)	ADF值	P值	结论	变量	检验类型 (c, t, k)	ADF值	P值	结论
1	LnDL	$(c, t, 1)$	−0.6345	0.9746	不平稳	DLnDL	$(c, t, 0)$	−6.3235	0.0000	平稳
2	LnSY	$(c, t, 1)$	−3.5193	0.0427	平稳	DLnSY	$(c, t, 0)$	−4.1909	0.0066	平稳
3	LnCC	$(c, t, 0)$	0.4520	0.9991	不平稳	DLnCC	$(c, t, 1)$	−4.7085	0.0012	平稳
4	LnHEB	$(c, t, 0)$	0.1742	0.9976	不平稳	DLnHEB	$(c, t, 0)$	−8.7715	0.0000	平稳
5	LnJL	$(c, t, 2)$	−2.4727	0.3409	不平稳	DLnJL	$(c, t, 1)$	−3.7320	0.0246	平稳
6	LnAS	$(c, t, 0)$	−2.6036	0.2797	不平稳	DLnAS	$(c, t, 0)$	−9.0726	0.0000	平稳
7	LnYK	$(c, t, 0)$	−3.0401	0.1267	不平稳	DLnYK	$(c, t, 1)$	−4.8969	0.0006	平稳

（3）山东半岛城市群

针对山东半岛城市群12个城市进行单位根检验（表4-3），结果显示原序列在90%的置信水平下均不平稳，而所有的一阶差分序列在95%的置信水平下均平稳。

山东半岛城市群12个城市房价序列的平稳性检验结果　　　表4-3

序号	变量	检验类型 (c, t, k)	ADF值	P值	结论	变量	检验类型 (c, t, k)	ADF值	P值	结论
1	LnQD	$(c, t, 2)$	−0.6106	0.9761	不平稳	DLnQD	$(c, t, 1)$	−3.4585	0.0496	平稳
2	LnJN	$(c, t, 1)$	−1.1337	0.9175	不平稳	DLnJN	$(c, t, 0)$	−7.3693	0.0000	平稳
3	LnWF	$(c, t, 2)$	−1.2804	0.8870	不平稳	DLnWF	$(c, t, 1)$	−3.5841	0.0363	平稳
4	LnXZ	$(c, t, 4)$	−1.9992	0.5943	不平稳	DLnXZ	$(c, t, 3)$	−2.5888	0.0213	平稳
5	LnLYG	$(c, t, 0)$	−1.3996	0.8555	不平稳	DLnLYG	$(c, t, 0)$	−9.0752	0.0000	平稳
6	LnYT	$(c, t, 0)$	2.1451	1.0000	不平稳	DLnYT	$(c, t, 1)$	−4.4568	0.0029	平稳
7	LnDZ	$(c, t, 0)$	0.0931	0.9969	不平稳	DLnDZ	$(c, t, 0)$	−6.9225	0.0000	平稳
8	LnDY	$(c, t, 0)$	−1.3442	0.8710	不平稳	DLnDY	$(c, t, 0)$	−8.8216	0.0000	平稳
9	LnLC	$(c, t, 1)$	−1.7476	0.7226	不平稳	DLnLC	$(c, t, 0)$	−6.0241	0.0000	平稳
10	LnRZ	$(c, t, 1)$	−0.4817	0.9830	不平稳	DLnRZ	$(c, t, 0)$	−6.8624	0.0000	平稳
11	LnWEIH	$(c, t, 0)$	0.4175	0.9989	不平稳	DLnWEIH	$(c, t, 0)$	−9.5683	0.0000	平稳
12	LnZB	$(c, t, 0)$	0.4684	0.9991	不平稳	DLnZB	$(c, t, 0)$	−9.6360	0.0000	平稳

（4）西部城市群

针对西部城市群11个城市进行单位根检验（表4-4），结果显示原序列大部分在90%的置信水平下不平稳，而所有的一阶差分序列在99%的置信水平下均平稳。

西部城市群11个城市房价序列的平稳性检验结果　　　　表4-4

序号	变量	检验类型 (c, t, k)	ADF值	P值	结论	变量	检验类型 (c, t, k)	ADF值	P值	结论
1	LnCQ	$(c, t, 1)$	-1.0885	0.9253	不平稳	DLnCQ	$(c, t, 0)$	-4.0951	0.0088	平稳
2	LnCD	$(c, t, 1)$	-1.5182	0.8170	不平稳	DLnCD	$(c, t, 0)$	-4.5155	0.0023	平稳
3	LnXA	$(c, t, 1)$	-0.1945	0.9924	不平稳	DLnXA	$(c, t, 0)$	-5.3910	0.0001	平稳
4	LnLZ	$(c, t, 1)$	-1.5392	0.8095	不平稳	DLnLZ	$(c, t, 0)$	-7.7382	0.0000	平稳
5	LnKM	$(c, t, 1)$	0.3138	0.9985	不平稳	DLnKM	$(c, t, 0)$	-7.0651	0.0000	平稳
6	LnGY	$(c, t, 1)$	0.8500	0.9998	不平稳	DLnGY	$(c, t, 0)$	-6.3998	0.0000	平稳
7	LnXN	$(c, t, 0)$	-2.0753	0.5530	不平稳	DLnXN	$(c, t, 0)$	-11.3525	0.0000	平稳
8	LnYC	$(c, t, 0)$	-0.7667	0.9646	不平稳	DLnYC	$(c, t, 0)$	-8.8383	0.0000	平稳
9	LnWLMQ	$(c, t, 0)$	-5.3537	0.0001	平稳	DLnWLMQ	$(c, t, 0)$	-7.2908	0.0000	平稳
10	LnBAOJ	$(c, t, 0)$	0.3805	0.9988	不平稳	DLnBAOJ	$(c, t, 0)$	-8.2554	0.0000	平稳
11	LnMY	$(c, t, 0)$	0.4861	0.9992	不平稳	DLnMY	$(c, t, 0)$	-9.4965	0.0000	平稳

（5）中原城市群

针对中原城市群4个城市进行单位根检验（表4-5），结果显示原序列大部分在90%的置信水平下不平稳，而所有的一阶差分序列在95%的置信水平下均平稳。

中原城市群4个城市房价序列的平稳性检验结果　　　　表4-5

序号	变量	检验类型 (c, t, k)	ADF值	P值	结论	变量	检验类型 (c, t, k)	ADF值	P值	结论
1	LnZZ	$(c, t, 1)$	-2.5519	0.3032	不平稳	DLnZZ	$(c, t, 0)$	-7.0314	0.0000	平稳
2	LnLY	$(c, t, 1)$	-0.1198	0.9939	不平稳	DLnLY	$(c, t, 0)$	-6.6237	0.0000	平稳
3	LnHEZ	$(c, t, 3)$	-3.5377	0.0408	平稳	DLnHEZ	$(c, t, 2)$	-2.0999	0.0349	平稳
4	LnXX	$(c, t, 0)$	-2.0481	0.5679	不平稳	DLnXX	$(c, t, 2)$	-3.7417	0.0241	平稳

（6）长三角城市群

针对长三角城市群26个城市进行单位根检验（表4-6），结果显示原序列在90%的置信水平下均不平稳，而所有的一阶差分序列在95%的置信水平下均平稳。

长三角城市群26个城市房价序列的平稳性检验结果　　　表4-6

序号	变量	检验类型 (c, t, k)	ADF值	P值	结论	变量	检验类型 (c, t, k)	ADF值	P值	结论
1	LnSH	$(c, t, 2)$	-1.3224	0.8766	不平稳	DLnSH	$(c, t, 1)$	-5.3156	0.0001	平稳
2	LnHZ	$(c, t, 1)$	-0.9250	0.9484	不平稳	DLnHZ	$(c, t, 0)$	-4.7455	0.0011	平稳
3	LnNJ	$(c, t, 1)$	-1.9371	0.6278	不平稳	DLnNJ	$(c, t, 0)$	-4.2272	0.0059	平稳
4	LnSUZ	$(c, t, 2)$	-2.5995	0.2816	不平稳	DLnSUZ	$(c, t, 0)$	-6.1180	0.0000	平稳
5	LnNB	$(c, t, 2)$	-1.0046	0.9381	不平稳	DLnNB	$(c, t, 1)$	-4.4424	0.0030	平稳
6	LnWX	$(c, t, 1)$	-1.0809	0.9266	不平稳	DLnWX	$(c, t, 0)$	-6.1943	0.0000	平稳
7	LnHF	$(c, t, 2)$	-1.8047	0.6953	不平稳	DLnHF	$(c, t, 1)$	-3.8493	0.0179	平稳
8	LnWZ	$(c, t, 3)$	-2.2259	0.4698	不平稳	DLnWZ	$(c, t, 2)$	-3.0238	0.0353	平稳
9	LnCZ	$(c, t, 1)$	-0.6272	0.9750	不平稳	DLnCZ	$(c, t, 0)$	-5.7623	0.0000	平稳
10	LnJX	$(c, t, 1)$	-0.1916	0.9925	不平稳	DLnJX	$(c, t, 0)$	-7.6324	0.0000	平稳
11	LnNT	$(c, t, 1)$	-0.2169	0.9919	不平稳	DLnNT	$(c, t, 0)$	-6.9413	0.0000	平稳
12	LnZJ	$(c, t, 1)$	-1.1076	0.9221	不平稳	DLnZJ	$(c, t, 0)$	-5.9468	0.0000	平稳
13	LnYZ	$(c, t, 0)$	0.4817	0.9992	不平稳	DLnYZ	$(c, t, 0)$	-8.2410	0.0000	平稳
14	LnKS	$(c, t, 1)$	-1.4250	0.8478	不平稳	DLnKS	$(c, t, 0)$	-4.7142	0.0012	平稳
15	LnJH	$(c, t, 2)$	-0.1956	0.9924	不平稳	DLnJH	$(c, t, 1)$	-4.6811	0.0014	平稳
16	LnHUZ	$(c, t, 0)$	-1.2304	0.8984	不平稳	DLnHUZ	$(c, t, 0)$	-8.2254	0.0000	平稳
17	LnSQ	$(c, t, 3)$	-2.3532	0.4016	不平稳	DLnSQ	$(c, t, 2)$	-3.3548	0.0150	平稳
18	LnJY	$(c, t, 0)$	0.5818	0.9994	不平稳	DLnJY	$(c, t, 0)$	-7.9556	0.0000	平稳
19	LnMAS	$(c, t, 0)$	0.8252	0.9998	不平稳	DLnMAS	$(c, t, 2)$	-2.9119	0.0475	平稳
20	LnHA	$(c, t, 0)$	-0.9216	0.9489	不平稳	DLnHA	$(c, t, 0)$	-7.8920	0.0000	平稳
21	LnTZZ	$(c, t, 1)$	0.3258	0.9985	不平稳	DLnTZZ	$(c, t, 0)$	-7.4349	0.0000	平稳
22	LnTZJ	$(c, t, 5)$	-1.9999	0.5939	不平稳	DLnTZJ	$(c, t, 0)$	-6.2868	0.0000	平稳
23	LnWUH	$(c, t, 1)$	-0.9102	0.9502	不平稳	DLnWUH	$(c, t, 0)$	-6.2503	0.0000	平稳

续表

序号	变量	检验类型 (c, t, k)	ADF值	P值	结论	变量	检验类型 (c, t, k)	ADF值	P值	结论
24	LnZJG	(c, t, 3)	-2.6713	0.2508	不平稳	DLnZJG	(c, t, 0)	-7.0239	0.0000	平稳
25	LnSX	(c, t, 2)	0.4317	0.9990	不平稳	DLnSX	(c, t, 1)	-4.0421	0.0103	平稳
26	LnCHS	(c, t, 1)	-0.6587	0.9729	不平稳	DLnCHS	(c, t, 0)	-7.9188	0.0000	平稳

（7）长江中游城市群

针对长江中游城市群的6个城市进行单位根检验（表4-7），结果显示原序列在90%的置信水平下大部分不平稳，而所有的一阶差分序列在99%的置信水平下均平稳。

长江中游城市群6个城市房价序列的平稳性检验结果　　　　表4-7

序号	变量	检验类型 (c, t, k)	ADF值	P值	结论	变量	检验类型 (c, t, k)	ADF值	P值	结论
1	LnWH	(c, t, 1)	-1.3618	0.8662	不平稳	DLnWH	(c, t, 0)	-5.0619	0.0004	平稳
2	LnCS	(c, t, 3)	-3.7017	0.0268	平稳	DLnCS	(c, t, 0)	-4.8904	0.0007	平稳
3	LnNC	(c, t, 1)	-1.4006	0.8551	不平稳	DLnNC	(c, t, 0)	-6.7928	0.0000	平稳
4	LnYIC	(c, t, 0)	0.5501	0.9993	不平稳	DLnYIC	(c, t, 0)	-8.4535	0.0000	平稳
5	LnXT	(c, t, 0)	-0.1357	0.9936	不平稳	DLnXT	(c, t, 1)	-5.4455	0.0001	平稳
6	LnZHUZ	(c, t, 0)	-3.2944	0.0730	不平稳	DLnZHUZ	(c, t, 0)	-6.9454	0.0000	平稳

（8）珠三角-北部湾城市群

针对珠三角-北部湾城市群的17个城市进行单位根检验（表4-8），结果显示原序列在90%的置信水平下大部分不平稳，而所有的一阶差分序列在95%的置信水平下均平稳。

珠三角-北部湾城市群17个城市房价序列的平稳性检验结果　　　　表4-8

序号	变量	检验类型 (c, t, k)	ADF值	P值	结论	变量	检验类型 (c, t, k)	ADF值	P值	结论
1	LnSZ	(c, t, 1)	-1.6423	0.7691	不平稳	DLnSZ	(c, t, 0)	-4.2793	0.0050	平稳
2	LnGZ	(c, t, 4)	-3.8900	0.0160	平稳	DLnGZ	(c, t, 0)	-4.6400	0.0015	平稳

续表

序号	变量	检验类型 (c, t, k)	ADF值	P值	结论	变量	检验类型 (c, t, k)	ADF值	P值	结论
3	LnDG	$(c, t, 1)$	-1.3300	0.8740	不平稳	DLnDG	$(c, t, 0)$	-5.7800	0.0000	平稳
4	LnHK	$(c, t, 1)$	0.1460	0.9970	不平稳	DLnHK	$(c, t, 0)$	-7.1200	0.0000	平稳
5	LnNN	$(c, t, 1)$	-0.4500	0.9850	不平稳	DLnNN	$(c, t, 0)$	-6.9800	0.0000	平稳
6	LnBH	$(c, t, 0)$	0.7980	1.0000	不平稳	DLnBH	$(c, t, 0)$	-8.1700	0.0000	平稳
7	LnGL	$(c, t, 2)$	-2.4600	0.3460	不平稳	DLnGL	$(c, t, 1)$	-3.0700	0.0318	平稳
8	LnFS	$(c, t, 1)$	-1.3800	0.8610	不平稳	DLnFS	$(c, t, 0)$	-5.5200	0.0001	平稳
9	LnHUIZ	$(c, t, 3)$	-2.2000	0.4820	不平稳	DLnHUIZ	$(c, t, 0)$	-5.6700	0.0000	平稳
10	LnSANY	$(c, t, 2)$	-1.1300	0.9180	不平稳	DLnSANY	$(c, t, 1)$	-3.7600	0.0227	平稳
11	LnST	$(c, t, 1)$	-1.5100	0.8210	不平稳	DLnST	$(c, t, 0)$	-7.8400	0.0000	平稳
12	LnZS	$(c, t, 1)$	-1.0500	0.9320	不平稳	DLnZS	$(c, t, 0)$	-5.3800	0.0001	平稳
13	LnZH	$(c, t, 1)$	-1.4500	0.8410	不平稳	DLnZH	$(c, t, 0)$	-5.7200	0.0000	平稳
14	LnGANZ	$(c, t, 0)$	-0.9600	0.9440	不平稳	DLnGANZ	$(c, t, 0)$	-9.6100	0.0000	平稳
15	LnZHANJ	$(c, t, 2)$	-1.9900	0.6010	不平稳	DLnZHANJ	$(c, t, 1)$	-3.9200	0.0145	平稳
16	LnJM	$(c, t, 3)$	-1.5100	0.8200	不平稳	DLnJM	$(c, t, 2)$	-3.5900	0.0360	平稳
17	LnLIUZ	$(c, t, 1)$	-2.1000	0.5390	不平稳	DLnLIUZ	$(c, t, 0)$	-7.8900	0.0000	平稳

（9）海峡西岸城市群

针对海峡西岸城市群的3个城市进行单位根检验（表4-9），结果显示原序列在90%的置信水平下均不平稳，而所有的一阶差分序列在99%的置信水平下均平稳。

海峡西岸城市群3个城市房价序列的平稳性检验结果　　　表4-9

序号	变量	检验类型 (c, t, k)	ADF值	P值	结论	变量	检验类型 (c, t, k)	ADF值	P值	结论
1	LnXM	$(c, t, 1)$	-1.7501	0.7214	不平稳	DLnXM	$(c, t, 0)$	-6.4238	0.0000	平稳
2	LnFZ	$(c, t, 1)$	-2.7500	0.2194	不平稳	DLnFZ	$(c, t, 0)$	-4.7168	0.0012	平稳
3	LnQZ	$(c, t, 3)$	-1.9511	0.6204	不平稳	DLnQZ	$(c, t, 2)$	-7.6304	0.0000	平稳

4.3.2 Johansen协整检验

（1）VAR模型最优滞后期的确定

进行Johansen协整检验之前，首先要确定VAR模型的最优滞后期（Lag）。

Eviews8.0给出了5种可以参考的指标，分别为LR（Likelihood Ratio）、FPE（Final Prediction Error）、AIC（Akaike Information Criterion）、SC（Schwarz Information Criterion）和HQ（Hannan-Quinn Information Criterion），本书根据该5种指标结果进行综合评判，见表4-10。

9个城市群VAR模型滞后期确定指标　　　　　表4-10

城市群	Lag	LogL	LR	FPE	AIC	SC	HQ
京津冀蒙	1	4594.1380	NA	3.55e-55*	-88.5028*	-84.1000*	-86.7209*
	2	4761.5450	247.7623*	4.21E-55	-88.4709	-79.6654	-84.9072
	3	4913.5730	185.4746	8.89E-55	-88.1315	-74.9233	-82.7859
东北	1	2447.5240	NA	5.58E-30	-47.4955	-46.2268*	-46.9819*
	2	2502.0860	93.9978*	5.05e-30*	-47.6057*	-45.0682	-46.5784
山东半岛	1	3856.4850	NA	9.06e-49*	-73.7497*	-69.3470*	-71.9678*
	2	4008.4200	224.8637*	1.47E-48	-73.4084	-64.6029	-69.8447
	3	4167.4040	193.9600	2.69E-48	-73.2081	-59.9999	-67.8625
西部	1	3840.2100	NA	1.39E-46	-74.3842	-71.2320*	-73.1084*
	2	3971.2940	204.4899*	1.22e-46*	-74.5859*	-68.2814	-72.0343
	3	4075.6250	139.8042	2.08E-46	-74.2525	-64.7957	-70.4252
中原	1	1178.5350	NA	5.84E-16	-23.7252	-23.3032*	-23.5545*
	2	1200.7460	40.7948*	5.15e-16*	-23.8520*	-23.0079	-23.5106
	3	1214.2400	23.6835	5.44E-16	-23.8008	-22.5347	-23.2887
	4	1226.3300	20.2322	5.93E-16	-23.7210	-22.0329	-23.0382
	5	1240.5530	22.6409	6.22E-16	-23.6848	-21.5746	-22.8312
长三角	1	9441.1540	NA	5.10E-108	-173.5674	-156.0642*	-166.4816*
	2	10456.4100	985.0967*	7.70e-110*	-180.2853*	-145.2789	-166.1137

续表

城市群	Lag	LogL	LR	FPE	AIC	SC	HQ
长江中游	1	1936.6430	NA	8.51E-25	-38.3968	-37.4532*	-38.0150
	2	1993.2810	99.5448*	5.65e-25*	-38.8138*	-36.9264	-38.0501*
	3	2012.3970	31.2807	8.08E-25	-38.4727	-35.6416	-37.3272
	4	2035.8870	35.5914	1.08E-24	-38.2200	-34.4452	-36.6927
珠三角-北部湾	1	5573.2640	NA	5.14E-68	-106.7528	-99.1772*	-103.6877
	2	5889.0120	414.6180	4.63E-68	-107.2932	-92.1419	-101.1629
	3	6292.1240	390.8967	1.80E-68	-109.5985	-86.8715	-100.4031
	4	6908.6970	386.1369*	7.36e-70*	-116.2161*	-85.9135	-103.9556*
海峡西岸	1	846.9781	NA	1.06E-11	-16.7596	-16.5251	-16.6647
	2	881.8222	65.5069*	6.31e-12*	-17.2764*	-16.8075*	-17.0867*
	3	886.9445	9.3226	6.82E-12	-17.1989	-16.4955	-16.9142

注：NA为缺失值，*表示该指标下的滞后期选择，后同。

1）京津冀蒙城市群的FPE、AIC、SC和HQ 4个指标均显示VAR模型的滞后期为1，只有LR显示VAR模型的滞后期为2，故取滞后期为1；

2）东北城市群的LR、FPE和AIC 3个指标均显示VAR模型的滞后期为2，SC和HQ显示VAR模型的滞后期为1，故取滞后期为2；

3）山东半岛城市群的FPE、AIC、SC和HQ 4个指标显示VAR模型的滞后期为1，而LR显示VAR模型的滞后期为2，故取滞后期为1；

4）西部城市群的LR、FPE和AIC 3个指标显示VAR模型的滞后期为2，SC和HQ显示VAR模型的滞后期为1，故取滞后期为2；

5）中原城市群的LR、FPE和AIC 3个指标显示VAR模型的滞后期为2，SC和HQ显示VAR模型的滞后期为1，故取滞后期为2；

6）长三角城市群的LR、FPE和AIC 3个指标显示VAR模型的滞后期为2，SC和HQ显示VAR模型的滞后期为1，故取滞后期为2；

7）长江中游城市群的LR、FPE、AIC和HQ 4个指标显示VAR模型的滞后期为2，SC显示VAR模型的滞后期为1，故取滞后期为2；

8）珠三角-北部湾城市群的LR、FPE、AIC和HQ 4个指标显示VAR模型的滞后期为4，SC显示VAR模型的滞后期为1，故取滞后期为4；

9）海峡西岸城市群的LR、FPE、AIC、SC和HQ 5个指标均显示VAR模型的滞后期为2，故取滞后期为2。

分别对9个VAR模型进行稳定性检验的单位根检验，结果如图4-4所示，各特征根的倒数均落在单位圆以内，表明模型是稳定的，可以进行Johansen协整关系检验。

（2）Johansen协整检验

采用Eviews8.0软件分别对9个城市群内所含城市的房价序列进行Johansen协整检验。需要注意的是，Eviews8.0在进行Johansen协整检验时，一次性最多能够检验10个

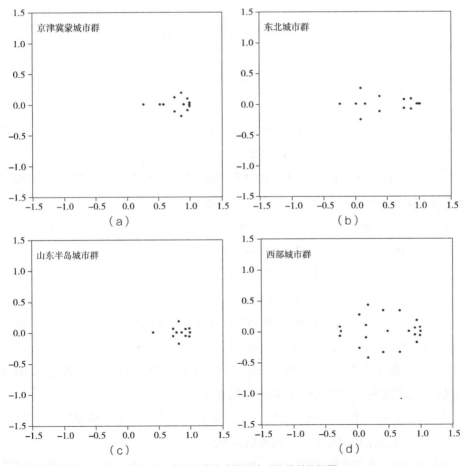

图4-4 各城市群房价指数多元协整单位根图

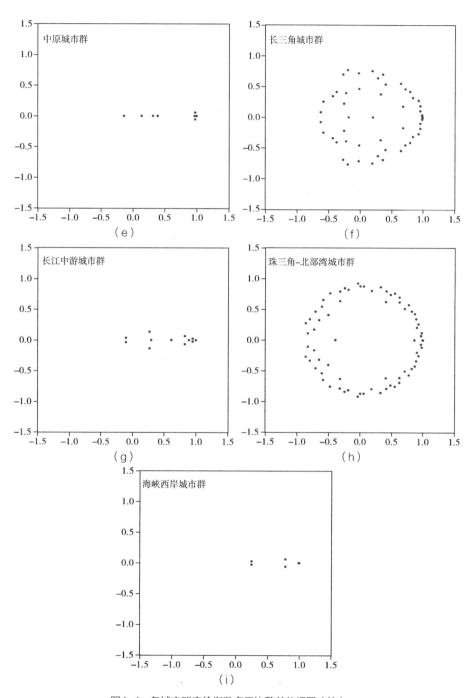

图4-4 各城市群房价指数多元协整单位根图（续）

变量之间的协整关系，超过10个变量后给出的临界值水平会失效。本书有多个拥有超过10个城市的城市群，如京津冀蒙（13个）、山东半岛（12个）、长三角（26个）等，故对以上城市群将无法运用Eviews8.0进行有效的Johansen协整检验。考虑本节进行Johansen协整检验的主要目的是验证城市群内部的城市之间是否有协整关系，从而判断其是否存在房价的溢出效应，故拟采用如下方法进行检验：

1）对接近10个城市的城市群采用舍弃多余样本进行检验的方法，若检验存在协整关系，则证明城市群内部存在房价溢出的关系，可以进行后续的分析，若检验不存在协整关系，需要对城市群内部的城市进行重新排列，舍弃新的多余样本城市，比如山东半岛城市群（12个城市），在第一次Johansen协整检验时，首先随机地舍弃威海和淄博两个城市，其余10个城市进行Johansen检验，若检验不存在协整关系，则将威海和淄博重新纳入检验样本，舍弃聊城和日照，以此类推，直到检验存在协整关系为止；

2）对样本容量较大的城市群，即长三角（26个）和珠三角—北部湾城市群（17个），采取分组检验，即将长三角城市群内的城市随机分成10、10、6三组，珠三角-北部湾城市群随机分为10、7两组，若各组均不存在协整关系，再将样本城市重新进行分组检验，直到检验存在协整关系为止。

通过检验Johansen协整检验（表4-11）可以看出，对京津冀蒙城市群而言，在5%的显著性水平下，Trace显示所选择的样本通过了至少存在7个协整关系的检验；东北城市群至少存在2个协整关系；山东半岛城市群至少存在5个协整关系；西部城市群至少存在4个协整关系；中原城市群至少存在1个协整关系；长三角城市群至少存在14个协整关系；长江中游城市群至少存在3个协整关系；珠三角-北部湾城市群至少存在14个协整关系；海峡西岸城市群至少存在1个协整关系。

通过检验可以看出9个城市群内分别存在房价协整关系，证明商品住房价格在城市群内部存在溢出效应。

9个城市群内城市房价的Johansen协整检验结果　　　表4-11

城市群	Hypothesized No. of CE（s）	Eigenvalue	Trace Statistic	0.05 Critical Value	Prob.**
京津冀蒙	None *	0.626410	370.0774	239.2354	0.0000
	At most 1 *	0.494437	270.6331	197.3709	0.0000

续表

城市群	Hypothesized No. of CE（s）	Eigenvalue	Trace Statistic	0.05 Critical Value	Prob.**
京津冀蒙	At most 2 *	0.407845	201.7428	159.5297	0.0000
	At most 3 *	0.325098	148.8201	125.6154	0.0009
	At most 4 *	0.293572	109.1081	95.7537	0.0044
	At most 5 *	0.214813	74.0072	69.8189	0.0223
	At most 6 *	0.196267	49.5820	47.8561	0.0341
	At most 7	0.151822	27.5147	29.7971	0.0897
	At most 8	0.101943	10.8836	15.4947	0.2187
	At most 9	0.000237	0.0240	3.8415	0.8769
东北	None *	0.428854	158.1139	125.6154	0.0001
	At most 1 *	0.291586	101.5428	95.7537	0.0188
	At most 2	0.231430	66.7254	69.8189	0.0861
	At most 3	0.176659	40.1397	47.8561	0.2176
	At most 4	0.133096	20.5069	29.7971	0.3891
	At most 5	0.056185	6.0813	15.4947	0.6859
	At most 6	0.002383	0.2409	3.8415	0.6235
山东半岛	None *	0.514861	301.5791	239.2354	0.0000
	At most 1 *	0.422380	228.5238	197.3709	0.0005
	At most 2 *	0.316683	173.0912	159.5297	0.0073
	At most 3 *	0.310523	134.6307	125.6154	0.0125
	At most 4 *	0.306389	97.0767	95.7537	0.0404
	At most 5	0.213022	60.1264	69.8189	0.2315
	At most 6	0.161104	35.9314	47.8561	0.3998
	At most 7	0.097463	18.1889	29.7971	0.5521
	At most 8	0.071507	7.8318	15.4947	0.4835
	At most 9	0.003345	0.3384	3.8415	0.5607

续表

城市群	Hypothesized No. of CE (s)	Eigenvalue	Trace Statistic	0.05 Critical Value	Prob.**
西部	None *	0.606210	349.8026	239.2354	0.0000
	At most 1 *	0.538143	256.6088	197.3709	0.0000
	At most 2 *	0.381711	179.3589	159.5297	0.0026
	At most 3 *	0.341413	131.2789	125.6154	0.0216
	At most 4	0.276535	89.5131	95.7537	0.1244
	At most 5	0.244849	57.1428	69.8189	0.3334
	At most 6	0.123131	29.0591	47.8561	0.7655
	At most 7	0.081735	15.9193	29.7971	0.7179
	At most 8	0.069461	7.3923	15.4947	0.5325
	At most 9	0.001930	0.1932	3.8415	0.6603
中原	None *	0.213102	50.5323	47.8561	0.0274
	At most 1	0.172280	26.3270	29.7971	0.1192
	At most 2	0.064330	7.2299	15.4947	0.5511
	At most 3	0.005078	0.5142	3.8415	0.4733
长三角1	None *	0.607662	349.2560	239.2354	0.0000
	At most 1 *	0.437526	255.6930	197.3709	0.0000
	At most 2 *	0.386656	198.1520	159.5297	0.0001
	At most 3 *	0.307066	149.2690	125.6154	0.0008
	At most 4 *	0.294611	112.5869	95.7537	0.0021
	At most 5 *	0.250001	77.6863	69.8189	0.0103
	At most 6 *	0.174832	48.9180	47.8561	0.0396
	At most 7	0.141993	29.7012	29.7971	0.0513
	At most 8	0.121938	14.3869	15.4947	0.0729
	At most 9	0.013736	1.3831	3.8415	0.2396

续表

城市群	Hypothesized No. of CE（s）	Eigenvalue	Trace Statistic	0.05 Critical Value	Prob.**
长三角2	None *	0.638369	382.6519	239.2354	0.0000
	At most 1 *	0.543922	280.9389	197.3709	0.0000
	At most 2 *	0.429306	202.4296	159.5297	0.0000
	At most 3 *	0.382778	146.3394	125.6154	0.0015
	At most 4 *	0.246453	98.0868	95.7537	0.0342
	At most 5	0.224906	69.7904	69.8189	0.0503
	At most 6	0.217286	44.3134	47.8561	0.1036
	At most 7	0.093692	19.8146	29.7971	0.4355
	At most 8	0.068975	9.9769	15.4947	0.2825
	At most 9	0.027903	2.8300	3.8415	0.0925
长三角3	None *	0.406557	123.0150	95.7537	0.0002
	At most 1 *	0.316382	70.8336	69.8189	0.0414
	At most 2	0.139290	32.7980	47.8561	0.5680
	At most 3	0.099329	17.7982	29.7971	0.5810
	At most 4	0.070586	7.3367	15.4947	0.5388
	At most 5	0.000166	0.0166	3.8415	0.8973
长江中游	None *	0.350793	134.9746	95.7537	0.0000
	At most 1 *	0.317998	91.3422	69.8189	0.0004
	At most 2 *	0.248674	52.6872	47.8561	0.0164
	At most 3	0.163726	23.8098	29.7971	0.2086
	At most 4	0.054287	5.7511	15.4947	0.7247
	At most 5	0.001125	0.1137	3.8415	0.7360
珠三角-北部湾1	None *	0.766576	502.1376	239.2354	0.0000
	At most 1 *	0.574841	359.5575	197.3709	0.0000
	At most 2 *	0.547346	275.7389	159.5297	0.0000
	At most 3 *	0.451661	198.0614	125.6154	0.0000

续表

城市群	Hypothesized No. of CE(s)	Eigenvalue	Trace Statistic	0.05 Critical Value	Prob.**
珠三角-北部湾1	At most 4 *	0.331088	139.1771	95.7537	0.0000
	At most 5 *	0.300696	99.7711	69.8189	0.0000
	At most 6 *	0.242636	64.7195	47.8561	0.0006
	At most 7 *	0.200082	37.4842	29.7971	0.0054
	At most 8 *	0.136750	15.6061	15.4947	0.0481
	At most 9	0.012120	1.1951	3.8415	0.2743
珠三角-北部湾2	None *	0.499665	219.7802	125.6154	0.0000
	At most 1 *	0.358642	151.9173	95.7537	0.0000
	At most 2 *	0.349490	108.3889	69.8189	0.0000
	At most 3 *	0.257865	66.2490	47.8561	0.0004
	At most 4 *	0.235111	37.0231	29.7971	0.0062
	At most 5	0.103124	10.7568	15.4947	0.2269
	At most 6	0.000925	0.0907	3.8415	0.7633
海峡西岸	None *	0.190876	30.5533	29.7971	0.0409
	At most 1	0.087206	9.3731	15.4947	0.3320
	At most 2	0.002483	0.2486	3.8415	0.6181

4.4 中心城市之间房价溢出效应检验

4.4.1 序列平稳性检验

针对3.4节确定的20个中心城市，运用ADF检验方法对中心城市进行单位根检验。单位根检验结果显示（表4-12），原序列大部分在90%的置信水平下不平稳，而所有的一阶差分序列在95%的置信水平下均平稳，表明中心城市之间房价序列服从1阶平稳。

中心城市房价序列平稳性检验　　　　　表4-12

序号	城市	变量	检验类型(c, t, k)	ADF值	P值	结论	变量	检验类型(c, t, k)	ADF值	P值	结论
1	北京	LnBJ	(c, t, 2)	−2.1380	0.5182	不平稳	DLnBJ	(c, t, 0)	−4.8767	0.0007	平稳
2	上海	LnSH	(c, t, 2)	−1.3224	0.8766	不平稳	DLnSH	(c, t, 1)	−5.3156	0.0001	平稳
3	天津	LnTJ	(c, t, 3)	−2.3640	0.3960	不平稳	DLnTJ	(c, t, 2)	−2.4480	0.0146	平稳
4	重庆	LnCQ	(c, t, 1)	−1.0885	0.9253	不平稳	DLnCQ	(c, t, 0)	−4.0951	0.0088	平稳
5	深圳	LnSZ	(c, t, 1)	−1.6423	0.7691	不平稳	DLnSZ	(c, t, 0)	−4.2793	0.0050	平稳
6	广州	LnGZ	(c, t, 4)	−3.8859	0.0162	平稳	DLnGZ	(c, t, 0)	−4.6449	0.0015	平稳
7	杭州	LnHZ	(c, t, 1)	−0.9250	0.9484	不平稳	DLnHZ	(c, t, 0)	−4.7455	0.0011	平稳
8	南京	LnNJ	(c, t, 1)	−1.9371	0.6278	不平稳	DLnNJ	(c, t, 0)	−4.2272	0.0059	平稳
9	武汉	LnWH	(c, t, 1)	−1.3618	0.8662	不平稳	DLnWH	(c, t, 0)	−5.0619	0.0004	平稳
10	成都	LnCD	(c, t, 1)	−1.5182	0.8170	不平稳	DLnCD	(c, t, 0)	−4.5155	0.0023	平稳
11	苏州	LnSUZ	(c, t, 2)	−2.5995	0.2816	不平稳	DLnSUZ	(c, t, 0)	−6.1180	0.0000	平稳
12	厦门	LnXM	(c, t, 1)	−1.7501	0.7214	不平稳	DLnXM	(c, t, 0)	−6.4238	0.0000	平稳
13	西安	LnXA	(c, t, 1)	−0.1945	0.9924	不平稳	DLnXA	(c, t, 0)	−5.3910	0.0001	平稳
14	长沙	LnCS	(c, t, 3)	−3.7017	0.0268	平稳	DLnCS	(c, t, 0)	−4.8904	0.0007	平稳
15	沈阳	LnSY	(c, t, 1)	−3.5193	0.0427	平稳	DLnSY	(c, t, 0)	−4.1909	0.0066	平稳
16	青岛	LnQD	(c, t, 2)	−0.6106	0.9761	不平稳	DLnQD	(c, t, 1)	−3.4585	0.0496	平稳
17	济南	LnJN	(c, t, 1)	−1.1337	0.9175	不平稳	DLnJN	(c, t, 0)	−7.3693	0.0000	平稳
18	郑州	LnZZ	(c, t, 1)	−2.5519	0.3032	不平稳	DLnZZ	(c, t, 0)	−7.0314	0.0000	平稳
19	石家庄	LnSJZ	(c, t, 2)	−1.6802	0.7529	不平稳	DLnSJZ	(c, t, 0)	−5.3335	0.0001	平稳
20	长春	LnCC	(c, t, 0)	0.4520	0.9991	不平稳	DLnCC	(c, t, 0)	−4.7085	0.0012	平稳

4.4.2 Johansen协整检验

（1）VAR模型最优滞后期确定

在中心城市VAR模型的滞后期选择方面，LR、FPE、AIC、HQ四个指标均显示滞后3期，SC显示滞后1期（表4-13），综合评判选择滞后3期作为中心城市模型的滞后期。

中心城市VAR模型滞后期确定指标　　　　　　　　表4-13

城市群	Lag	LogL	LR	FPE	AIC	SC	HQ
京津冀蒙	1	7508.2040	NA	4.54e−87	−142.1641	−131.7434*	−137.9466
	2	8068.7020	672.5981	4.23e−88	−145.3740	−124.5327	−136.9392
	3	8859.9560	633.0031*	2.72e−90*	−153.1991	−121.9371	−140.5468*

此时，对VAR模型进行稳定性检验的单位根检验，结果如图4-5所示，各特征根的倒数均落在单位圆以内，表明模型是稳定的，可以进行Johansen协整关系检验。

（2）Johansen协整检验

因中心城市数量超过10个，故根据4.3.2节方法，将中心城市随机分为2组进行检验。通过Johansen协整检验（表4-14）可以看出，在5%的显著性水平下，Trace显示所选择的样本通过了至少存在14个协整关系的检验，证明商品住房价格在中心城市之间存在溢出效应。

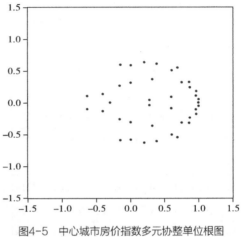

图4-5　中心城市房价指数多元协整单位根图

中心城市间房价的Johansen协整检验结果　　　　　　表4-14

组别	Hypothesized No. of CE（s）	Eigenvalue	Trace Statistic	0.05 Critical Value	Prob.**
中心城市1组	None *	0.617063	409.6681	239.2354	0.0000
	At most 1 *	0.550484	313.6796	197.3709	0.0000
	At most 2 *	0.484564	233.7212	159.5297	0.0000
	At most 3 *	0.435013	167.4470	125.6154	0.0000
	At most 4 *	0.374322	110.3517	95.7537	0.0034
	At most 5	0.187419	63.4598	69.8189	0.1448
	At most 6	0.169342	42.7058	47.8561	0.1399

续表

组别	Hypothesized No. of CE（s）	Eigenvalue	Trace Statistic	0.05 Critical Value	Prob.**
中心城市1组	At most 7	0.156148	24.1521	29.7971	0.1941
	At most 8	0.069198	7.1743	15.4947	0.5575
	At most 9	3.40E−05	0.0034	3.8415	0.9517
中心城市2组	None *	0.626103	414.0248	239.2354	0.0000
	At most 1 *	0.512446	315.6474	197.3709	0.0000
	At most 2 *	0.469900	243.8121	159.5297	0.0000
	At most 3 *	0.360210	180.3431	125.6154	0.0000
	At most 4 *	0.348682	135.6816	95.7537	0.0000
	At most 5 *	0.292304	92.8059	69.8189	0.0003
	At most 6 *	0.215521	58.2319	47.8561	0.0040
	At most 7 *	0.157249	33.9584	29.7971	0.0157
	At most 8 *	0.131371	16.8500	15.4947	0.0311
	At most 9	0.027282	2.7661	3.8415	0.0963

4.5 城市群之间房价溢出效应检验

商品住房价格最初可能在中心城市间、中心城市与外围城市间、外围城市与外围城市之间传导，但当城市群内部城市房价普遍处于领涨或领跌地位时，该城市群将形成一个领涨或领跌板块，从而继续影响到其他板块，故可以从更加宏观的角度来研究全国层面房价的传导溢出关系。

在检验城市群之间房价溢出关系时，如何能将城市群内所有城市的房价序列综合成一组序列，而且该序列能够最大程度地反映原所有序列的信息，最直接的方法为取各城市房价的算术平均值，但该方法忽略了各城市房价变化的特征，可能造成研究的不可靠性。通过因子分析法提取各城市房价的共同因子，可以综合反映各城市房价波动的共同特征，更具合理性和严谨性。

4.5.1 区域因子的提取

因子分析是指研究从变量群中提取共性因子的统计技术，可以将相同本质的变量归入一个因子，从而减少变量的数量。

因子分析与主成分分析法具有较强的相似性，但在原理、求解方法、算法等方面又有明显的区别。本书采用因子分析法提取各城市群内各城市房价的1个公共因子，以此来代替整个城市群的房价波动和走势，在本书中称其为区域因子，该因子对城市群内各城市房价的解释度大于50%方为有效。

借助SPSS软件提取各城市的区域因子序列，其对区域房价的解释度均大于50%（表4-15），可以此构建区域因子时间序列进行协整检验。另外，从9个城市群区域因子波动走势图可以直观看出（图4-6），城市群之间的房价存在比较明显的趋势一致性。

在下文分析中，以城市群汉语拼音首写字母组合代替各城市群名称，京津冀蒙、东北、山东半岛、西部、中原、长三角、长江中游、珠三角-北部湾和海峡西岸城市群分别以JJJM、DB、SDBD、XB、ZY、CSJ、CJZY、ZSJB和HXX代替。

9个城市群区域因子解释度　　　　　　　　　　表4-15

京津冀蒙	72.120%	西部	78.713%	长江中游	91.014%
东北	51.939%	中原	79.830%	珠三角-北部湾	73.015%
山东半岛	80.443%	长三角	66.580%	海峡西岸	79.252%

4.5.2 区域因子序列的平稳性检验

运用ADF检验方法对各个区域因子进行平稳性检验（表4-16），原序列及一阶序列在90%的置信水平下大部分不平稳，在二阶情况下，在99%的置信水平下平稳，因此为二阶平稳序列。

4 商品住房价格的溢出效应检验

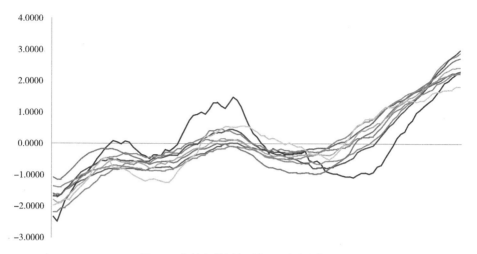

图4-6 各城市群房价区域因子波动走势图

各城市群区域因子序列平稳性检验　　　表4-16

序号	变量	检验类型（c, t, k）	ADF值	P值	结论
1	JJJM	（c, t, 1）	-0.5429	0.9799	不平稳
2	DB	（c, t, 1）	-2.0056	0.5910	不平稳
3	SDBD	（c, t, 1）	-0.1018	0.9942	不平稳
4	XB	（c, t, 2）	-0.9852	0.9407	不平稳
5	ZY	（c, t, 3）	-2.1361	0.5192	不平稳
6	CSJ	（c, t, 1）	-0.9225	0.9487	不平稳
7	CJZY	（c, t, 2）	-1.4065	0.8534	不平稳
8	ZSJB	（c, t, 2）	-1.7445	0.7240	不平稳
9	HXX	（c, t, 1）	-2.2553	0.4539	不平稳
1	DJJJM	（c, t, 0）	-5.1396	0.0003	平稳
2	DDB	（c, t, 0）	-5.0641	0.0004	平稳
3	DSDBD	（c, t, 1）	-2.5745	0.2928	不平稳
4	DXB	（c, t, 1）	-2.6277	0.2692	不平稳
5	DZY	（c, t, 2）	-2.4326	0.3608	不平稳

续表

序号	变量	检验类型（c, t, k）	ADF值	P值	结论
6	DCSJ	($c, t, 0$)	−3.1654	0.0250	不平稳
7	DCJZY	($c, t, 0$)	−5.3505	0.0001	平稳
8	DZSJB	($c, t, 1$)	−2.5939	0.2841	不平稳
9	DHXX	($c, t, 0$)	−4.9472	0.0005	平稳
1	△JJJM	($c, t, 1$)	−10.8707	0.0000	平稳
2	△DB	($c, t, 0$)	−14.3484	0.0000	平稳
3	△SDBD	($c, t, 0$)	−14.9900	0.0000	平稳
4	△XB	($c, t, 0$)	−14.0266	0.0000	平稳
5	△ZY	($c, t, 1$)	−12.6968	0.0000	平稳
6	△CSJ	($c, t, 0$)	−11.8823	0.0000	平稳
7	△CJZY	($c, t, 0$)	−15.2409	0.0000	平稳
8	△ZSJB	($c, t, 0$)	−15.9332	0.0000	平稳
9	△HXX	($c, t, 1$)	−10.1127	0.0000	平稳

注：△JJJM为JJJM的二阶差分序列，其他序列同理。

4.5.3 区域因子的Johansen协整检验

在区域因子VAR模型的滞后期选择方面，FPE、AIC、HQ三个指标均显示滞后2期，LR显示滞后5期，SC显示滞后1期（表4-17），综合评判后，选择滞后2期作为城市群区域因子模型的滞后期。

各城市群区域因子VAR模型滞后期确定指标　　　表4-17

Lag	LogL	LR	FPE	AIC	SC	HQ
1	1559.2950	NA	6.42e−25	−30.1693	−28.0327*	−29.3051
2	1724.6850	270.0243	1.19e−25*	−31.8915*	−27.6184	−30.1631*
3	1791.4310	96.7137	1.74e−25	−31.6006	−25.1910	−29.0081
4	1857.7580	83.9244	2.85e−25	−31.3012	−22.7550	−27.8444
5	1962.1880	112.9552*	2.49e−25	−31.7794	−21.0966	−27.4584

此时，对VAR模型进行稳定性检验的单位根检验，结果如图4-7所示，各特征根的倒数均落在单位圆以内，表明模型是稳定的，可以进行Johansen协整关系检验。

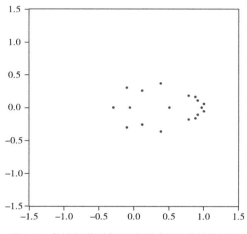

图4-7　各城市群区域因子指数多元协整单位根图

通过检验Johansen协整检验可以看出（表4-18），对城市群区域因子而言，在5%的显著性水平下，Trace显示所选择的样本通过了至少存在6个协整关系的检验，证明商品住房价格在城市群之间存在溢出效应。

各城市群区域因子的Johansen协整检验结果　　　　表4-18

Hypothesized No. of CE（s）	Eigenvalue	Trace Statistic	0.05 Critical Value	Prob.**
None *	0.566553	311.1881	197.3709	0.0000
At most 1 *	0.436699	226.7536	159.5297	0.0000
At most 2 *	0.380141	168.7855	125.6154	0.0000
At most 3 *	0.324770	120.4809	95.7537	0.0004
At most 4 *	0.236484	80.8180	69.8189	0.0051
At most 5 *	0.223003	53.5661	47.8561	0.0132
At most 6	0.140462	28.0818	29.7971	0.0778
At most 7	0.076977	12.7945	15.4947	0.1226
At most 8	0.045509	4.7043	3.8415	0.0801

4.6 本章小结

本章以"百城价格指数"的100个城市为研究样本，采用2010年6月—2018年12月的城市月度商品住房价格数据构建VAR模型，并运用Johansen协整检验方法分别检验了中心城市与外围城市之间、中心城市与中心城市、城市群与城市群之间的协整关系。研究结果表明：

（1）京津冀蒙城市群、东北城市群、山东半岛城市群、西部城市群、中原城市群、长三角城市群、长江中游城市群、珠三角-北部湾城市群和海峡西岸城市群分别存在7项、2项、5项、4项、1项、14项、3项、14项和1项协整关系，表明中心城市与外围城市之间存在商品住房价格的溢出效应，且样本城市越多的城市群其内部的房价协整关系数量越多；

（2）在20个中心城市之间至少存在14项协整关系，表明中心城市之间也存在商品住房价格的溢出效应，且其协整关系数量较中心城市与外围城市之间更多，说明中心城市之间的房价互动关系可能更加频繁；

（3）在9个城市群之间至少存在6个协整关系的检验，表明城市群之间同样存在商品住房价格的溢出效应。在城市群房价溢出效应检验时，采用因子分析法提取城市群内各城市房价波动的共同因子来构建VAR模型，能够更加客观地反映城市群房价整体的波动特征及发展趋势。

5

商品住房价格溢出的空间路径

本章将在第4章基础上从空间维度探究不同主体间房价溢出的因果关系和空间传导路径。通过Granger因果关系检验确定房价波动的中心城市和主要溢出路径，同时对城市群之间房价的因果关系进行检验，从宏观层面考察城市群之间的房价联动关系；以各城市为节点，以城市之间的溢出效应和滞后效应为链路，运用社会网络分析方法构建城市房价星型网络，通过测度网络密度、点度中心度、中介中心度和接近中心度等指标分析各城市在网络中的地位和作用，对城市商品住房联动的网络结构特征进行全面考察。最后，借助ARCGIS空间分析技术，研究商品住房价格波动的空间传导路径。

5.1 研究的模型与方法

5.1.1 Granger因果关系检验

从统计的角度，在研究系统中当其他所有因素的发生情况固定不变的情况下，如果一个变量的发生与不发生对于另一个变量的发生，通过概率或者分布函数的角度体现出来有影响，且这两个变量在时间上又有先后顺序，那么可以认为两个变量存在因果关系。由Granger（1969）提出，Sims（1972）推广的Granger因果关系检验便是分析变量之间是否存在因果关系的重要方法。

Granger因果关系检验实质上是检验一个变量的滞后变量是否可以引入其他变量方程中。一个变量如果受到其他变量的滞后影响，则称它们具有Granger因果关系。

在一个二元P阶的VAR模型中：

$$\begin{bmatrix} y_t \\ x_t \end{bmatrix} = \begin{bmatrix} \phi_{10} \\ \phi_{20} \end{bmatrix} + \begin{bmatrix} \phi_{11}^{(1)} & \phi_{12}^{(1)} \\ \phi_{21}^{(1)} & \phi_{22}^{(1)} \end{bmatrix} \begin{bmatrix} y_{t-1} \\ x_{t-1} \end{bmatrix} + \begin{bmatrix} \phi_{11}^{(2)} & \phi_{12}^{(2)} \\ \phi_{21}^{(2)} & \phi_{22}^{(2)} \end{bmatrix} \begin{bmatrix} y_{t-2} \\ x_{t-2} \end{bmatrix} + \cdots\cdots + \begin{bmatrix} \phi_{11}^{(p)} & \phi_{12}^{(p)} \\ \phi_{21}^{(p)} & \phi_{22}^{(p)} \end{bmatrix} \begin{bmatrix} y_{t-p} \\ x_{t-p} \end{bmatrix} + \begin{bmatrix} \varepsilon_{1t} \\ \varepsilon_{2t} \end{bmatrix} \quad (5-1)$$

当且仅当系数矩阵中的系数$\phi_{12}^{(q)}$（$q=1, 2, \cdots\cdots, p$）全部为0时，变量x不能Granger引起y，等价于变量x外生于变量y。这时，判断Granger原因的直接方法是利用F-检验来检验下述联合检验：

$$H_0: \phi_{12}^{(q)} = 0, q = 1, 2, \cdots\cdots, p$$

$$H_1: 至少存在一个 q 使得 \phi_{12}^{(q)} \neq 0$$

其统计量为：

$$S_1 = \frac{(RSS_0 - RSS_1)/p}{RSS_1/(T-2p-1)} : F(p, T-2p-1) \quad (5-2)$$

服从F分布。如果S_1大于F的临界值，则拒绝原假设；否则不拒绝原假设：x不能Granger引起y。其中：RSS_1是式（5-1）中y方程的残差平方和，T是变量的观测值数目：

$$RSS_1 = \sum_{t=1}^{T} \hat{\varepsilon}_{1t}^2 \quad (5-3)$$

RSS_0是不含x的滞后变量（即$\phi_{12}^{(q)} = 0, q = 1, 2, \cdots\cdots, p$），如下方程的残差平方和：

$$y_t = \phi_{10} + \phi_{11}^{(1)} y_{t-1} + \phi_{11}^{(2)} y_{t-2} + \cdots\cdots + \phi_{11}^{(p)} y_{t-p} + \dot{\varepsilon}_{1t} \quad (5-4)$$

则有：

$$RSS_0 = \sum_{t=1}^{T} \hat{\ddot{\varepsilon}}_{1t}^2 \quad (5-5)$$

在满足高斯分布的假定下，检验统计量式（5-2）具有精确的F分布。如果回归模型形式是如式（5-1）的VAR模型，一个渐近等价检验可由下式给出：

$$S_2 = \frac{T(RSS_0 - RSS_1)}{RSS_1} : \chi^2(p) \quad (5-6)$$

注意，S_2服从自由度为p的χ^2分布。如果S_2大于χ^2的临界值，则拒绝原假设；否则不拒绝原假设：x不能Granger引起y。

5.1.2 社会网络分析法

"社会网络"的概念是由英国学者布朗（Brown）提出的，而"社会网络分析"则是在美国心理学家莫雷诺（Moreno）的社会计量学基础上发展起来的，其最初主要用于分析团体内的人际关系状况和关系特征，以及研究人际关系对团体的影响，时至今日社会网络分析法已经广泛应用到社会学、经济学和管理学等领域，从最初的一种具体研究方法拓展为一种理论框架。

"社会网络分析"中行动者及其相互关系是两个主要元素，在本书研究中我们设定各城市是网络中的点，而各城市间商品住房价格的联动关系是网络中的线，即通过

Granger因果关系检验确定城市间的"因"和"果"，从而得到一条有向连线，这些点和线共同组成城市房价的空间联动网络。

"社会网络分析"在分析网络结构特征时有多项指标，结合本书研究内容和目的，在构建城市房价网络后主要关注网络密度、点度中心度、接近中心度和中介中心度等指标。

（1）网络密度

网络密度反映网络中各节点之间的关联程度，网络密度越大，说明各节点之间的关系越密切。其公式为：

$$D = \sum_{i=1}^{k}\sum_{j=1}^{k}d(n_i, n_j)/k(k-1) \tag{5-7}$$

式中，k为节点数；$d(n_i, n_j)$为节点n_i和n_j之间的关系量。

（2）点度中心度

点度中心度是指，在网络结构中，通过节点之间的连接数量来衡量城市的中心程度。点度中心度越高，意味着该城市在网络中的位置就相对更靠近中心位置。点度中心度的表达式为：

$$C_D(c_i) = d(c_i)/(n-1) \tag{5-8}$$

$d(c_i)$表示城市的点出度和点入度，点出度是连接至c_i的节点数，反映该城市对其他城市的辐射程度；点入度是连接至c_i的节点数，反映其他城市对该城市的影响程度，n表示网络中结点城市的数量。

（3）接近中心度

接近中心度用来反映某个城市与其他城市的接近程度，若某城市能够快速与其他城市产生内在连接，则该城市的接近中心度越高，换而言之，其对其他城市的影响力和作用力更强。假设d_{ij}代表节点i与j之间的最短路径，那么接近中心度可表示为：

$$C_{AP}^{-1} = \sum_{j=1}^{n}d_{ij} \tag{5-9}$$

（4）中介中心度

中介中心度反映某个城市对其他城市的中介能力，如果某个城市在中心位置上，则该城市距离其他城市的路径都是最短的，而且处在与其他城市最短路径之间，其表达式为：

$$C_B(c_i) = \frac{\sum_{j<k} g_{jk}(c_i)/g_{jk}}{(n-1)(n-2)} \quad (5-10)$$

$g_{jk}(c_i)$表示城市j和k之间最短路径上经过的城市i的个数，g_{jk}表示城市c_j和c_k之间距离最小的连接线数量。

5.2 商品住房价格溢出的因果关系

在做VAR模型Granger因果关系检验之前，需选择模型合适的滞后期，不同的滞后期可能会对检验结果有显著不同的影响。滞后期选择的方法与4.3.2节内容一致。为增加检验结果的可靠性，在完成最优滞后期情况下的Granger因果关系检验后，再增加或减少1期Granger因果关系检验，比如最优滞后期选择为2，则在完成滞后期为2的检验后，再进行一次滞后期为3或滞后期为1的检验，经过两次检验后再进行综合分析。

本节后续安排如下，首先进行城市群内部城市之间的Granger因果关系检验，以此确定城市群内部的房价中心城市和房价传导的大致路径；其次进行中心城市之间的Granger因果关系检验，以此确定全国城市房价波动的源头城市和房价大致的传导路径；第三，进行城市群之间的Granger因果关系检验，从全国宏观层面分析房价的传导路径；最后，根据以上三个层面的检验，分析全国商品住房价格溢出的大致路径。

值得注意的是，以往通过Granger因果关系检验从而确定城市之间因果关系时，大多数将通过1%检验的结果作为城市之间唯一的溢出关系，而忽略了其他潜在城市对研究对象的影响，因此本书在Granger因果关系检验中，将通过1%、5%和10%检验的结果都认为其有因果关系，只是作用的程度不同而已，以此全面考察城市之间房价的互动关系。

5.2.1 中心城市与外围城市的房价溢出因果关系

通过两两城市间的Granger（格兰杰）因果关系检验值可以看出（附表5~附表13），在各城市群中多数城市的房价都有多个因果关系城市，表明单个城市房价的变动不是由唯一一个城市引起的,而是有可能同时受到周边多个城市房价变动的影响,而在众多影响城市中,存在主要影响城市和次要影响城市,比如在京津冀蒙城市群中,天津的房价变动受北京房价变化的影响最大,同时还受石家庄、廊坊、保定和衡水的影响。

现有研究表明,房价波动总是从高级别城市向低级别城市扩散,结合这一研究结论和Granger因果关系检验值,将因果关系最显著且城市级别较高的城市设定为房价变动的主导城市,其他具有显著Granger检验值的城市设定为次主导城市。

(1)京津冀蒙城市群房价溢出的因果关系检验

根据城市之间的Granger因果关系检验值绘制京津冀蒙城市群内房价溢出的传导路径(图5-1,仅绘制了影响最显著的路径,其他相关影响路径的表达详见5.3节网络分析,下同)。从时间维度来看,北京是京津冀蒙城市群房价变化的主导城市,天津、石家庄和廊坊是北京房价传导的最先受影响城市,并将房价变化向其他城市逐级传导,同时北京又会受到天津、石家庄、廊坊和保定房价变化的影响。通过滞后2期的Granger因果关系检验可以看出,北京在滞后2期时仍是城市群房价变化的中心城市,但二级传导城市调整为石家庄、保定和廊坊。由此可判定北京是京津冀蒙城市群房价变化的核心城市。

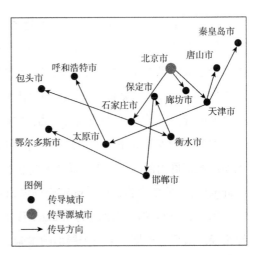

图5-1 京津冀蒙城市群滞后1期的因果关系示意图

(2)东北城市群房价溢出的因果关系检验

通过滞后2期的Granger因果关系检验显示(图5-2),沈阳是东北城市群房价变化的主导城市。从时间维度来看,长春和大连是沈阳房价传导的最先受影响城市,并将这种溢出效应逐级传导,同时沈阳又会受到鞍山和营口房价变化的影响。通过滞后3期的Granger因果关系检验可以看出,沈阳在滞后3期时仍是城市群房价变化的主导城市,但二级传导城市只剩大连。由此可判定沈阳是东北城市群房价变化的核心城市。

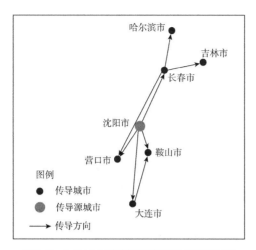

图5-2 东北城市群滞后2期的因果关系示意图

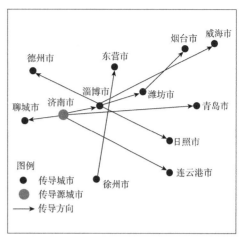

图5-3 山东半岛城市群滞后1期的因果关系示意图

（3）山东半岛城市群房价溢出的因果关系检验

通过滞后1期的Granger因果关系检验显示（图5-3），济南是山东半岛城市群房价变化的主导城市。从时间维度来看，青岛、连云港、聊城和淄博是济南房价变化时最先受影响城市，随后将这种变化趋势逐级传导，同时济南又会受到威海和日照房价变动的影响。通过滞后2期的Granger因果关系检验可以看出，济南在滞后2期时仍是城市群房价变化的主导城市，但二级传导城市调整为德州、聊城、东营。由此判定济南是山东半岛城市群房价变化的核心城市。

（4）西部城市群房价溢出的因果关系检验

通过滞后2期Granger因果关系检验显示（图5-4），成都是西南区域房价变化的主导城市，而其对西安房价变化的Granger仅通过10%的显著水平，与宝鸡（通过10%显著性检验）对西安的Granger显著水平相当，因此表明成都和西安为

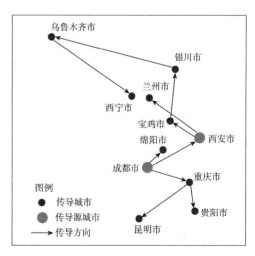

图5-4 西部城市群滞后2期的因果关系示意图

弱格兰杰因果关系，结合地理位置关系，可判定西安是西北区域城市房价变化的主导城市，而二级传导城市为重庆、绵阳、兰州和宝鸡。通过滞后3期的Granger因果关系检验可以看出，成都对西安的Granger因果检验通过了1%的显著水平，是西部城市群房价变化的绝对主导城市，但西安仍然对西北地区城市的房价变化有绝对的影响力。

鉴于最优滞后期下的Granger因果关系检验，成都和西安均为西部城市群房价变化的主导城市，而在滞后3期情况下，西安对西北地区城市的影响效应十分显著。综合考虑，判定西部城市群的房价变化存在成都和西安双核心城市。

（5）中原城市群房价溢出的因果关系检验

因样本城市数量较少，中原城市群的房价传导路径相对简单，通过滞后2期的Granger因果关系检验可以看出（图5-5），郑州是中原城市群房价变化的主导城市，当其房价发生异动后首先传导至洛阳，而洛阳对菏泽和新乡的房价变化又有显著的因果关系。通过滞后3期的Granger因果关系检验可以看出，郑州对其他城市已无显著的因果关系，但洛阳仍然与菏泽和新乡具有因果关系。

（6）长三角城市群房价溢出的因果关系检验

长三角城市群拥有数量众多的城市，因此房价之间的因果关系更为复杂，但通过滞后2期的Granger因果关系检验，仍然能够梳理出城市群内房价大致的传导路径（图5-6），结果显示上海是长三角城市群房价变化的绝对主导城市。从时间维度来看，

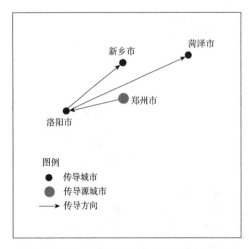

图5-5 中原城市群滞后2期的因果关系示意图

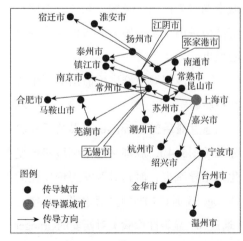

图5-6 长三角城市群滞后2期的因果关系示意图

当上海房价产生变化时,与其邻近的苏州、绍兴和嘉兴最先受影响,随后房价波动经以上二级传导城市向四周其他城市扩散。通过滞后3期的Granger因果关系检验发现,上海仍然是长三角城市群房价变化的绝对主导城市,而二级传导城市调整为嘉兴、无锡和合肥,由此判定长三角城市群房价变化的核心城市为上海。

在二级传导城市中,作为经济社会发展水平较高的中心城市南京和杭州,却未体现出房价溢出的主导作用,这可能是两方面因素造成的,一是样本数据造成的阶段性分析偏差,"百城价格指数"统计周期为2010—2018年,从时间序列统计分析来看,南京和杭州在该阶段的房价主导能力可能偏弱;二是随着高速铁路和现代信息技术的发展,长三角区域城市之间的联系更加紧密并形成网络化结构,中心城市在房价溢出的"领导"地位逐步被弱化。

(7)长江中游城市群房价溢出的因果关系检验

通过滞后2期Granger因果关系检验显示(图5-7),武汉是长江中游城市群房价变化的主导城市。从时间维度来看,南昌是武汉房价变化最先受影响的城市,并将这种波动效应向其他城市传导,同时武汉又会受到宜昌和湘潭房价变化的影响。通过滞后3期的Granger因果关系检验发现,武汉在滞后3期时仍是长江中游城市群房价变化的主导城市,但二级传导城市调整为南昌和宜昌,综合判定武汉为长江中游城市群房价变化的核心城市。

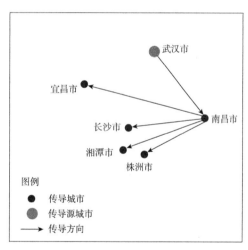

图5-7 长江中游城市群滞后2期的因果关系示意图

(8)珠三角-北部湾城市群房价溢出的因果关系检验

通过滞后4期Granger因果关系检验显示(图5-8),深圳是珠三角-北部湾城市群房价变动的绝对主导城市,但同时发现三亚对北部湾区域的城市有广泛而显著的影响,这种情况类似于西部城市群中成都和西安的"领导"角色,因此认为珠三角-北部湾城市群存在深圳和三亚两个主导城市,而广州、东莞、惠州、江门、南宁、海口、桂林在城市群中扮演二级传导城市的角色。通过滞后3期的Granger因果关系检

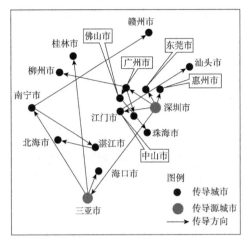
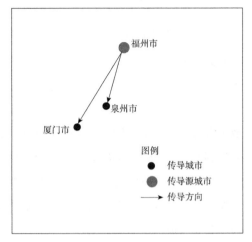

图5-8 珠三角-北部湾城市群滞后4期的因果关系示意图

图5-9 海峡西岸城市群滞后2期的因果关系示意图

验发现，深圳在滞后3期时仍是长江中游城市群房价变化的主导城市，同时三亚也在城市群中表现出相对独立的主导影响，此时二级房价传导城市调整为广州、中山、惠州、海口和桂林，综合判定深圳和三亚为珠三角-北部湾城市群房价变化的核心城市。

（9）海峡西岸城市群房价溢出的因果关系检验

因样本城市只有三个，海峡西岸城市群的房价传导路径相对简单，通过滞后2期Granger因果关系检验显示（图5-9），福州是海峡西岸城市群的主导城市，并传导至泉州和厦门。通过滞后3期的格兰杰因果检验发现，福州仍是主导城市，且传导路径未发生变化。

5.2.2 中心城市之间房价溢出的因果关系

在本节研究开始前，首先需要对中心城市进行相应的调整。在第3章，通过引力模型将样本城市划分为9个城市群后，运用"城市总吸引力+引力联结线数量"方法初步确定了20个中心城市，但这20个城市只是在经济社会和房地产综合方面上的中心城市，而并不一定是商品住房价格波动的主导城市。根据5.2.1节各城市群Granger

因果关系检验可知，除西部城市群和珠三角-北部湾城市群分别有2个房价变化主导城市之外，其余7个城市群均只有1个房价变化主导城市，如此便在9个城市群形成共计11个房价变化主导城市，分别为北京、上海、深圳、成都、三亚、福州、沈阳、武汉、济南、郑州和西安。除三亚和福州之外，其余9个核心城市均在20个中心城市名单之内，说明房价波动的主导城市一般都是经济社会实力较强的中心城市。

本节将通过构建11个中心城市的VAR模型并进行Granger因果关系检验，分析全国商品住房价格波动的主导城市，并探究中心城市之间房价的传导路径。在进行Granger因果关系检验前，需通过Johansen协整检验分析这11个城市是否存在房价溢出效应，若存在溢出效应则进行Granger因果关系检验。

（1）最优滞后期的确定

对11个中心城市构成的VAR模型而言，LR、FPE、AIC、HQ四个指标均显示滞后6期，SC显示滞后1期（表5–1），综合评判后选择滞后6期作为中心城市VAR模型的滞后期。

中心城市VAR模型滞后期确定指标　　　　　表5–1

Lag	LogL	LR	FPE	AIC	SC	HQ
1	3737.8330	NA	$1.15e^{-46}$	−74.5739	−71.3621*	−73.2752
2	3908.8390	264.4417	$4.43e^{-47}$	−75.6049	−69.1814	−73.0076
3	4066.1350	207.5669	$2.62e^{-47}$	−76.3533	−66.7181	−72.4573
4	4243.5520	193.8781	$1.31e^{-47}$	−77.5165	−64.6695	−72.3218
5	4454.5460	182.7166	$5.00e^{-48}$	−79.3721	−63.3133	−72.8787
6	714.3150	166.0380*	$1.44e^{-48}$*	−82.2333*	−62.9628	−74.4413*

对VAR模型进行稳定性检验的单位根检验，结果如图5–10所示，各特征根的倒数均落在单位圆以内，表明模型是稳定的，可以进行Johansen协整关系检验。

（2）Johansen协整检验

通过Johansen协整检验可知（表5–2），对11个中心城市而言，在5%的显著性水平下，Trace显示所选择的样本通过了至少存在10个协整关系的检验，证明商品住房价格在中心城市之间存在溢出效应。

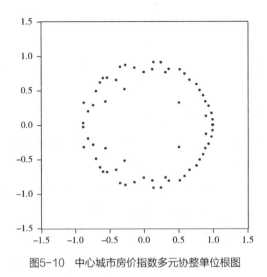

图5-10 中心城市房价指数多元协整单位根图

中心城市间房价的Johansen协整检验结果　　　　　表5-2

Hypothesized No. of CE（s）	Eigenvalue	Trace Statistic	0.05 Critical Value	Prob.**
None *	0.873287	924.1841	285.1425	0.0000
At most 1 *	0.786860	723.7985	239.2354	0.0000
At most 2 *	0.720997	573.8552	197.3709	0.0001
At most 3 *	0.632116	450.0314	159.5297	0.0000
At most 4 *	0.574745	353.0326	125.6154	0.0000
At most 5 *	0.568908	270.0910	95.7537	0.0000
At most 6 *	0.487757	188.4719	69.8189	0.0000
At most 7 *	0.435415	123.5831	47.8561	0.0000
At most 8 *	0.345642	68.1316	29.7971	0.0000
At most 9 *	0.233523	26.9938	15.4947	0.0006
At most 10	0.012260	1.1966	3.8415	0.2740

（3）格兰杰因果检验

通过滞后6期的Granger因果关系检验可以看出（附表14），中心城市之间存在多个显著的因果关系。中心城市之间的房价互动关系较城市群内部城市之间更加紧密，单一城市房价的变动更容易受其他中心城市的作用影响。为确定全国房价波动的主导城市和梳理大致传导路径，本书只绘制通过1%显著性检验的因果关系图（图5-11），5%、10%显著性的因果关系在后续城市房价星型网络中体现。

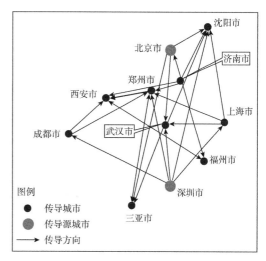

图5-11　中心城市之间滞后6期的因果关系示意图

由图5-11及附表14中两两城市Granger最显著的检验值可知，深圳和北京是中心城市房价变化的绝对主导城市，同时是全国房价波动的源头城市；另外，内陆二线城市的房价波动更容易受多城市共同作用，比如郑州、武汉、成都和沈阳，均受到3~5个城市的影响。

5.2.3　城市群之间房价溢出的因果关系

通过中心城市与外围城市之间、中心城市之间Granger因果关系检验，大致可以理清城市之间房价的传导路径，但从更加宏观的层面来看，需要探讨商品住房价格在区域之间呈现出的溢出关系，即通过城市群区域因子来检验城市群之间的Granger因果关系进行分析。

根据滞后2期的Granger因果关系检验（附表15）可以看出，城市群之间的房价也存在多项显著的因果关系，说明每个区域的房价变动并非由单一区域引起，而是多区域作用的结果，在这里我们只绘制通过5%显著性检验的因果关系图，以此分析其房价的大致传导路径。

由图5-12并结合附表15中两两城市群Granger最显著的因果关系值可以总结以下3点特征：

（1）京津冀蒙城市群、珠三角-北部湾城市群和山东半岛城市群房价波动的影响力比较显著。因城市群之间商品住房价格已呈现出网络结构，区域和区域之间的溢出关系相互交织、相互影响，再向下细分很难梳理出二级传导区域及三级传导区域；

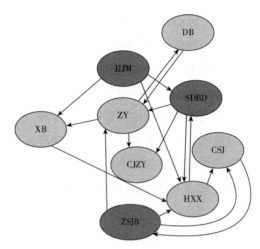

图5-12 城市群之间滞后2期的因果关系示意图

（2）并非源头城市所在的区域一定会成为绝对的主导区域，如深圳是全国房价变化的源头城市，同时是上海房价变化的传导城市，但在长三角城市群房价整体变动后又会影响珠三角-北部湾城市群房价的波动；

（3）从全国层面来看，商品住房价格波动呈现出南北向中间，东部沿海向西部内陆传导的路径。

5.3　商品住房价格溢出的网络特征

将样本城市作为网络结构中的点，以两两城市之间的商品住房价格Granger因果关系检验值（1%、5%、10%）作为联系值，运用社会网络分析法构建城市房价溢出的星型网络。因本节的研究内容是房价的溢出关系，故我们在中心城市与外围城市间、中心城市间更加关注城市的点出度和点入度指标，城市的点出度可以理解为其房价的传导能力，点入度可以理解为其被传导的程度，以此梳理各城市群内和中心城市间的房价溢出关系和溢出程度；而在全样本城市层面将根据网络密度、点度中心度、接近中心度和中介中心度等指标，并结合5.2节城市之间房价的Granger因果关系检验结果，全面分析商品住房价格的网络结构特征和空间关联关系。

5.3.1 中心城市与外围城市间房价溢出的网络特征

将各城市群内两两城市间商品住房价格Granger因果关系检验值（1%、5%、10%）代入Ucinet6软件，输出网络结构图及各测度指标。因中原城市群、长江中游城市群和海峡西岸城市群的样本城市较少，网络结构相对简单，故不再单独绘制网络结构图，仅结合网络测度指标进行分析。如图5-13～图5-18所示，各城市群内城市之间的房价溢出存在显著的网络结构特性。

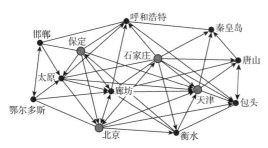

图5-13　京津冀蒙城市群房价溢出网络图

图5-14　东北城市群房价溢出网络图

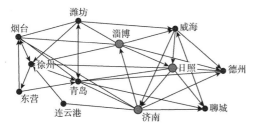

图5-15　山东半岛城市群房价溢出网络图

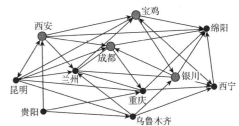

图5-16　西部城市群房价溢出网络图

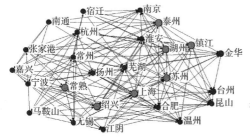

图5-17　长三角城市群房价溢出网络图

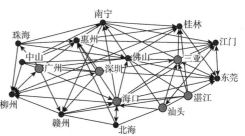

图5-18　珠三角-北部湾城市群房价溢出网络图

各城市群的网络结构特征显示，在城市群中除了中心城市之外，在点出度和点入度上仍有多个次级中心城市，它们共同构成该城市群内房价波动的核心动力。

为便于划分各城市在房价溢出路径中的角色，依据城市的点出度和点入度以及两者之间的比值，并结合各城市能级进行如下划分：

1）点出度高（大于组内点出度平均值）且点入度低（点出度/点入度＞2.0）的城市，说明其传导向其他城市的能力强，而被其他城市影响的可能性小，定义为净溢出城市；

2）点出度高（大于组内点出度平均值）且点入度低（点出度/点入度＞1.2）的城市，定义为主溢出城市；

3）点出度和点入度平衡（0.8＜点出度/点入度＜1.2）的城市，为双向溢出城市；

4）点出度低且点入度高（点出度/点入度＜0.8）的城市，定义为净溢入城市。

（1）京津冀蒙城市群

从附表16及图5-19可以看出，石家庄的点出度远大于点入度，但从5.2.1节Granger因果关系检验来看，北京是石家庄唯一的"因"，因此在京津冀蒙城市群中，北京和石家庄为净溢出城市，保定、衡水为主溢出城市，天津、唐山和鄂尔多斯为双向溢出城市，太原、廊坊、呼和浩特、邯郸、包头、秦皇岛为净溢入城市（图5-20）。

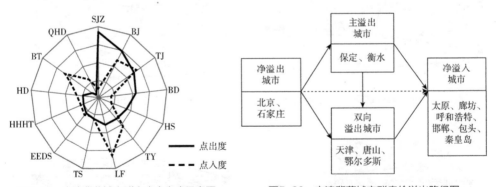

图5-19 京津冀蒙城市群点度中心度示意图　　图5-20 京津冀蒙城市群房价溢出路径图

（2）东北城市群

从附表16及图5-21可以看出，点出度较高的城市沈阳、营口和哈尔滨的点出度/点入度值均大于2.0，结合Granger因果关系检验来看，沈阳是东北城市群房价波动

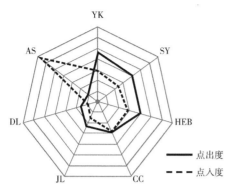

图5-21 东北城市群点度中心度示意图

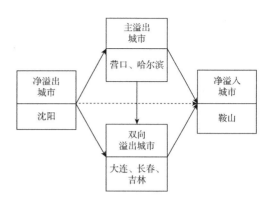

图5-22 东北城市群房价溢出路径图

的主因,因此判定沈阳为东北城市群的净溢出城市;依据点度中心度判断标准,营口和哈尔滨为主溢出城市,大连、长春、吉林为双向溢出城市,鞍山为净溢入城市(图5-22)。

(3)山东半岛城市群

从附表16及图5-23可以看出,点出度较高的城市济南和淄博为净溢出城市,青岛、日照和威海为主溢出城市,聊城、东营、连云港和潍坊为双向溢出城市,徐州、烟台、德州为净溢入城市(图5-24)。

(4)西部城市群

从附表16及图5-25可以看出,点出度较高的城市成都、西安为净溢出城市,银

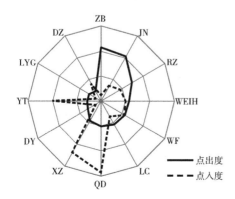

图5-23 山东半岛城市群点度中心度示意图

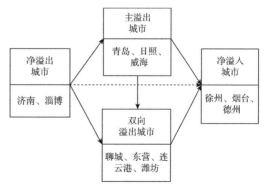

图5-24 山东半岛城市群房价溢出路径图

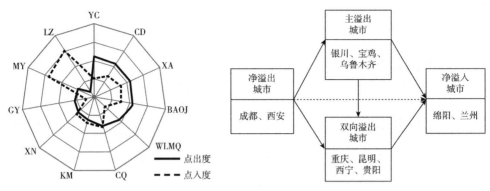

图5-25 西部城市群点度中心度示意图　　图5-26 西部城市群房价溢出路径图

川、宝鸡和乌鲁木齐为主溢出城市，重庆、昆明、西宁、贵阳为双向溢出城市，绵阳和兰州为净溢入城市（图5-26）。

（5）中原城市群

从附表16及图5-27可以看出，郑州为中原城市群的净溢出城市，洛阳为主溢出城市和双向溢出城市，新乡和菏泽为净溢入城市（图5-28）。

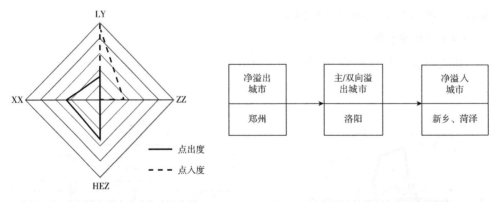

图5-27 中原城市群点度中心度示意图　　图5-28 中原城市群房价溢出路径图

（6）长三角城市群

从附表16及图5-29可以看出，点出度较高的城市，如上海、常熟、湖州、镇江、马鞍山为净溢出城市，泰州、绍兴、嘉兴为主溢出城市，苏州、淮安、无锡、常州、

5 商品住房价格溢出的空间路径

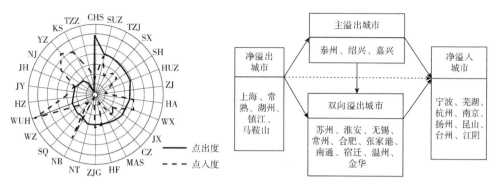

图5-29 长三角城市群点度中心度示意图

图5-30 长三角城市群房价溢出路径图

合肥、张家港、南通、宿迁、温州、金华为双向溢出城市，宁波、芜湖、杭州、南京、扬州、昆山、台州、江阴为净溢入城市；在这里以往被认为是中心城市的杭州、南京和宁波也被列为净溢入城市，并不是这些城市房价被其他较低能级城市影响，而是从时间序列的Granger因果关系检验值来看，其影响其他城市的数量较少，所以导致其点出度较低，究其原因可能与5.2.1节内容一致（图5-30）。

（7）长江中游城市群

从附表16及图5-31可以看出，武汉为净溢出城市，南昌和宜昌为主溢出城市，湘潭为双向溢出城市，长沙和株洲为净溢入城市（图5-32）。

（8）珠三角-北部湾城市群

从附表16及图5-33可以看出，深圳、广州、汕头为净溢出城市，海口、三亚

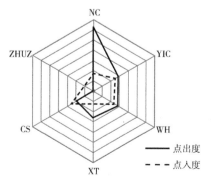

图5-31 长江中游城市群点度
中心度示意图

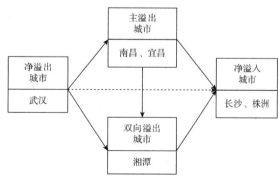

图5-32 长江中游城市群房价溢出路径图

113

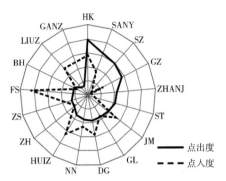

图5-33 珠三角-北部湾城市群点度中心度示意图

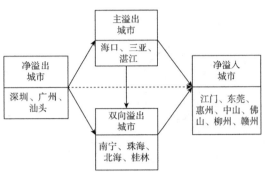

图5-34 珠三角-北部湾城市群房价溢出路径图

和湛江为主溢出城市,南宁、珠海、北海、桂林为双向溢出城市,江门、东莞、惠州、中山、佛山、柳州、赣州为净溢入城市(图5-34)。

(9)海峡西岸城市群

由附表16及图3-35可以看出,福州为净溢出城市,泉州为双向溢出城市,厦门为净溢入城市。

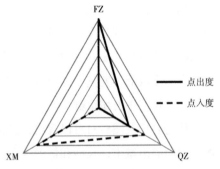

图5-35 海峡西岸城市群点度中心度示意图

5.3.2 中心城市间房价溢出的网络特征

将中心城市间商品住房价格Granger因果关系检验值(1%、5%、10%)代入Ucinet6软件,输出网络结构图及各测度指标(图5-36)。与5.2.2节分析结果相比可以看出,中心城市之间也存在明显的网络关系,一个城市的房价波动并非受唯一一个城市影响,而是由多个城市共同作用的结果,只不过作用程度不同而已。

从中心城市的点出度和点入度来看(表5-3),深圳和北京的点出度明显大于点入度,点出度和点入度比值均大于5.0,说明两个城市是中心城市房价波动的净溢出城市,成都、济南和福州点出度排名靠前,但点入度也较高,点出度/点入度符合前文所述评判标准,是主溢出城市;武汉、郑州的点出度和点入度值几乎相等,说明其溢

5 商品住房价格溢出的空间路径

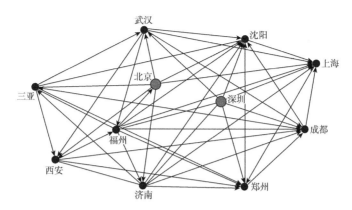

图5-36 中心城市间房价溢出网络（中介中心度）

出及接受程度几乎相平衡，是双向溢出城市；上海、三亚、沈阳和西安的点出度远高于点入度值，说明其处于净溢入地位，受其他城市的溢出程度最强，这一点可从图5-37可以更加直观地看到。

中心城市网络节点特征 表5-3

序号	中心城市	中心度（点出度）	中心度（点入度）
1	成都	22.397	18.473
2	福州	21.777	16.085
3	深圳	21.018	2.753
4	北京	17.245	2.886
5	济南	17.114	13.414
6	武汉	16.578	16.070
7	郑州	16.540	18.236
8	上海	14.744	18.986
9	三亚	11.138	20.326
10	沈阳	6.986	22.981
11	西安	5.442	20.769

115

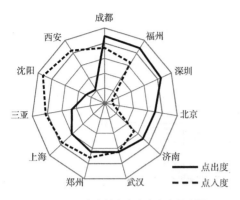

图5-37 中心城市点度中心度示意图

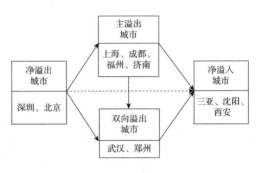

图5-38 中心城市房价溢出路径图

另外结合5.2.2结果来看,深圳对上海的Granger"因"远大于其他城市对上海的影响,因此可以认为上海主要受深圳影响,另外上海同时又是郑州、武汉、西安的主"因",因此可判定上海也属于主溢出城市。由此,可以大致地绘制出中心城市之间房价溢出的路径,如图5-38所示。

5.3.3 全样本城市房价溢出的网络特征

将全样本城市间商品住房价格Granger因果关系检验值(1%、5%、10%)代入Ucinet6软件,输出网络结构图及各测度指标。通过全样本城市的房价星型网络可知(图5-39),99个样本城市间房价联动关系数为472,最大可能联动关系数为1520,网络密度为0.31,表明全国城市房价的联动效应较为显著。

(1)点度中心度。点度中心度排名(附表17)靠前的城市为上海、三亚、济南、芜湖、深圳、北京、无锡、宁波等,这些城市与其他城市的房价存在较多的联动关系,在房价溢出网络中处于中心的地位;排名靠后的城市为株洲、新乡、菏泽、连云港等,这些城市与其他城市的联动较弱。另外,点出度排名靠前的城市为深圳、上海、北京、常熟、成都、济南、三亚等,表明这些城市的房价具有明显的溢出效应和"领导"作用;点入度排名靠前的城市有芜湖、三亚、上海、沈阳、扬州等,表明这些城市房价受其他城市的影响显著,处于"跟随"地位。从点度中心度、点出度和点入度综合来看,处于房价"领导"地位的城市主要位于长三角和珠三角地区。

5 商品住房价格溢出的空间路径

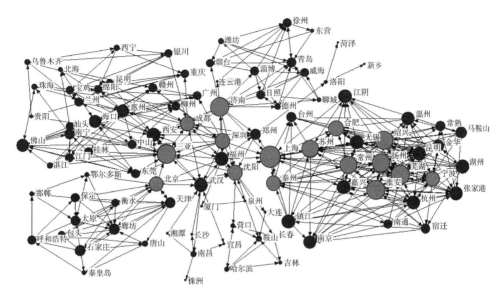

图5-39 全样本城市房价溢出网络（点度中心度）

（2）接近中心度。接近中心度是根据网络中各城市之间的距离或紧密性而测定的，与点度中心度不同的是，接近中心度考虑了间接关系，某城市与其他城市的总距离越短，说明其与其他城市的紧密性越高。如附表17所示，处于中心城市地位的深圳、上海、济南、武汉、福州、北京、成都等排名靠前，而新乡、菏泽、厦门、株洲、泉州、洛阳等城市排名靠后（图5-40）。

（3）中介中心度。中介中心度指某城市与其他城市之间相间隔的程度，表示该城市在网络中的中介承接程度。如附表17所示，上海的中介中心度最高且远高于其他城市，排名靠前的还有北京、福州、济南、三亚等城市，排名靠后的城市有新乡、菏泽、厦门、株洲、泉州、东营等，这些城市在网络中受其他城市影响的程度较大，中介能力较弱（图5-41）。

综合来看，处于中心地位的城市大致可分为两类，一类为南方沿海城市，如珠三角、长三角；另一类为内陆经济社会水平较高的城市，如北京、济南、成都等；处于弱势地位的多为内陆经济社会水平较低的城市，如新乡、菏泽、株洲、兰州、包头等，说明房价变动从经济水平较高的城市向经济欠发达城市扩散，符合大部分学者的研究观点。

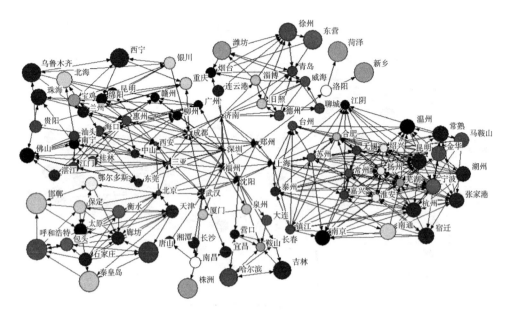

图5-40 全样本城市房价溢出网络（接近中心度）

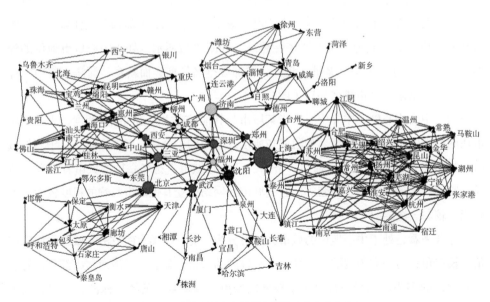

图5-41 全样本城市房价溢出网络（中介中心度）

5.4 商品住房价格溢出的空间路径

5.4.1 中心城市与外围城市房价溢出的空间路径

根据城市之间Granger因果关系检验和各城市群的房价星型网络结构分析，对各城市群内商品住房价格波动溢出的路径总结如下：

（1）京津冀蒙城市群。在溢出关系方面，北京是房价变化的主导城市，天津、石家庄和廊坊是北京房价传导的最先受影响城市，并将这种传导效应逐级传导；在溢出程度方面，北京和石家庄为净溢出城市，对其他城市的溢出能力最强，保定和衡水次之，天津等城市具有双向溢出的特性，太原等城市的溢出的能力最弱。

（2）东北城市群。在溢出关系方面，沈阳是房价波动的主导城市，与之相近的长春和大连房价最先受其影响而发生异动，此后向其他邻近城市逐级传导；在溢出程度方面，沈阳、营口和哈尔滨的溢出能力较强，鞍山的溢出能力最弱。

（3）山东半岛城市群。在溢出关系方面，济南是房价波动的主导城市，青岛、连云港、聊城和淄博是次级传导城市，将房价波动效应传导至烟台和德州等城市；在溢出程度方面，济南、淄博为净溢出城市，溢出能力最强，青岛、徐州、烟台、德州等城市溢出能力较弱。

（4）西部城市群。成都和西安为西部城市群的双主导城市，其中成都主要影响西南区域，房价波动后首先传递至重庆，而重庆对昆明和贵阳有直接的溢出效应；西安是西北区域的主导城市，直接影响宝鸡和兰州，随后对乌鲁木齐和西宁有溢出效应；在溢出程度方面，成都和西安的溢出能力最强，绵阳和兰州的溢出能力最弱。

（5）中原城市群。郑州是房价变化的主导城市和溢出能力最强的城市；洛阳是次级传导城市和双向溢出城市，对菏泽和新乡具有显著的溢出因果关系。

（6）长三角城市群。上海是长三角城市群的绝对主导城市，当上海房价波动后首先影响苏州、嘉兴和泰州等城市，苏州将房价波动效应传导至苏南及安徽南部，泰州则主要影响苏北地区，嘉兴则传导至杭州及浙江的其他主要城市；而在溢出程度方面，上海、常熟、湖州、镇江、嘉兴等溢出能力较强，宁波、扬州、台州等溢出能力较弱。

（7）长江中游城市群。武汉是长江中游城市群房价变化的中心城市，直接影响南昌，并将这种变动传递至其他城市；同时武汉、南昌和宜昌的溢出程度较强，长沙和株洲溢出能力较弱。

（8）珠三角-北部湾城市群。深圳是华南地区房价变化的绝对中心城市，而广州、惠州、中山和三亚则处于次级中心城市，其中广州、惠州、中山主要溢出对象为珠三角城市群，而三亚则影响到了北部湾地区城市；而在溢出程度方面，深圳、广州、汕头、海口、三亚的溢出能力较强，江门、佛山、柳州和赣州的溢出能力较弱。

（9）海峡西岸城市群。福州是房价变化的主导城市，影响厦门和泉州，同时为房价变化净溢出城市，相对而言，厦门的溢出能力较弱。

5.4.2 房价整体溢出的空间路径

由Granger因果关系检验和房价溢出的星型网络特征可以看出，全国商品住房价格波动主要受北京和深圳房价变化的影响，即当外部环境发生变化时，北京和深圳的房价首先发生变动，随后向其他中心城市扩散，上海、成都、福州、济南的房价最先受到影响，并向周边的城市传导。整体而言，商品住房价格波动呈现出从北京、深圳向华中、华东区域城市扩散，华中、华东区域城市向西部城市扩散的空间传导路径特征。图5-42和图5-43分别反映2010年和2018年我国百城商品住房价格的空间差异情况，其中2010年我国商品住房价格整体处于东南地区高、西北地区低，地区之间差异明显的格局；2018年这种格局和趋势依然存在，但地区之间的商品住房价格差异明显变小，华北、西南地区商品住房价格上涨较为明显，表明地区和城市之间房价的溢出

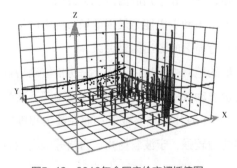 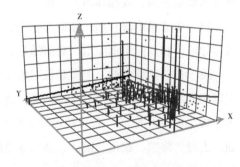

图5-42　2010年全国房价空间插值图　　图5-43　2018年全国房价空间插值图

效应明显。

另外，从商品住房价格空间分布来看，2010年我国商品住房价格的"引领"城市主要为北京、上海、广州和深圳等一线城市和三亚，整体呈点状分布的特征，而在广大的中部和西部地区尚没有明显的分化情况；至2018年全国房价已呈现出明显的扩散特征，京津冀、长三角和珠三角沿海房价仍然处于领导地位，但中部和西南部地区房价也发展至较高地位，且向其相邻的地区迅速扩散。

除以上分析外，需要讨论的是上海及长三角城市群商品住房价格波动的溢出特性。从中心城市之间房价溢出的因果关系检验结果来看，北京和深圳是全国房价变化的源头城市，而以往被认为是"极点"城市之一的上海，虽然在房价溢出的星型网络中处于核心位置，但其在全国城市的影响效应明显弱于北京和深圳，结合Granger因果检验结果分析，上海房价变化的影响范围主要集中于长三角城市群内；从城市群内部来看，南京、杭州等中心城市的房价溢出的主导作用也显著被弱化。由此判定，在当前我国发育程度最高的长三角城市群，因城市集聚及城市网络结构化的形成，"极点"城市的房价溢出效应和作用能力容易被空间关联城市"稀释"，从而"削弱"了其对周边城市及全国其他城市的影响程度。

5.5 本章小结

本章主要从空间维度考察城市间及城市群间商品住房价格的关联关系，主要研究内容及结论如下：

（1）通过Granger因果关系检验确定各城市群房价变化的中心城市和具有全国房价波动影响力的源头城市，同时在宏观层面考察了城市群之间的溢出关系。研究结果表明，北京和深圳是全国房价波动的源头城市，其他房价波动的中心城市有上海、沈阳、济南、郑州、成都、西安、武汉、福州和三亚，源头城市和中心城市房价波动向外围其他城市溢出的特征十分显著。

（2）以城市间房价的溢出效应和滞后效应构建房价溢出的星型网络，研究房价溢出的空间关联关系。研究发现，城市之间的房价联动关系呈现出显著的网络结构特征，单一城市房价的波动是由多个城市共同作用的结果；处于网络中心地位的城市大致可分为南方沿海城市和内陆经济社会水平较高的城市，处于弱势地位的多为内陆经济社会水平较低的三、四线城市，进一步表明房价变动总是从经济水平较高的城市向经济欠发达城市扩散。

（3）以城市及城市群之间的溢出关系分析房价波动的空间传导路径。研究结果表明，在城市层面，商品住房价格波动呈现出从北京、深圳向华中、华东地区城市扩散，华中、华东地区城市向西部城市扩散的整体趋势；在城市群层面，京津冀蒙城市群、珠三角－北部湾城市群和山东半岛城市群是房价波动的主导区域，房价波动同样呈现出南北向中部，东部沿海向西部内陆传导的路径。

（4）城市集聚及城市网络化结构的形成，在促进商品住房价格在城市之间的溢出效应的同时，有利于弱化"极点"城市房价波动在全国更大范围的扩散和传导作用。

基于时空二重维度的商品住房价格溢出及演化规律

前文运用VAR模型从时间维度研究了商品住房价格的溢出效应和因果关系，并从空间维度分析了商品住房价格的空间关联关系和网络结构特征，但却无法分析房价在时间和空间二重维度交互影响下的溢出效应和滞后效应，这是因为传统VAR模型在空间经济领域运用中存在一定局限性。本章将运用Holly提出的时空扩散模型，并结合广义脉冲响应函数，探索商品住房价格的溢出效应随时间和空间变化所呈现出的复杂变化规律，并在此基础上分析商品住房价格溢出效应的形成机制。

6.1 研究模型与方法

6.1.1 时空扩散模型

Holly在2011年出版的《The Spatial and Temporal Diffusion of House Prices in the UK》中提出了房价时空扩散模型，其基本原理是：在一个特定的空间区域中存在一个房价主导区域，当受到外界冲击时主导区域房价发生变化，并以同步或者滞后的方式将该作用传导至其他区域，其他区域在受到波及后会对主导区域产生一个反作用力，但这种反作用的力度较小，由此可以认为在该空间区域内，主导区域的房价主要受自身房价的变动影响，而其他区域则受主导区域和自身房价变动的双重影响。在本书中，北京和深圳是11个中心城市的房价主导城市，各中心城市是相应城市群内房价变化的主导城市。

基于房价主导城市对其他城市房价的影响，各个城市房价的一阶线性误差修正模型设定为：

$$\Delta p_{it} = \phi_{is}(p_{i,t-1} - \overline{p}_{i,t-1}^s) + \phi_{i0}(p_{i,t-1} - p_{0,t-1}) + a_i + a_{i1}\Delta p_{i,t-1} + b_{i1}\Delta \overline{p}_{i,t-1}^s + c_{i1}p_{0,t-1} + \varepsilon_{it} \quad (6-1)$$

其中p_{it}为城市i在时间t的房价，而对于房价主导城市（即$i=0$），模型调整为：

$$\Delta p_{0t} = \phi_{0s}(p_{0,t-1} - \overline{p}_{0,t-1}^s) + a_0 + a_{01}\Delta p_{0,t-1} + b_{01}\Delta \overline{p}_{0,t-1}^s + \varepsilon_{0t} \quad (6-2)$$

其中$i = 0, 1, \ldots\ldots, N; t = 1, 2, \ldots\ldots, T$，$\overline{p}_{it}^s$代表城市$i$的空间变量，定义为：

$$\overline{p}_{it}^s = \sum_{j=0}^{N} s_{ij} p_{jt}, \sum_{j=0}^{N} s_{ij} = 1, i = 0, 1, \ldots\ldots, N \quad (6-3)$$

空间权重$s_{ij} \geqslant 0$，可以基于城市间的空间距离提前设定，空间距离通常可以用相邻距离、地理距离和经济距离来表达，因此$\bar{p}_{it}^s$也可以理解为城市i的住房地理加权平均价格。空间权重s_{ij}可以写成每行标准化的空间矩阵S，即$S\tau_{N+1} = \tau_{N+1}$，其中，τ_{N+1}是一个$(N+1) \times 1$维的向量。

式（6-1）和式（6-2）是需要同时被解决的方程组，因此也可以写成系统方程的形式，即：

$$\Delta p_t = a + H p_{t-1} + (A_1 + G_1)\Delta p_{t-1} + C_0 \Delta p_t + \varepsilon_t \tag{6-4}$$

其中，$p_t = (p_{0t}, p_{1t}, \cdots, p_{Nt})'$，$a = (a_0, a_1, \cdots, a_N)'$，$\varepsilon_t = (\varepsilon_{0t}, \varepsilon_{1t}, \cdots, \varepsilon_{Nt})'$，

$$H = \begin{pmatrix} \phi_{0s} & 0 & \cdots & 0 & 0 \\ -\phi_{10} & -\phi_{1s}+\phi_{10} & 0 & 0 & 0 \\ \vdots & & \ddots & & \vdots \\ -\phi_{N-1,0} & 0 & \cdots & \phi_{N-1,s}+\phi_{N-1,0} & 0 \\ -\phi_{N0} & 0 & \cdots & 0 & \phi_{Ns}+\phi_{N0} \end{pmatrix} - \begin{pmatrix} \phi_{0s}s_0' \\ \phi_{1s}s_1' \\ \vdots \\ \phi_{N-1,s}s_{N-1}' \\ \phi_{Ns}s_N' \end{pmatrix}$$

$$A_1 = \begin{pmatrix} a_{01} & 0 & \cdots & 0 & 0 \\ 0 & a_{11} & 0 & 0 & 0 \\ \vdots & & \ddots & & \vdots \\ 0 & 0 & \cdots & a_{N-1,1} & 0 \\ 0 & 0 & \cdots & 0 & a_{N1} \end{pmatrix}, G_1 = \begin{pmatrix} b_{01}s_0' \\ b_{11}s_1' \\ \vdots \\ b_{N-1,1}s_{N-1}' \\ b_{N1}s_N' \end{pmatrix}, C_0 = \begin{pmatrix} 0 & 0 & \cdots & 0 & 0 \\ c_{10} & 0 & 0 & 0 & 0 \\ \vdots & & \ddots & & \vdots \\ c_{N-1,0} & 0 & \cdots & 0 & 0 \\ c_{N0} & 0 & \cdots & 0 & 0 \end{pmatrix}$$

其中，$s_i' = (s_{i0}, s_{i1}, \cdots, s_{iN})$。矩阵$A_1$代表城市自身房价的短期变动影响，$G_1$代表相邻城市房价的变动影响，$C_0$代表区域中主导城市的房价波动对其他城市房价波动的当期影响。因$S_i'\tau_{N+1} = 1$，可以验证$H\tau_{N+1} = 0$，故H是一个秩亏矩阵，所以向量p_t中应至少有一个元素具有单位根。

求出价格变动方程，得出：

$$\Delta p_t = \mu + \prod p_{t-1} + \Gamma p_{t-1} + R\varepsilon_t \tag{6-5}$$

其中，$\mu = Ra$，$R = (I_{N+1} - C_0)^{-1}$，$\prod = RH$，$\Gamma = R(A_1 + G_1 + C_0)$，$I_{N+1}$是一个$(N+1) \times 1$维的向量。

另外，式（6-5）也可以写成向量自回归式（VAR）的形式，以便考察其所具有的时空依赖特性，即：

$$p_t = \mu + \phi_1 p_{t-1} + \phi_2 p_{t-2} + R\varepsilon_t \tag{6-6}$$

其中，$\phi_1 = I_{N+1} + \prod + \Gamma$，$\phi_2 = -\Gamma$。城市商品住房价格的时间依赖特性由系数矩阵 ϕ_1 和 ϕ_2 来表示，而房价的空间依赖特性则由 R 和误差协方差 $Cov(\varepsilon_{it}, \varepsilon_{jt})(i \neq j)$ 来表示。

另外书中仅示意了房价的一阶线性误差修正模型，而在实际应用中，式（6-1）和式（6-2）可以有不同的滞后阶数，两个公式也可以表达为：

$$\Delta p_{it} = \phi_{is}(p_{i,t-1} - \bar{p}_{i,t-1}^s) + \phi_{i0}(p_{i,t-1} - p_{0,t-1}) + a_i + \sum_{l=1}^{k} a_{il}\Delta p_{i,t-l} + \sum_{l=1}^{k} b_{il}\Delta \bar{p}_{i,t-l}^s + \sum_{l=0}^{k} c_{il} p_{0,t-l} + \varepsilon_{it} \tag{6-7}$$

$$\Delta p_{0t} = \phi_{0s}(p_{0,t-1} - \bar{p}_{0,t-1}^s) + a_0 + \sum_{l=1}^{k} a_{0l}\Delta \bar{p}_{0,t-l}^s + \sum_{l=1}^{k} b_{0l}\Delta \bar{p}_{0,t-l}^s + \varepsilon_{0t} \tag{6-8}$$

以上公式中，ϕ_{i0} 代表主导城市与城市 i 房价的长期均衡关系对城市 i 房价变化的影响程度；ϕ_{is} 代表城市 i 与周边城市空间加权房价的长期均衡关系对其房价变化的影响程度；a_{0l}、a_{il} 代表自身房价滞后性的影响；b_{0l}、b_{il} 代表周边城市房价时空滞后项的短期波动影响；c_{il} 代表主导城市滞后一期房价的短期波动影响；$i = 0, 1, \cdots\cdots, N$；$t = 1, 2, \cdots\cdots, T$；$l = 1, 2, \cdots\cdots, n$，最大滞后阶数可根据研究对象所采用的数据进行设定，比如季度的最大滞后阶数设定为4，月度的最大滞后阶数设定为12，滞后阶数 k_{ia}、k_{ib}、k_{ic} 可以根据AIC和SC来选择的，也可以借助LR、FPE、AIC、HQ、SC五项指标综合评判。

6.1.2 广义脉冲响应函数

Koop等（1996）首先提出了广义脉冲响应函数（GIRF），Pesaran和Shin（1998）则对该方法进行了拓展研究。

根据式（6-6），其向量移动平均表达式为：

$$p_t = \sum_{h=0}^{\infty} \psi_h R\varepsilon_{t-h} \tag{6-9}$$

其中系数矩阵 ψ_h 由下式计算而得：

$$\psi_h = \phi_1 \psi_{h-1} + \phi_2 \psi_{h-2}, h = 0, 1, 2, \cdots\cdots \tag{6-10}$$

$\psi_0=I_{N+1}$，当 $h<0$ 时，$\psi_h=0$

将广义脉冲函数应用到本书，当对主导城市商品住房价格施加一个单位的冲击后，对其他城市所带来的商品住房价格脉冲响应表达为：

$$G_0(h)=E(p_{t+h}|\varepsilon_{0t}=\sqrt{\sigma_{00}}\,\theta_{t-1})-E(p_{t+h}|\theta_{t-1}) \qquad (6-11)$$

其中，θ_{t-1} 是在 $t-1$ 时刻冲击所产生的所有可获得信息集，h 是该冲击响应的时期数，$\sqrt{\sigma_{00}}=VAR(\varepsilon_{0t})$。

在此基础上，可以导出来自第 i 个城市的一个单位冲击的脉冲响应函数，其表达式为：

$$G_i(h)=\frac{\psi_h R\sum e_i}{\sqrt{\sigma_{ii}}}, h=0,1,\cdots\cdots,H \qquad (6-12)$$

其中，e_i 为第 i 个元素为1，其他元素均为0的单位向量。

$$\Sigma=\begin{pmatrix} \sigma_{00} & 0 & 0 & \cdots\cdots & 0 & 0 \\ 0 & \sigma_{11} & \sigma_{12} & \cdots\cdots & \sigma_{1,N-1} & \sigma_{1N} \\ 0 & \sigma_{21} & \sigma_{22} & \cdots\cdots & \sigma_{2,N-1} & \sigma_{2N} \\ \vdots & \vdots & \vdots & \ddots & \vdots & \vdots \\ 0 & \sigma_{N-1,1} & \sigma_{N-1,2} & \cdots\cdots & \sigma_{N-1,N-1} & \sigma_{N,N-1} \\ 0 & \sigma_{N1} & \sigma_{N2} & \cdots\cdots & \sigma_{N-1,N} & \sigma_{NN} \end{pmatrix}$$

其中，$\sigma_{ij}=E(\varepsilon_{it}\varepsilon_{jt})$。因广义脉冲响应函数分析的结果不受制于VAR模型中各个内生变量的排序，因此其估计的结果具有显著的稳定性和可靠性，故本书借助式（6-12）的广义脉冲响应函数，可以计算出房价主导城市在受到单位冲击时，对主导城市及其他城市在不同滞后期内所产生的脉冲响应值，并结合式（6-7）和式（6-8）的时空扩散模型参数估计值，分析商品住房价格在时间和空间二重维度下的溢出机理。

6.2 中心城市间商品住房价格的时空二维溢出效应

在进行房价时空扩散模型回归分析前，首先应确定空间权重矩阵。当前应用较多的空间权重大致可分为三类，即地理距离、相邻距离和经济距离。地理矩阵不受城市行政边界约束，通过测定两两城市之间的空间地理距离即可，并采用地理距离的倒数（$W=1/d_{ij}$）计算空间权重矩阵，表明地理距离影响城市之间的关联程度；相邻距离是指人为地判定城市之间的关联程度，若两城市在空间上相邻，则其在矩阵中取值为1，若不相邻，则取值为0，即所有相邻的城市的权重相同，且均为1，所有不相邻的城市的权重也相同，且均为0；经济距离是以城市的经济指标或社会指标为权重构建的空间权重矩阵。根据本书研究特点，选取地理距离进行空间权重矩阵构建。

6.2.1 中心城市间房价的时空模型估计

因中心城市房价波动存在北京和深圳双主导城市，因此将分别以北京和深圳为房价溢出主导城市进行时空扩散模型回归运算。

（1）以北京为房价溢出主导城市的回归分析

从表6-1可以看出，第一列ϕ_{i0}表示城市i与北京商品住房价格变动的偏差，也可理解为北京与城市i房价变化的长期均衡关系对城市i房价变化的影响程度，具有显著性的城市有武汉和沈阳；第二列ϕ_{is}表示城市i与其他城市住房均价的偏差，也可理解为城市i与其他城市房价的长期均衡关系对城市i房价变化的影响程度，具有显著性的城市有北京、武汉、成都、西安；第三列表示城市i受自身房价滞后变动影响的程度，具有显著性的城市有北京、上海、深圳、武汉、成都、西安、沈阳、济南、三亚和福州；第四列表示城市i受其他城市时空滞后影响的程度，其中上海和武汉具有显著性；第五列和第六列是我们重点考察的两项，分别代表受北京滞后房价和当期房价变化的影响程度，其中受北京房价滞后影响的城市有上海、武汉和西安，受北京当期房价变化影响显著的城市有成都、沈阳、三亚和福州。与前述Granger因果关系检验的结果（附表14）相比，在同时考虑时间和空间二重维度因素影响下，北京除对西安、武汉、沈阳、上海和三亚影响外，又增加了成都和福州，影响城市和范围较此前的分析更广。第七列Wu-Hausman（W-H）检验结果显示，在受北京滞后项和当期项影响的7个城市中，除三亚外，其他城市均接受北京是其房价变化的外生性。

（2）以深圳为房价溢出主导城市的回归分析

从表6-2可以看出，第一列ϕ_{i0}表示与深圳商品住房价格变动显著的城市有上海、武汉、成都、郑州、福州；第二列ϕ_{is}表示与其他城市商品住房价格变动显著的有深

6 基于时空二重维度的商品住房价格溢出及演化规律

以北京为主导城市的房价时空扩散模型估计结果　　　表6-1

城市	ϕ_{i0}	ϕ_{is}	城市自身滞后项	其他城市时空滞后项	北京滞后项	北京当期项	W-H检验
BJ	—	−0.001* (−1.934)	0.815*** (5.624)	−0.284 (−1.631)	—	—	—
SH	0.017 (0.614)	−0.007 (−0.658)	0.177* (1.736)	0.471* (1.939)	−0.315** (−1.964)	0.3115 (1.258)	0.029
SZ	0.216 (0.914)	0.400 (1.505)	−0.629*** (−7.419)	0.199 (0.839)	0.261 (0.478)	0.167 (0.555)	0.541
WH	−0.498*** (−3.029)	0.851*** (5.529)	−0.359*** (−3.766)	−0.499*** (−3.046)	0.925*** (2.918)	−0.067 (−0.375)	0.789
CD	0.069 (0.495)	0.417** (2.495)	−0.503*** (−6.102)	0.109 (0.772)	−0.016 (−0.048)	0.412** (2.427)	−0.764
XA	−0.218 (−0.836)	0.644** (2.384)	−0.462*** (−5.236)	−0.112 (−0.416)	0.656** (1.992)	−0.079 (−0.272)	0.514
SY	0.084* (1.721)	0.409 (1.596)	−0.536*** (−6.343)	0.204 (0.784)	0.052 (0.097)	0.276* (1.935)	−0.532
JN	−0.135 (−0.464)	0.411 (1.437)	−0.334*** (−3.252)	−0.071 (−0.249)	0.355 (0.608)	0.046 (0.142)	1.189
ZZ	−0.114 (−0.307)	0.186 (0.528)	−0.163 (−1.463)	0.001 (0.003)	−0.454 (−0.607)	0.611 (1.469)	−0.391
SANY	0.289 (1.357)	0.037 (0.157)	−0.336*** (−3.575)	0.348 (1.636)	−0.633 (−1.335)	0.627** (2.239)	−1.981*
FZ	0.317 (1.270)	0.196 (0.772)	−0.528*** (−5.595)	0.379 (1.528)	−0.544 (−0.996)	0.696** (2.147)	−1.027

注：*、**、***分别表示在10%、5%、1%显著水平下拒绝原假设，后同。

圳、北京、上海、武汉、成都、西安、沈阳、郑州、三亚和福州；第三列表示受城市自身房价滞后变动影响的程度，具有显著性的城市有深圳、北京、武汉、成都、西安、沈阳、福州；第四列表示受其他城市房价时空滞后影响的程度，通过显著性检验的有深圳、上海、武汉、成都、郑州、三亚、福州；第五列和第六列分别代表受深圳房价变化滞后项和当期项的影响程度，其中北京、上海、武汉、济南、郑州、福州受深圳滞后房价变化的影响显著，上海、济南和福州则受深圳当期房价变化的显著影响。与前述Granger因果关系检验的结果相比，在同时考虑时间和空间二重维度因素影响下，深圳作为房价变化的主导城市对中心城市的房价变化影响的范围更广。第七列Wu-Hausman（W-H）检验结果显示，在受深圳滞后项和当期项影响的6个城市中，除福州外，其他城市均接受深圳是其房价变化的外生性。

以深圳为主导城市的房价时空扩散模型估计结果　　　　表6-2

城市	指标						
	ϕ_{i0}	ϕ_{is}	城市自身滞后项	其他城市时空滞后项	深圳滞后项	深圳当期项	W-H检验
SZ	—	0.456*** （16.292）	-0.448*** （-16.067）	0.447*** （16.057）	—	—	—
BJ	-0.074 （-0.463）	-0.532*** （3.911）	-0.469*** （-4.736）	-0.066 （-0.409）	0.403*** （2.716）	0.133 （1.232）	1.630
SH	-0.702*** （-4.556）	0619*** （3.846）	-0.065 （-0.711）	-0.595*** （-3.543）	0.504*** （3.006）	0.167*** （2.746）	-1.233
WH	-0.314*** （-3.091）	0.503*** （5.104）	-0.231** （-2.616）	-0.289** （-2.832）	0.514*** （4.557）	-0.002 （0.043）	-0.897
CD	-0.296** （-2.348）	0.705*** （5.592）	-0.454*** （-5.439）	-0.224** （-2.282）	0.762 （0.612）	-0.082 （-1.457）	2.857*
XA	0.055 （0.365）	0.381** （2.436）	-0.430*** （-4.515）	0.030 （0.201）	0.498 （0.974）	-0.099 （-1.420）	1.035
SY	-0.099 （-0.759）	0.614*** （4.943）	-0.569*** （-7.693）	-0.002 （-0.018）	0.547 （1.194）	0.026 （0.456）	1.416
JN	-0.037 （-0.205）	0.036 （0.199）	-0.077 （-0.706）	0.028 （0.157）	0.344* （1.905）	-0.301*** （-3.180）	-1.419
ZZ	-0.629*** （-0.008）	0.663*** （3.477）	-0.165 （-1.476）	-0.480** （-2.235）	-0.613*** （-2.808）	0.025 （0.281）	1.329
SANY	-0.668 （-1.317）	0.736*** （2.976）	-0.118 （-1.094）	-0.477** （-2.199）	1.094 （1.034）	-0.477 （-0.649）	3.933***
FZ	-0.692** （-2.468）	0.881*** （4.096）	-0.302** （-2.631）	-0.436* （-1.828）	1.067*** （3.964）	-0.319** （-2.528）	4.183***

6.2.2　中心城市间房价的脉冲响应分析

通过房价时空扩散模型的回归系数可以分析各城市在主导城市房价变化时的时空溢出关系，并且反映其受影响的显著程度。为更全面反映房价的时空溢出机理，需借助广义脉冲响应函数（GIRF）进行分析。在房价变化时具有显著影响的城市，当某时刻发生房价随机扰动后,对一定时期内各城市的房价产生联动效应,并能够回复到房价的长期均衡状态。

通过空间VAR模型的广义脉冲响应函数(GIRF),分别以北京和深圳为主导城市进行分析。

(1)以北京为主导城市的广义脉冲响应分析

针对北京和受北京房价变化滞后项及当期项影响的上海、武汉、西安、成都、沈阳、三亚和福州,对北京的房价施加一个单位的正向冲击,分析由此引起的北京及其他7个城市在该单位冲击后的一定时期内房价的响应情况。如图6-1所示,所有城市的房价波动在36期已趋于平稳。作用在北京房价上的一个正向单位冲击,能够引起北京及其他城市的房价迅速升高,并在达到峰值后逐步趋于平稳,受该正向单位冲击的影响逐渐消除。北京在受到冲击后第1期便达到影响峰值,约在第20期趋于平稳;西安、沈阳、三亚和成都的房价在第2期达到峰值,上海、武汉、福州的房价在3~5期内达到峰值,所有城市的房价均在18~20期趋于平稳。因此,当北京房价受到冲击后对所有城市房价的影响持续期约为20期,而影响程度最大的期限均在6期内。

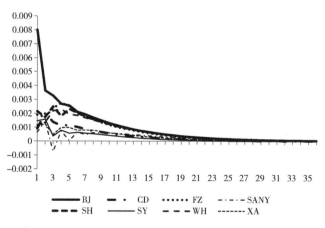

图6-1 北京房价受单位冲击所引起的8个城市广义脉冲响应

通过房价冲击造成的累计效应可以分析各城市受其影响的程度。如图6-2所示,在给予北京房价一个正向单位冲击后,北京受到的影响最大,累计变化值为0.037,其次是上海、福州、武汉,累计变化值约为0.026,其他城市为第三梯队,房价受影响的波动幅度较小,累计变化值为0.009~0.012。

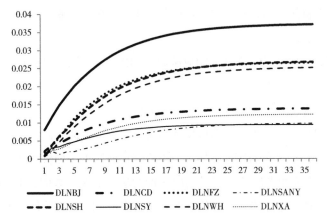

图6-2 北京房价受单位冲击所引起的8个城市广义脉冲响应累计效应

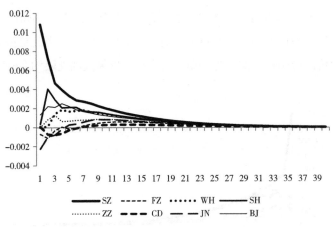

图6-3 深圳房价受单位冲击所引起的8个城市广义脉冲响应

(2) 以深圳为主导城市的广义脉冲响应分析

针对深圳和受深圳房价变化滞后项及当期项影响的北京、上海、武汉、成都、郑州、济南和福州,对深圳的房价施加一个单位的正向冲击,分析由此引起的深圳及其他7个城市在该单位冲击后的一定时期内房价的响应情况。如图6-3所示,所有城市的房价波动在40期已完全平稳。深圳受到冲击后第1期便达到影响峰值,大概在第35期消除;上海、郑州、北京和武汉的房价在分别在第2、3、4、4期达到影响峰值,济南、福州和成都的房价分别在第9、11和12期达到影响峰值,所有城市房价均在约

35期趋于平稳。因此，当深圳房价受到冲击后对所有城市房价的影响持续期约为35期，而影响程度最大的期限在12期。相对北京而言，深圳房价发生变化后对其他城市房价作用的持续期更长。

通过房价冲击造成的累计效应可以分析各城市受深圳房价影响的程度。如图6-4所示，深圳房价受到的影响最大，累计变化值约为0.058，其次是上海、北京和武汉，累计变化值为0.025~0.029，影响较小的为济南和福州，累计变化值为0.007，影响最小的为成都，累计变化值为0.003。

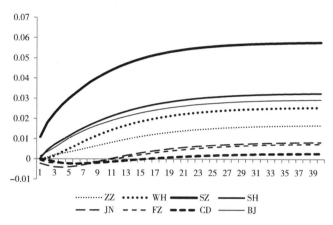

图6-4　深圳房价受单位冲击所引起的8个城市广义脉冲响应累计效应

6.2.3　中心城市间房价时空二维溢出的演化规律

（1）以北京为主导城市的房价时空溢出规律

根据各城市的脉冲响应函数值、观察期及各城市的空间距离绘制脉冲响应三维图（图6-5），图中的城市是按照其与北京的地理距离排序的，其中沈阳距离北京最近，三亚距离北京最远。从图6-5中可以看出各城市房价的反应强度和距离北京的远近程度没有绝对关系，在同一时期内，距离北京最近的沈阳房价反应强度最小，而距离北京较远的上海和福州反应强度较大。结合各城市的经济社会发展水平和城市等级来看，在中心城市之间，房价变动的反应强度可能取决于其经济社会发展水平、对外界信息的接受和消化程度等因素，而受空间距离的影响并不显著。

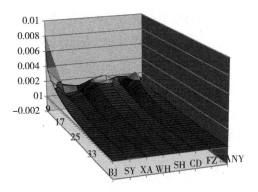

图6-5 北京房价受单位冲击后引起的脉冲响应三维图

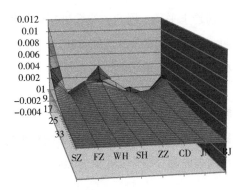

图6-6 深圳房价受单位冲击后引起的脉冲响应三维图

（2）以深圳为主导城市的房价时空溢出规律

根据各城市的脉冲响应函数值、观察期及各城市的空间距离绘制脉冲响应三维图（图6-6），图中城市是按照其与深圳的地理距离进行排序的，其中福州距离深圳最近，北京距离深圳最远，同样可以发现各城市房价的反应强度和距离深圳的远近程度没有绝对关系。在同一时期内，距离深圳最近的福州房价反应强度较小，而距离深圳较远的上海和北京反应强度大，再次表明在中心城市之间，房价变动的反应强度可能取决于其经济社会发展水平、城市等级、对外界信息的接受及消化程度等因素，而受空间距离的影响并不显著。

6.3　城市群内商品住房价格的时空二维溢出效应

6.3.1　各城市群内房价的时空模型估计与脉冲响应

（1）京津冀蒙城市群

1）模型回归分析

从表6-3可以看出，第一列表明与北京房价变动显著的城市有天津、太原、呼和浩特、包头、唐山、廊坊和秦皇岛；第二列显示与其他城市房价变动显著的城市有北京、天津、太原、呼和浩特、包头、唐山、廊坊和秦皇岛；第三列显示受城市自身房价滞后变动影响的城市有北京、天津、廊坊和衡水；第四列显示受周边其他城市房价时空滞后项影响的城市有北京、天津、太原和廊坊；第五列显示受北京房价变化滞后项影响的城市有天津、太原、石家庄、包头和廊坊；第六列显示受北京房价变化当期项影响的城市有天津、廊坊和保定；第七列Wu-Hausman（W-H）检验显示，除保定外其他显著性城市均接受北京是其房价变动的外生性。

以北京为主导城市的房价时空扩散模型估计结果　　　表6-3

城市	指标						
	ϕ_{i0}	ϕ_{is}	城市自身滞后项	其他城市时空滞后项	北京滞后项	北京当期项	W-H检验
BJ	—	0.399*** (7.298)	−0.381*** (−7.038)	0.382*** (7.058)	—	—	—
TJ	−0.525*** (−3.368)	−0.736*** (5.414)	−0.304*** (−3.332)	−0.392*** (−2.899)	1.145*** (5.218)	−0.464*** (−3.225)	0.171
TY	−0.526** (−2.487)	0.599** (2.442)	−0.122 (−1.336)	−0.472** (−2.159)	0.663* (1.906)	−0.074 (−0.396)	−0.574
SJZ	−0.109 (−0.447)	−0.028 (−0.123)	0.112 (1.123)	−0.143 (−0.588)	−0.059* (−1.870)	−0.088 (0.472)	0.038
HHHT	−0.509*** (−2.849)	0.489*** (2.649)	−0.116 (−1.327)	−0.206 (−1.149)	0.341 (1.107)	−0.029 (−0.155)	−0.113
BT	−0.423** (−2.165)	0.318** (1.761)	−0.037 (−0.430)	−0.221 (−1.196)	0.086** (2.021)	0.156 (0.969)	0.934
TS	−0.480*** (−2.845)	0.396** (2.413)	−0.029 (−0.309)	−0.246 (−1.528)	0.122 (0.437)	0.127 (0.669)	−0.414
LF	−0.796*** (−4.329)	0.534*** (3.822)	0.208** (2.018)	−0.865*** (−4.659)	1.885*** (5.999)	−1.228*** (−5.445)	0.873
QHD	−0.407* (−1.892)	0.402* (1.906)	−0.123 (−1.192)	−0.141 (−0.633)	0.593 (1.444)	−0.344 (−1.161)	1.252
BD	0.134 (0.792)	−0.061 (−0.303)	−0.113 (−1.160)	0.096 (0.573)	0.439 (1.588)	−0.426** (−2.466)	3.318***
EEDS	0.073 (0.387)	0.039 (0.206)	−0.134 (−1.308)	0.134 (0.705)	−0.121 (−0.447)	0.121 (0.778)	1.469
HD	0.010 (0.065)	0.019 (0.097)	−0.075 (−0.764)	0.094 (0.579)	−0.114 (−0.401)	0.089 (0.541)	−0.597
HS	0.180 (0.711)	0.147 (0.546)	−0.372*** (−3.803)	0.178 (0.723)	−0.037 (−0.108)	0.224 (1.185)	0.274

2)广义脉冲响应分析

针对北京和受北京房价滞后项及当期项影响的天津、太原、石家庄、包头、廊坊和保定,对北京的房价施加一个单位的正向冲击,分析由此所引起的北京及其他6个城市在该单位冲击之后的一定时期内房价的响应情况。如图6-7所示,所有城市的房价波动在第30期已趋于平稳。北京受到冲击后第1期达到影响峰值,并在第22期消除;天津在受到冲击后第5期达到峰值,第22期开始趋于平稳;石家庄在第4期达到峰值,第20期开始趋于平稳;太原在第6期达到峰值,第21期开始趋于平稳;廊坊在第3期达到峰值,第17期开始趋于平稳;保定在第9期达到峰值,第20期开始趋于平稳;包头在第3期达到峰值,在第10期开始趋于平稳。因此,当北京房价受到冲击后对所有城市房价的影响持续期约为20期,而影响程度最大的期限大多在6期内。

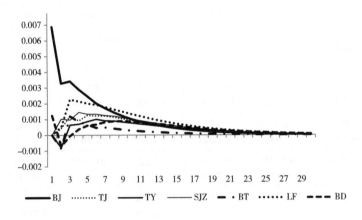

图6-7 北京房价受单位冲击所引起的7个城市广义脉冲响应

通过房价冲击造成的累计效应可分析各城市受其影响的程度(图6-8)。北京房价受到的影响最大,累计变化值为0.031,其他依次为廊坊、石家庄、天津、保定、太原和包头,累计变化值分别为0.024、0.017、0.015、0.013、0.011和0.005。

(2)东北城市群

1)模型回归分析

从表6-4可以看出,第一列系数显示与沈阳房价变动显著的城市有长春、鞍山和营口;第二列显示与其他城市房价变动显著的城市有沈阳、大连、长春、吉林和营口;第三列显示受城市自身房价变化滞后影响的城市有沈阳、大连和吉林;第四列显

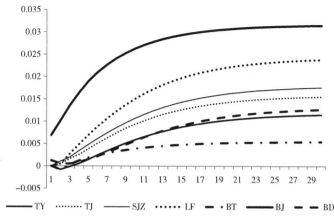

图6-8 北京房价受单位冲击所引起的7个城市广义脉冲响应累计效应

示受周边其他城市房价变化时空滞后项影响的城市有沈阳、长春和营口；第五列显示受沈阳房价变化滞后项影响的城市有大连、长春和营口；第六列显示受沈阳房价变化当期项影响的城市有吉林和营口；第七列Wu-Hausman（W-H）检验显示，受沈阳房价变动滞后项和当期项影响的城市均接受沈阳是其房价变动的外生性。

以沈阳为主导城市的房价时空扩散模型估计结果　　　　表6-4

城市	指标						
	ϕ_{i0}	ϕ_{is}	城市自身滞后项	其他城市时空滞后项	沈阳滞后项	沈阳当期项	W-H检验
SY	—	0.399*** （10.364）	−0.523*** （−12.346）	0.521*** （12.212）	—	—	—
DL	−0.103 （−0.571）	0.402** （2.582）	−0.326*** （−3.575）	−0.061 （−0.342）	0.317** （2.401）	0.071 （0.653）	0.904
CC	−0.503*** （−2.865）	0.365** （2.077）	0.154 （1.509）	−0.525*** （−3.032）	0.399** （2.543）	−0.026 （−0.195）	0.755
HEB	−0.224 （−1.240）	−0.277 （−1.431）	−0.029 （0.779）	−0.232 （−1.325）	0.405 （0.142）	−0.143 （−1.015）	2.033**
JL	−0.199 （−1.139）	0.383** （2.308）	−0.189* （−1.894）	−0.228 （−1.269）	−0.011 （−0.046）	0.429*** （3.522）	0.542
AS	−0.302* （−1.769）	0.149 （0.844）	0.095 （0.933）	−0.164 （−0.934）	0.268 （0.963）	−0.217 （−1.497）	1.143
YK	−0.404*** （−2.964）	0.256* （1.763）	0.139 （1.471）	−0.317** （−2.356）	0.350* （1.697）	−0.181* （−1.734）	1.036

2）广义脉冲响应分析

针对沈阳和受沈阳房价变化滞后项及当期项影响的大连、长春、吉林和营口，对沈阳的房价施加一个单位的正向冲击，分析由此所引起的沈阳及其他4个城市在该单位冲击之后的一定时期内房价响应情况。如图6-9所示，所有城市房价的波动在30期已趋于平稳。沈阳受到冲击后第1期达到影响峰值，并在第23期消除；大连在受到冲击后第1期达到峰值，第17期开始趋于平稳；长春在第3期达到峰值，第16期开始趋于平稳；营口在第2期达到峰值，第9期开始趋于平稳；吉林在第1期达到峰值，第17期开始趋于平稳。因此，当沈阳房价受到冲击后对所有城市房价的影响持续期约为17期，而影响程度最大的期限大多在2期内。

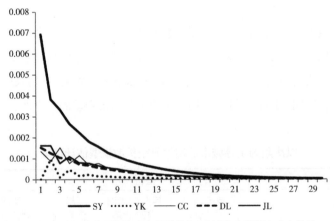

图6-9　沈阳房价受单位冲击所引起的5个城市广义脉冲响应结果

通过房价冲击造成的累计效应可以分析各城市受其影响的程度（图6-10）。沈阳房价受到的影响最大，累计变化值大概为0.030，其他依次为长春、吉林、大连和营口，累计变化值分别为0.012、0.012、0.011和0.003。

（3）山东半岛城市群

1）模型回归分析

从表6-5可以看出，第一列系数显示与济南房价变化显著的城市有潍坊、徐州、聊城、淄博；第二列显示与其他城市房价变动显著的城市有济南、青岛、潍坊、徐州、聊城；第三列显示受城市自身房价变化滞后影响的城市有济南、青岛、聊城、德

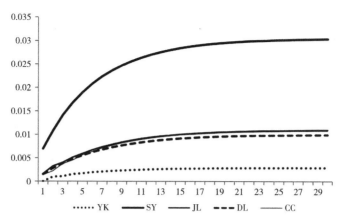

图6-10 沈阳房价受单位冲击所引起的5个城市广义脉冲响应累计效应

州、日照和淄博;第四列显示受周边其他城市房价变化时空滞后项影响的城市有济南、潍坊、徐州、聊城和淄博;第五列显示受济南房价变化滞后项影响的城市有徐州、烟台、聊城、日照、威海和淄博;第六列显示受济南房价变化当期项影响的城市有潍坊、烟台、聊城、日照、威海和淄博;第七列Wu-Hausman(W-H)检验显示,受济南房价变动滞后项和当期项影响的城市中,除聊城和日照外均接受济南是其房价变化的外生性。

以济南为主导城市的房价时空扩散模型估计结果　　　　表6-5

城市	指标						
	ϕ_{i0}	ϕ_{is}	城市自身滞后项	其他城市时空滞后项	济南滞后项	济南当期项	W-H检验
JN	—	0.422*** (9.440)	−0.372*** (−8.432)	0.378*** (8.591)	—	—	—
QD	−0.174 (−1.143)	0.522*** (3.289)	−0.371*** (−3.669)	−0.200 (−0.173)	0.599 (3.337)	−0.024 (−0.247)	1.338
WF	−0.412** (−2.234)	0.506*** (2.774)	−0.141 (−1.457)	−0.442** (−2.466)	0.982 (5.163)	−0.399*** (−3.596)	−0.852
XZ	−0.639*** (−2.765)	0.532** (2.383)	0.036 (0.360)	−0.647*** (−2.907)	0.736*** (3.119)	−0.128 (−1.053)	1.279
LYG	−0.180 (−0.882)	0.091 (0.434)	−0.045 (0.444)	−0.185 (−0.943)	0.015 (0.069)	0.123 (1.034)	0.354

续表

城市	指标						
	ϕ_{i0}	ϕ_{is}	城市自身滞后项	其他城市时空滞后项	济南滞后项	济南当期项	W-H检验
YT	-0.072 (-0.401)	0.126 (0.764)	-0.106 (-0.938)	-0.075 (-0.430)	0.485*** (2.934)	-0.304*** (-3.225)	0.062
DZ	0.153 (0.530)	0.097 (0.332)	-0.302*** (-2.904)	0.097 (0.366)	0.152 (0.475)	0.057 (0.450)	1.625
DY	-0.242 (-1.031)	0.226 (0.969)	-0.032 (-0.319)	-0.156 (-0.716)	0.279 (1.107)	-0.104 (-0.733)	1.679*
LC	-0.834*** (-3.449)	1.027*** (4.414)	-0.272*** (-2.646)	-0.733*** (-3.254)	1.422*** (4.966)	-0.433*** (-2.789)	2.353**
RZ	-0.117 (-0.413)	0.334 (1.231)	-0.252** (-2.617)	-0.115 (-0.445)	0.708** (2.568)	-0.342** (-2.454)	3.269***
WEIH	-0.156 (-0.805)	0.032 (0.169)	0.129 (1.167)	-0.199 (-1.061)	0.387** (2.007)	-0.312*** (-2.803)	-1.645
ZB	-0.538*** (-2.855)	0.189 (1.015)	0.237** (2.365)	-0.523*** (-2.982)	0.691*** (3.095)	-0.412*** (-3.521)	1.542

2）广义脉冲响应分析

针对济南和受济南房价滞后项及当期项影响的淄博、聊城、潍坊、徐州、日照、烟台和威海，对济南的房价施加一个单位的正向冲击，分析由此所引起的济南及其他7个城市在该单位冲击之后的一定时期内房价的响应情况。如图6-11所示，所有城市房价的波动在第40期已趋于平稳。济南房价受到冲击后第1期达到影响峰值，并在第18期消除；淄博在受到冲击后第2期达到峰值，第19期开始趋于平稳；聊城在第3期达到峰值，第21期开始趋于平稳；潍坊在第3期达到峰值，第24期开始趋于平稳；徐州在第2期达到峰值，第21期开始趋于平稳；日照在受到冲击后第8期达到峰值，第17期开始趋于平稳；烟台在第3期达到峰值，第21期开始趋于平稳；威海在第4期达到峰值，第18期趋于平稳。因此，当济南房价受到冲击后对所有城市房价的影响持续期约为20期，而影响程度最大的期限大多在4期内。

通过房价冲击造成的累计效应可以分析各城市受其影响的程度（图6-12）。济南房价受到的影响最大，累计变化值大概为0.025；聊城、潍坊、徐州为第二梯队，累计变化值在0.016左右；威海、烟台、淄博为第三梯队，累计变化值在0.009左右；影

6 基于时空二重维度的商品住房价格溢出及演化规律

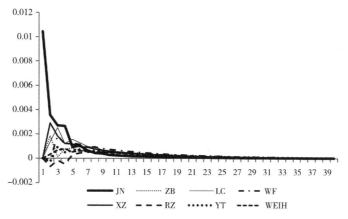

图6-11 济南房价受单位冲击所引起的8个城市广义脉冲响应

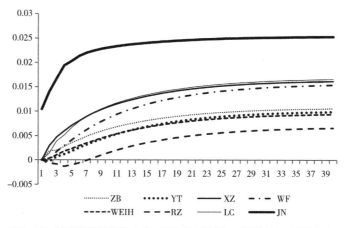

图6-12 济南房价受单位冲击所引起的8个城市广义脉冲响应累计效应

响最小的为日照，累计变化值为0.006。

（4）西部城市群

因西部城市群存在成都和西安双中心城市，故分别以成都和西安为房价溢出主导城市进行时空扩散模型回归运算和广义脉冲响应分析。

1）以成都为主导城市的模型回归分析

从表6-6可以看出，第一列系数显示与成都房价变动显著的城市有重庆、西安、宝鸡和绵阳；第二列显示与其他城市房价变动显著的城市有成都、重庆、西安、西宁

以成都为主导城市的房价时空扩散模型估计结果　　　表6-6

城市	ϕ_{i0}	ϕ_{is}	城市自身滞后项	其他城市时空滞后项	成都滞后项	成都当期项	W-H检验
CD	—	0.362*** （6.486）	-0.383*** （-6.606）	0.382*** （6.633）	—	—	—
CQ	-0.341* （-1.960）	0.761*** （4.768）	-0.448*** （-5.014）	-0.351** （-2.095）	0.919*** （4.077）	-0.119 （-0.787）	1.639
XA	-0.336* （-1.739）	0.519*** （2.638）	-0.212* （-1.857）	-0.327* （-1.755）	0.899*** （3.539）	-0.360* （-1.822）	0.972
LZ	0.126 （0.585）	-0.063 （-0.272）	-0.123 （-1.189）	0.047 （0.224）	0.234 （0.765）	-0.161 （-0.713）	2.349**
KM	0.004 （0.021）	0.006 （0.029）	-0.080 （-0.764）	0.105 （0.527）	0.176 （0.631）	-0.192 （-0.903）	2.973***
GY	-0.273 （-1.523）	0.289 （1.505）	-0.067 （-0.723）	-0.132 （-0.729）	0.888*** （3.335）	-0.687*** （-3.359）	0.077
XN	0.123 （0.908）	-0.362** （-2.152）	0.183* （1.876）	0.147 （1.149）	-0.429* （-1.776）	0.098 （0.513）	0.452
YC	-0.120 （0.634）	-0.121 （-0.558）	-0.033 （-0.296）	0.172 （0.958）	-0.177 （-0.659）	0.039 （0.194）	0.502
WLMQ	0.066 （0.273）	-0.010 （-0.037）	-0.128 （-1.335）	0.081 （0.338）	0.027 （0.076）	0.022 （0.091）	0.189
BAOJ	-0.622** （-2.484）	0.576** （2.111）	-0.038 （-0.359）	-0.467* （-1.889）	0.425 （1.241）	0.070 （0.243）	0.032
MY	-0.534*** （-2.727）	0.221 （1.122）	0.272*** （2.760）	-0.362* （-1.959）	0.634** （2.069）	-0.555** （-2.579）	3.828***

和宝鸡；第三列显示受城市自身房价变动滞后项影响的城市有成都、重庆、西安、西宁和绵阳；第四列显示受周边其他城市房价变化时空滞后项影响的城市有成都、重庆、西安、宝鸡和绵阳；第五列显示受成都房价变化滞后项影响的城市有重庆、西安、贵阳、西宁和绵阳；第六列显示受成都房价变化当期项影响的城市有西安、贵阳和绵阳；第七列Wu-Hausman（W-H）检验显示，受成都房价变化滞后项和当期项影响的城市中，除绵阳外都接受成都是其房价变动的外生性。

2）成都为主导城市的广义脉冲响应分析

针对成都和受成都房价滞后项及当期项影响的重庆、西安、贵阳、绵阳和西宁,对成都的房价施加一个单位的正向冲击,分析由此所引起的成都及其他5个城市在该单位冲击之后的一定时期内房价的响应情况。如图6-13所示,所有城市房价波动在第40期已趋于平稳。成都受到冲击后第1期达到影响峰值,并在第21期消除;绵阳在受到冲击后第2期达到峰值,第20期开始趋于平稳;重庆在第3期达到峰值,第24期趋于平稳;贵阳在第6期达到峰值,第24期趋于平稳;西安在第3期达到峰值,第26期趋于平稳;西宁在第4期达到峰值,第14期趋于平稳。因此,当成都房价受到冲击后对所有城市房价的影响持续期约为24期,而影响程度最大的期限大多在6期内。

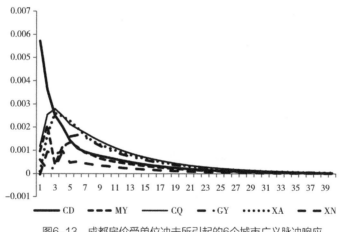

图6-13 成都房价受单位冲击所引起的6个城市广义脉冲响应

通过房价冲击造成的累计效应可以分析各城市受其影响的程度(图6-14)。重庆房价受到的影响最大,累计变化值为0.029,其他依次为西安、成都、贵阳、绵阳和西宁,累计变化值分别为0.025、0.025、0.019、0.015和0.008。

3)以西安为主导城市的模型回归分析

从表6-7可以看出,第一列系数显示与西安房价变动显著的城市有重庆、成都、兰州、绵阳、银川和宝鸡;第二列显示与其他城市房价变动显著的城市有西安、重庆、成都、兰州、银川和宝鸡;第三列显示受城市自身房价变化滞后项影响的城市有西安、成都、重庆、贵阳和宝鸡;第四列显示受周边其他城市房价变化时空滞后项影响的城市有西安、重庆、兰州、银川、宝鸡和绵阳;第五列显示受西安房价变化滞后

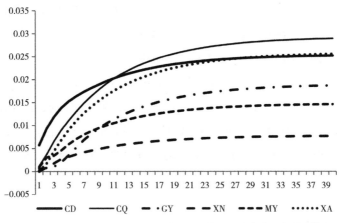

图6-14 成都房价受单位冲击所引起的6个城市广义脉冲响应累计效应

项影响的城市有重庆、成都、兰州、银川、西宁和宝鸡；第六列显示受西安房价变化当期项影响的城市有银川和宝鸡；第七列Wu-Hausman（W-H）检验显示，受西安房价变动滞后项和当期项影响的城市中，除重庆外都接受西安是其房价变动的外生性。

以西安为主导城市的房价时空扩散模型估计结果　　　表6-7

城市	指标						
	ϕ_{i0}	ϕ_{is}	城市自身滞后项	其他城市时空滞后项	西安滞后项	西安当期项	W-H检验
XA	—	0.599***（10.969）	-0.553***（-9.992）	0.554***（10.038）	—	—	—
CQ	-0.551***（-3.156）	1.016***（6.482）	-0.484***（-6.075）	-0.519***（-3.131）	0.937***（4.586）	0.066（0.716）	2.446**
CD	-0.233*（-1.814）	0.775***（5.915）	-0.604***（-6.508）	-0.147（-1.201）	0.661***（3.685）	0.084（0.977）	-0.373
LZ	-0.568**（-2.187）	0.643**（2.505）	-0.107（-1.033）	-0.517**（-2.116）	0.701**（2.186）	-0.078（-0.546）	1.623
KM	0.006（0.028）	-0.039（-0.166）	-0.107（-1.060）	0.008（0.038）	-0.021（-0.072）	0.123（0.944）	2.554**
GY	-0.047（-0.222）	0.1228（0.576）	-0.169*（-1.869）	-0.107（-0.524）	-0.012（-0.042）	0.286（1.213）	0.589

续表

城市	指标						W-H 检验
	ϕ_{i0}	ϕ_{is}	城市自身滞后项	其他城市时空滞后项	西安滞后项	西安当期项	
XN	0.038 (0.308)	−0.240 (−1.634)	0.162 (1.630)	0.067 (0.518)	−0.339* (−1.735)	0.109 (0.976)	−0.657
YC	0.389*** (2.895)	−0.451*** (−2.829)	0.039 (0.416)	0.354** (2.623)	−0.739*** (−3.379)	0.344*** (3.365)	1.016
WLMQ	−0.045 (−0.228)	0.076 (0.328)	−0.079 (−0.792)	−0.089 (−0.443)	0.187 (0.611)	−0.026 (−0.179)	0.287
BAOJ	−0.837*** (−4.455)	0.486** (2.427)	0.239** (2.532)	−0.893*** (−4.818)	1.284*** (4.268)	−0.644*** (−4.108)	−1.418
MY	−0.326* (−1.889)	0.118 (0.643)	0.154 (1.554)	−0.346** (−2.046)	0.165 (0.636)	0.026 (0.206)	1.871*

4）西安为主导城市的广义脉冲响应分析

针对西安和受西安房价变化滞后项及当期项影响的重庆、成都、兰州、西宁、银川和宝鸡，对西安的房价施加一个单位的正向冲击，分析由此所引起的西安及其他6个城市在该单位冲击之后的一定时期内房价的响应情况。如图6-15所示，所有城市房价波动在第25期已趋于平稳。西安房价受到冲击后第1期便达到影响峰值，并在第14期消除；宝鸡在受到冲击后第2期达到峰值，第23期趋于平稳；兰州在第3期达到峰值，第10期趋于平稳；银川在第1期达到峰值，第20期趋于平稳；重庆在第3期达到峰值，第16期趋于平稳；成都在第2期达到峰值，第12期趋于平稳；西宁在第2期达到峰值，第21期趋于平稳。因此，当西安房价受到冲击后对所有城市房价的影响持续期为10~23期，而影响程度最大的期限大多在3期内。

通过房价冲击造成的累计效应可以分析各城市受其影响的程度（图6-16）。西安房价受到的影响最大，累计变化值大约为0.018，其他依次为重庆、宝鸡、成都、兰州、银川和西宁，累计变化值分别为0.009、0.005、0.005、0.005、0.005和0.003。

（5）中原城市群

1）模型回归分析

从表6-8可以看出，第一列系数显示与郑州房价变动显著的城市有菏泽和新乡；

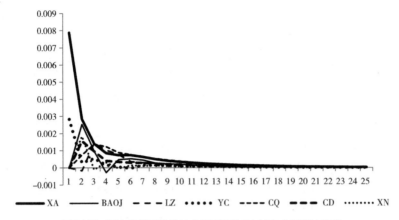

图6-15　西安房价受单位冲击所引起的7个城市广义脉冲响应

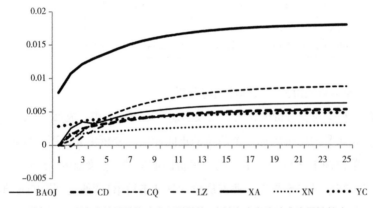

图6-16　西安房价受单位冲击所引起的7个城市广义脉冲响应累计效应

以郑州为主导城市的房价时空扩散模型估计结果　　　　表6-8

城市	ϕ_{i0}	ϕ_{is}	城市自身滞后项	其他城市时空滞后项	郑州滞后项	郑州当期项	W-H检验
ZZ	—	0.314*** (7.379)	-0.305*** (-7.172)	0.306*** (7.196)	—	—	
LY	0.046 (0.249)	-0.027 (-0.186)	-0.029 (-0.232)	-0.004 (-0.022)	0.738*** (4.049)	-0.702*** (-3.772)	0.650
HEZ	-0.371** (-2.131)	0.516*** (3.538)	-0.161 (-1.603)	-0.287* (-1.749)	1.007*** (4.062)	-0.559*** (-3.009)	-0.929
XX	-0.372*** (-2.809)	0.042 (0.302)	0.291*** (3.008)	-0.326** (-2.416)	0.839*** (3.557)	-0.809*** (-4.598)	1.052

第二列显示与其他城市住房价格变动显著的城市有郑州和菏泽；第三列显示受城市自身房价滞后变动影响的城市有郑州和新乡；第四列显示受周边其他城市房价时空滞后项影响的城市有郑州、菏泽和新乡；第五列显示受郑州房价滞后项影响的城市有洛阳、菏泽和新乡；第六列显示受郑州房价当期项影响的城市有洛阳、菏泽和新乡；第七列Wu-Hausman（W-H）检验显示，洛阳、菏泽和新乡都接受郑州是其房价变动的外生性。

2）以郑州为主导城市的广义脉冲响应分析

针对郑州和受郑州房价滞后项及当期项影响的洛阳、菏泽和新乡，对郑州的房价施加一个单位的正向冲击，分析由此所引起的郑州及其他3个城市在该单位冲击之后的一定时期内房价的响应情况。如图6-17所示，所有城市房价波动在第30期已趋于平稳。郑州受到冲击后第1期达到影响峰值，并在第18期消除；新乡在受到冲击后第1期达到峰值，第19期趋于平稳；菏泽在第3期达到峰值，第22期趋于平稳；洛阳在第3期达到峰值，第20期趋于平稳。因此，当郑州房价受到冲击后对所有城市房价的影响持续期为18~22期，而影响程度最大的期限在3期内。

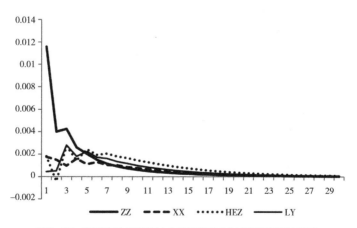

图6-17 郑州房价受单位冲击所引起的4个城市广义脉冲响应

在此基础上，在给予郑州房价一个正向单位冲击后，考察其影响的累计效应（图6-18）。郑州房价受到的影响最大，累计变化值大概为0.033，其他依次为菏泽、洛阳和新乡，累计变化值分别为0.026、0.021和0.017。

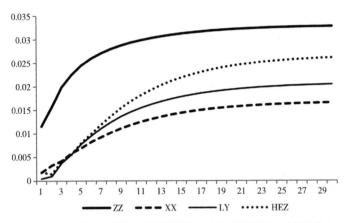

图6-18 郑州房价受单位冲击所引起的4个城市广义脉冲响应累计效应

（6）长三角城市群

1）模型回归分析

从表6-9可以看出，第一列系数显示与上海房价变化显著的城市有杭州、苏州、无锡、合肥、嘉兴、南通、扬州、昆山、金华、宿迁、淮安、芜湖、张家港、常熟；第二列显示与其他城市房价变化显著的城市有上海、杭州、南京、苏州、无锡、合肥、温州、常州、嘉兴、南通、镇江、扬州、昆山、宿迁、淮安、芜湖、张家港和常熟；第三列显示受城市自身房价滞后变动影响的城市有上海、杭州、南京、苏州、无锡、温州、常州、镇江、昆山、江阴、泰州、芜湖、张家港和绍兴；第四列显示受周边其他城市房价时空滞后项影响的城市有上海、杭州、苏州、无锡、合肥、嘉兴、南通、扬州、昆山、宿迁、淮安、芜湖和常熟；第五列显示受上海房价滞后项影响的城市有杭州、南京、苏州、宁波、无锡、合肥、温州、常州、嘉兴、南通、镇江、扬州、昆山、江阴、淮安、芜湖、绍兴和常熟；第六列显示受上海房价当期项影响的城市有宁波、嘉兴、南通、扬州、江阴和绍兴；第七列Wu-Hausman（W-H）检验显示，在受上海房价滞后项及当期项影响的城市中，除宁波、南通、扬州、昆山和常熟外都接受上海是其房价变动的外生性。

2）广义脉冲响应分析

针对上海和受上海房价滞后项及当期项影响的杭州、南京、苏州、宁波、无锡、合肥、温州、常州、嘉兴、南通、镇江、扬州、昆山、江阴、淮安、芜湖、绍兴和常

以上海为主导城市的房价时空扩散模型估计结果　　　表6-9

城市	指标						
	ϕ_{i0}	ϕ_{is}	城市自身滞后项	其他城市时空滞后项	上海滞后项	上海当期项	W-H检验
SH	—	0.438*** (8.375)	-0.423*** (-8.201)	0.425*** (8.236)	—	—	—
HZ	-0.435** (-2.269)	0.727*** (4.540)	-0.347*** (-3.873)	-0.402** (-2.151)	0.928*** (4.807)	-0.187 (-1.636)	1.456
NJ	-0.097 (-0.691)	0.555*** (4.139)	-0.532*** (-6.683)	-0.105 (-0.752)	0.696*** (4.053)	-0.064 (-0.588)	1.249
SUZ	-0.724*** (-2.882)	0.962*** (3.961)	-0.361*** (-3.693)	-0.649** (-2.709)	0.821*** (2.858)	0.164 (0.960)	0.524
NB	-0.204 (-1.274)	0.231 (0.179)	-0.102 (0.306)	-0.151 (0.341)	0.524*** (0.008)	-0.283** (-2.246)	2.626**
WX	-0.764*** (-3.181)	0.977*** (4.263)	-0.282*** (-2.696)	-0.719*** (-3.110)	1.193*** (3.734)	-0.209 (-1.010)	0.875
HF	-0.636** (-2.575)	0.569** (2.534)	-0.006 (-0.054)	-0.653*** (-2.673)	0.683** (2.281)	-0.033 (-0.174)	1.646
WZ	-0.546 (-1.261)	0.785* (1.822)	-0.275** (-2.822)	-0.490 (-1.152)	1.111** (2.363)	-0.351 (-1.255)	1.378
CZ	-0.322 (-1.329)	0.596** (3.059)	-0.296*** (-2.872)	-0.311 (-1.298)	0.820*** (3.397)	-0.218 (-1.468)	0.894
JX	-0.850*** (-4.611))	0.899*** (4.476)	-0.099 (-0.918)	-0.829*** (-4.634)	1.415*** (5.344)	-0.497*** (-2.769)	1.378
NT	-0.815*** (-3.649)	0.823*** (3.829)	-0.073 (-0.711)	-0.748*** (-3.543)	1.530*** (5.444)	-0.727*** (-4.043)	3.723***
ZJ	-0.154 (-0.817)	0.495*** (2.749)	-0.397*** (-4.250)	-0.123 (-0.655)	0.630*** (3.145)	-0.123 (-0.957)	1.198
YZ	-0.588*** (-2.727)	0.527** (2.600)	0.019 (0.189)	-0.556** (-2.531)	0.905*** (3.988)	-0.377*** (-2.696)	2.287**
KS	-0.580*** (-2.743)	0.823*** (4.626)	-0.308*** (-2.949)	-0.588*** (-2.801)	1.197*** (4.055)	-0.307 (-1.556)	2.514**
JH	-0.428* (-1.875)	0.097 (0.407)	0.156 (1.617)	-0.208 (-0.876)	0.245 (0.756)	-0.235 (-1.169)	0.876
HUZ	-0.271 (-1.264)	0.219 (0.995)	-0.055 (-0.553)	-0.173 (-0.772)	0.127 (0.410)	0.072 (0.424)	-0.162

续表

城市	指标						W-H 检验
	ϕ_{i0}	ϕ_{is}	城市自身滞后项	其他城市时空滞后项	上海滞后项	上海当期项	
SQ	-0.623*** (-3.100)	0.454** (2.194)	0.103 (1.055)	-0.552*** (-2.665)	0.533 (0.928)	-0.101 (-0.645)	-0.041
JY	-0.237 (-1.096)	0.324 (1.619)	-0.174* (-1.711)	-0.169 (-0.819)	0.736*** (2.837)	-0.418** (-2.402)	0.664
MAS	-0.269 (-1.325)	0.271 (1.259)	-0.051 (-0.497)	-0.235 (-1.204)	0.929 (1.649)	-0.656 (-0.898)	3.719***
HA	-0.504** (-2.494)	0.496** (2.581)	-0.064 (-0.619)	-0.439** (-2.139)	0.547** (2.263)	-0.063 (-0.436)	0.589
TZZ	-0.193 (-1.003)	0.304 (1.472)	-0.151 (-1.593)	-0.149 (-0.768)	0.850 (1.143)	-0.557 (-1.071)	3.005***
TZJ	-0.086 (-0.372)	0.208 (0.894)	-0.205** (-2.184)	0.007 (0.031)	0.602 (1.158)	-0.430 (-1.439)	2.026**
WUH	-0.957*** (-3.641)	1.063*** (4.625)	-0.217** (-2.064)	-0.844*** (-3.289)	1.219*** (4.577)	-0.189 (-1.207)	1.110
ZJG	-0.401* (-1.709)	0.606** (2.489)	-0.298*** (-3.185)	-0.306 (-1.278)	0.337 (1.139)	0.239 (1.354)	-1.092
SX	-0.064 (-0.329)	0.256 (1.225)	-0.215** (-2.316)	-0.057 (-0.289)	1.018*** (4.285)	-0.749*** (-4.914)	0.803
CHS	-0.753*** (-2.705)	0.796*** (2.946)	-0.032 (-0.296)	-0.759*** (-2.721)	1.062*** (3.168)	-0.269 (-1.362)	1.842*

熟，对上海的房价施加一个单位的正向冲击，分析由此所引起的上海及其他18个城市在该单位冲击之后的一定时期内房价的响应情况。如图6-19所示，所有城市房价波动在30期已趋于平稳。作用在上海房价上的一个正向单位冲击，能够引起上海及其他城市房价迅速提高，并在达到峰值后逐步趋于平稳，受该正向单位冲击的影响逐渐消除。当上海房价受到冲击后对所有城市房价的影响持续期在1~3期内达到影响峰值，并在6~10期逐渐趋于平稳。

在此基础上，在给予上海房价一个正向单位冲击后，考察其影响的累计效应（图6-20），上海房价受到的影响最大，累计变化值大概为0.013，其次为常熟，累计变化值为0.010，其他城市的变化幅度较为相似，累计变化值为-0.004~0.004。

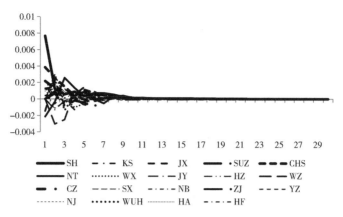

图6-19　上海房价受单位冲击所引起的19个城市广义脉冲响应

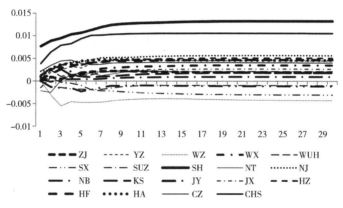

图6-20　上海房价受单位冲击所引起的19个城市广义脉冲响应累计效应

（7）长江中游城市群

1）模型回归分析

从表6-10可以看出，第一列显示与武汉房价变动显著的城市有株洲；第二列显示与其他城市房价变动显著的城市有武汉、长沙和株洲；第三列显示受城市自身房价滞后变动影响的城市有武汉和长沙；第四列显示受周边其他城市房价时空滞后项影响的城市有武汉和株洲；第五列显示受武汉房价滞后项影响的城市有长沙、南昌、宜昌、湘潭和株洲；第六列显示受武汉房价当期项影响的城市有长沙、南昌、宜昌、湘潭和株洲；第七列Wu-Hausman（W-H）检验显示，在受武汉房价滞后项及当期项影响的城市中，除湘潭和株洲外都接受武汉是其房价变动的外生性。

以武汉为主导城市的房价时空扩散模型估计结果　　　　表6-10

城市	指标						
	ϕ_{i0}	ϕ_{is}	城市自身滞后项	其他城市时空滞后项	武汉滞后项	武汉当期项	W-H检验
WH	—	0.292*** (7.521)	−0.260*** (−6.703)	0.261*** (6.718)	—	—	—
CS	−0.051 (−0.385)	0.324** (2.335)	−0.357*** (−3.845)	−0.009 (−0.068)	0.941*** (5.516)	−0.581*** (−3.061)	1.335
NC	−0.022 (−0.118)	−0.061 (−0.362)	−0.051 (−0.553)	0.042 (0.246)	0.822*** (3.431)	−0.809*** (−3.794)	1.325
YC	0.144 (0.836)	−0.258 (−1.345)	0.026 (0.272)	0.153 (0.905)	0.784*** (3.286)	−0.965*** (−4.339)	1.018
XT	−0.042 (−0.257)	−0.088 (−0.505)	0.086 (0.857)	−0.058 (−0.366)	0.966*** (4.329)	−0.995*** (−3.796)	3.470***
ZHUZ	0.227* (1.734)	−0.455*** (−3.464)	0.119 (1.420)	0.264** (2.113)	0.982*** (5.556)	−1.377*** (−6.921)	8.196***

2）广义脉冲响应分析

针对武汉和受武汉房价滞后项及当期项影响的长沙、南昌、宜昌、湘潭和株洲，对武汉的房价施加一个单位的正向冲击，分析由此所引起的武汉及其他5个城市在该单位冲击之后的一定时期内房价的响应情况。如图6-21所示，所有城市房价波动在第30期已趋于平稳。武汉受到冲击后第1期达到影响峰值，在22期消除；宜昌在受到

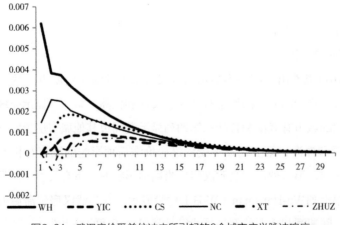

图6-21　武汉房价受单位冲击所引起的6个城市广义脉冲响应

冲击后第6期达到影响峰值,在第21期趋于平稳;长沙在受到冲击后第4期达到峰值,第23期趋于平稳;南昌在第2期达到峰值,第21期趋于平稳;湘潭在第2期达到峰值,第20期趋于平稳;株洲在第7期达到峰值,第22期趋于平稳。因此,当武汉房价受到冲击后对所有城市房价的影响大多数在6期内达到影响峰值,并在20~23期趋于平稳。

在给予武汉房价一个正向单位冲击后,考察其影响的累计效应,如图6-22所示,武汉房价受到的影响最大,累计变化值大概为0.036,其他依次为南昌、长沙、宜昌、株洲和湘潭,累计变化值分别为0.023、0.022、0.012、0.009和0.008。

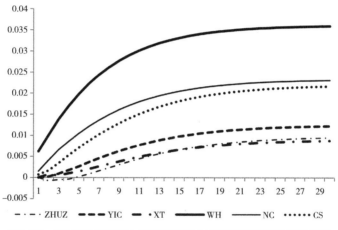

图6-22 武汉房价受单位冲击所引起的6个城市广义脉冲响应累计效应

(8) 珠三角-北部湾城市群

因珠三角-北部湾城市群存在深圳和三亚双中心城市,故分别以深圳和三亚为房价溢出主导城市进行时空扩散模型回归运算和广义脉冲响应分析。

1) 以深圳为主导城市的模型回归分析

从表6-11可以看出,第一列显示与深圳房价变动显著的城市有广州、东莞、海口、南宁、桂林、佛山、惠州、三亚、中山、湛江、江门;第二列显示与其他城市房价变动显著的城市有深圳、广州、东莞、海口、南宁、桂林、佛山、惠州、三亚、中山、珠海、湛江和柳州;第三列显示受城市自身房价滞后变动影响的城市有深圳、广州、北海、佛山、三亚、汕头、中山、珠海和湛江;第四列显示受周边其他城市房价时空滞后项影响的城市有深圳、广州、东莞、海口、南宁、桂林、佛山、惠州、三亚、中山和湛江;第

以深圳为主导城市的房价时空扩散模型估计结果 表6-11

城市	ϕ_{i0}	ϕ_{is}	城市自身滞后项	其他城市时空滞后项	深圳滞后项	深圳当期项	W-H检验
SZ	—	0.472*** (15.470)	-0.456*** (-15.106)	0.458*** (15.165)	—	—	—
GZ	-0.275** (-2.179)	0.784** (6.664)	-0.519*** (-5.679)	-0.261** (-2.063)	0.797*** (5.775)	-0.019 (-1.211)	0.229
DG	0.597*** (3.326)	-0.508** (-2.611)	-0.139 (-1.409)	-0.494** (-2.531)	0.764*** (3.477)	-0.138 (-1.2106)	3.401
HK	-0.553** (-2.347)	0.699*** (2.970)	-0.154 (-1.508)	-0.569** (-2.483)	0.946*** (3.919)	-0.224** (-2.001)	0.965
NN	-0.537** (-2.322)	0.646*** (2.861)	-0.153 (-1.436)	-0.498** (-2.233)	0.909*** (3.863)	-0.263*** (-2.663)	1.649
BH	-0.294 (-1.255)	0.336 (1.468)	-0.181* (-1.752)	-0.147 (-0.643)	0.308 (1.301)	-0.005 (-0.042)	0.211
GL	-0.857*** (-3.856)	0.919*** (4.813)	-0.136 (-1.432)	-0.733*** (-3.436)	1.056*** (5.001)	-0.199** (-2.324)	2.298**
FS	-0.303* (-1.915)	0.493*** (3.109)	-0.233** (-2.313)	-0.286* (-1.809)	0.717*** (4.198)	-0.205** (-2.383)	0.872
HUIZ	-0.744*** (-4.013)	0.738*** (4.366)	-0.085 (-0.916)	-0.695*** (-3.724)	1.159*** (5.161)	-0.398*** (-3.178)	5.196***
SANY	-0.906*** (-4.138)	1.049*** (5.011)	-0.222** (-2.412)	-0.735*** (-3.632)	1.016*** (4.769)	-0.054 (-0.508)	0.271
ST	0.245 (1.088)	-0.024 (-0.105)	-0.281*** (-3.111)	0.314 (1.443)	-0.202 (-0.695)	0.161 (1.169)	1.019
ZS	-0.371** (-2.131)	0.539*** (3.344)	-0.185* (-1.719)	-0.381** (-2.179)	0.685*** (3.717)	-0.120 (-1.235)	-1.623
ZH	-0.363 (-1.660)	0.441** (2.119)	-0.167* (-1.790)	-0.324 (-1.487)	0.777*** (3.257)	-0.297** (-2.607)	4.475***
GANZ	-0.179 (-1.008)	0.068 (0.336)	0.036 (0.331)	-0.116 (-0.654)	0.006 (0.026)	0.061 (0.565)	0.721
ZHANJ	-0.475* (-1.799)	0.757*** (2.918)	-0.321*** (-3.360)	-0.439* (-1.675)	0.797*** (2.922)	-0.044 (-0.389)	0.256
JM	-0.299* (-1.869)	0.137 (0.798)	0.026 (0.271)	-0.151 (-1.005)	0.105 (0.545)	-0.019 (-0.217)	1.204
LIUZ	-0.286 (-1.658)	0.397** (2.113)	-0.151 (-1.513)	-0.247 (-1.436)	0.349 (1.529)	0.037 (0.346)	0.223

五列显示受深圳房价滞后项影响的城市有广州、东莞、海口、南宁、桂林、佛山、惠州、三亚、中山、珠海和湛江；第六列显示受深圳房价当期项影响的城市有海口、南宁、桂林、佛山、惠州和珠海；第七列Wu-Hausman（W-H）检验显示，在受深圳房价滞后项及当期项影响的城市中，除桂林、珠海和惠州外都接受深圳是其房价变动的外生性。

2）深圳为主导城市的广义脉冲响应分析

针对深圳和受深圳房价滞后项及当期项影响的广州、海口、南宁、桂林、佛山、惠州、三亚、中山、珠海、湛江，对深圳的房价施加一个单位的正向冲击，分析由此所引起的深圳及其他10个城市在该单位冲击之后的一定时期内房价的响应情况。如图6-23所示，所有城市房价波动在第30期已趋于平稳。深圳受到冲击后第1期达到影响峰值，在26期消除；惠州在第4期达到影响峰值，在第19期趋于平稳；中山在第4期达到峰值，第18期趋于平稳；广州在第5期达到峰值，第20期趋于平稳；佛山在第5期达到峰值，第18期趋于平稳；珠海在第4期达到峰值，第20期趋于平稳；湛江在第6期达到峰值，第23期趋于平稳；桂林在第7期达到峰值，第25期趋于平稳；南宁在第7期达到峰值，第21期趋于平稳；海口在第5期达到峰值，第20期趋于平稳；三亚在第4期达到峰值，第22期趋于平稳。因此，所有城市在受到房价变动冲击后大多数在7期内达到影响峰值，并在18～26期逐渐趋于平稳。

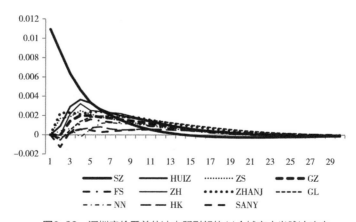

图6-23　深圳房价受单位冲击所引起的11个城市广义脉冲响应

在此基础上，在给予深圳房价一个正向单位冲击后，考察其影响的累计效应。如图6-24所示，深圳房价受到的影响最大，累计变化值大概为0.043，其他依次为湛江、惠州、珠海、桂林、中山、广州、南宁、佛山、海口、三亚，累计变化值分别为0.029、0.027、0.025、0.024、0.020、0.020、0.014、0.013、0.008和0.008。

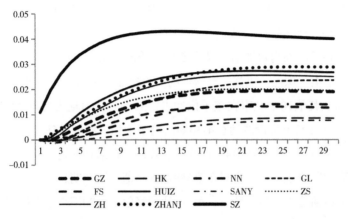

图6-24　深圳房价受单位冲击所引起的11个城市广义脉冲响应累计效应

3）三亚为主导城市的模型回归分析

从表6-12可以看出，第一列显示与三亚房价变动显著的城市有深圳、海口、南宁、桂林、珠海、赣州、湛江、柳州；第二列显示与其他城市房价变动显著的城市有三亚、广州、东莞、海口、南宁、桂林、佛山、惠州、中山、珠海、湛江和柳州；第三列显示受城市自身房价滞后变动影响的城市有三亚、深圳、广州、东莞、南宁、北海、佛山、惠州、汕头、中山、珠海、湛江和柳州；第四列显示受周边其他城市房价时空滞后项影响的城市有三亚、深圳、海口、南宁、桂林、湛江和柳州；第五列显示受三亚房价滞后项影响的城市有桂林、湛江和柳州；第六列显示受三亚房价当期项影响的城市有海口、南宁、北海和桂林；第七列Wu-Hausman（W-H）检验显示，在受三亚房价滞后项及当期项影响的城市中，除桂林、湛江和柳州外都接受深圳是其房价变动的外生性。

4）三亚为主导城市的广义脉冲响应分析

针对三亚和受三亚房价滞后项及当期项影响的海口、南宁、桂林、湛江、北海和柳州，对三亚的房价施加一个单位的正向冲击，分析由此所引起的三亚及其他6个城市在该单位冲击之后的一定时期内房价的响应情况。如图6-25所示，所有城市房价

6 基于时空二重维度的商品住房价格溢出及演化规律

以三亚为主导城市的房价时空扩散模型估计结果　　表6-12

城市	指标						
	ϕ_{i0}	ϕ_{is}	城市自身滞后项	其他城市时空滞后项	三亚滞后项	三亚当期项	W-H检验
SANY	—	0.407*** (9.678)	-0.422*** (-10.171)	0.423*** (10.168)	—	—	—
SZ	-0.348* (-1.955)	0.186 (0.944)	-0.516*** (-5.586)	0.329** (1.996)	0.649 (1.026)	-0.460 (-1.275)	3.216***
GZ	-0.119 (-0.981)	0.659*** (5.775)	-0.556*** (-6.997)	-0.106 (-0.854)	0.749 (0.916)	-0.089 (-1.086)	2.206**
DG	-0.441 (-1.064)	0.675*** (3.534)	-0.250** (-2.507)	-0.419 (-1.597)	0.883 (0.304)	-0.218 (-1.442)	2.092**
HK	-0.617*** (-2.969)	0.743*** (3.446)	-0.127 (-1.235)	-0.595*** (-2.843)	0.398 (1.425)	0.323** (2.273)	-1.606
NN	-0.454** (-2.012)	0.587*** (2.708)	-0.178* (-1.678)	-0.421* (-1.835)	0.337 (1.323)	0.256* (1.772)	-0.387
BH	-0.056 (-1.243)	0.139 (0.588)	-0.182* (-1.766)	0.006 (0.025)	0.055 (0.203)	0.104* (1.798)	0.128
GL	-0.773*** (-3.872)	0.798*** (4.480)	-0.098 (-1.078)	-0.773*** (-3.811)	0.364* (1.965)	0.496*** (4.454)	-2.645**
FS	-0.407 (-1.421)	0.724*** (4.586)	-0.339** (-3.332)	-0.383 (-1.262)	0.686 (0.935)	0.029 (0.240)	0.129
HUIZ	-0.705 (-1.438)	0.941*** (4.741)	-0.265** (-2.589)	-0.679 (-1.171)	0.988 (1.643)	-0.051 (-0.316)	0.064
ST	0.219 (0.958)	0.030 (0.129)	-0.297*** (-3.118)	0.256 (1.105)	0.129 (0.555)	-0.094 (-0.574)	0.970
ZS	-0.299 (-1.586)	0.577*** (3.608)	-0.283*** (-2.724)	-0.283 (-1.481)	0.693 (1.248)	-0.132 (-1.008)	2.395**
ZH	-0.431* (-1.849)	0.682*** (3.095)	-0.313* (-3.242)	-0.364 (-1.518)	0.750 (1.049)	-0.085 (-0.491)	1.021
GANZ	-0.292* (-1.671)	0.204 (1.033)	-0.008 (-0.079)	-0.210 (-1.169)	0.409 (0.222)	-0.207 (-1.266)	0.409
ZHANJ	-0.509** (-2.102)	0.796*** (3.105)	-0.336*** (-3.481)	-0.472* (-1.888)	0.622** (2.078)	0.179 (1.247)	-1.664*
JM	-0.085 (-0.534)	-0.018 (-0.099)	-0.018 (-0.186)	-0.020 (-0.119)	-0.031 (-0.178)	0.042 (0.389)	0.683
LIUZ	-0.452*** (-2.656)	0.586*** (3.165)	-0.164* (-1.689)	-0.439** (-2.501)	0.393** (2.265)	0.204 (1.578)	-0.167*

波动在第30期已趋于平稳。三亚受到冲击后第1期达到影响峰值，第20期消除；海口在第2期达到影响峰值，第17期趋于平稳；湛江在第2期达到峰值，第25期趋于平稳；北海在第4期达到峰值，第20期趋于平稳；南宁在第2期达到峰值，第20期趋于平稳；柳州在第2期达到峰值，第20期趋于平稳；桂林在第3期达到峰值，第25期趋于平稳。因此，所有城市在受到房价变化冲击后大多数在4期内达到影响峰值，并在17~25期逐渐趋于平稳。

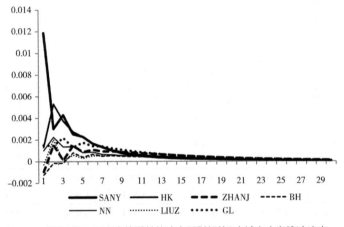

图6-25 三亚房价受单位冲击所引起的7个城市广义脉冲响应

在此基础上，在给予三亚房价一个正向单位冲击后，考察其影响的累计效应（图6-26），三亚房价受到的影响最大，累计变化值大概为0.034，其他依次为海口、桂林、湛江、南宁、柳州和北海，累计变化值分别为0.024、0.022、0.014、0.014、0.010和0.006。

（9）海峡西岸城市群

1）模型回归分析

从表6-13可以看出，第一列显示与福州房价变动显著方面，厦门和泉州均未通过检验；第二列显示与其他城市房价变动显著的城市只有福州；第三列显示受城市自身房价滞后变动影响的城市只有福州；第四列显示受周边其他城市房价时空滞后项影响的城市也只有福州；第五列显示受福州房价变化滞后项影响的城市有厦门和泉州；第六列显示受福州房价当期项影响的城市只有厦门；第七列Wu-Hausman（W-H）检验显示，厦门拒绝福州是其房价变动的外生性，泉州则接受该假设。

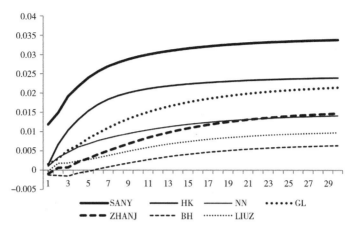

图6-26 三亚房价受单位冲击所引起的7个城市广义脉冲响应累计效应

以福州为主导城市的房价时空扩散模型估计结果 表6-13

城市	指标						
	ϕ_{i0}	ϕ_{is}	城市自身滞后项	周边城市时空滞后项	福州滞后项	福州当期项	W-H检验
FZ	—	0.409*** (9.967)	−0.410*** (−9.967)	0.411*** (9.974)	—	—	—
XM	−0.113 (−0.768)	0.046 (0.287)	0.064 (0.660)	−0.080 (−0.660)	0.406** (2.078)	−0.388*** (−3.235)	6.844***
QZ	−0.087 (−0.846)	0.101 (0.688)	−0.129 (−1.395)	−0.059 (−0.571)	0.325* (1.932)	−0.146 (−1.367)	1.295

2）广义脉冲响应分析

针对福州、厦门和泉州，对福州的房价施加一个单位的正向冲击，分析由此所引起的3个城市在该单位冲击之后的一定时期内房价的响应情况。如图6-27所示，3个城市房价波动在第30期已趋于平稳。福州受到冲击后第1期达到影响峰值，第17期趋于平稳；厦门在受到冲击后第5期达到影响峰值，第17期趋于平稳；泉州在受到冲击后第3期达到峰值，第14期趋于平稳。

在此基础上，在给予福州房价一个正向单位冲击后，考察其影响的累计效应，如图6-28所示，福州房价受到的影响最大，累计变化值大约为0.042，泉州其次，累计变化值为0.015，厦门受到的影响最小，累计变化为0.011。

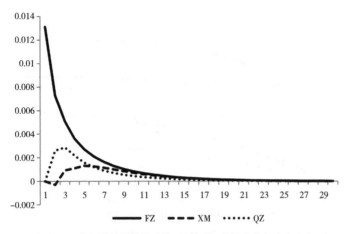

图6-27 福州房价受单位冲击所引起的3个城市广义脉冲响应

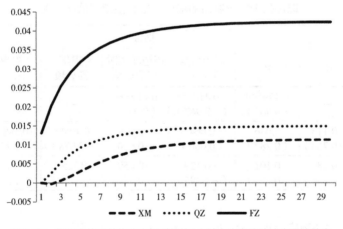

图6-28 福州房价受单位冲击所引起的3个城市广义脉冲响应累计效应

6.3.2 各城市群内房价时空二维溢出的演化规律

（1）京津冀蒙城市群

根据各城市的脉冲响应函数值、观察期及各城市间的空间距离绘制脉冲响应三维图（图6-29），按照与北京的空间距离进行排序，廊坊距离北京最近，包头距离北京最远。从图6-29中可以看出，各城市房价的反应强度和距离北京的远近程度有一定的关系，在同一时期内距离北京最近的廊坊房价反应强度较大，而随着距离增加影响程度逐渐减小。同时也发现，石家庄虽距离北京较远，但其反应强度却明显高于距离更近的保定，又显示出与6.2.3节研究结论相似的规律性。

（2）东北城市群

根据各城市的脉冲响应函数值、观察期及各城市间的空间距离绘制脉冲响应三维图（图6-30），按照与沈阳的空间距离进行排序，营口距离沈阳最近，吉林距离沈阳最远。从图6-30中可以看出，各城市房价的反应强度和距离沈阳的远近程度没有绝对的关系，在同一时期内，距离沈阳最近的营口房价反应强度较小，而距离沈阳较远的长春和大连的房价反应强度却较大，表明具有较高经济社会发展水平的城市对房价变动的敏感性更强。

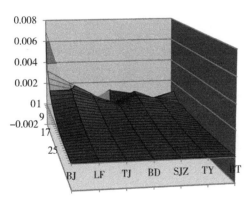

图6-29 北京房价受单位冲击后引起的脉冲响应三维图

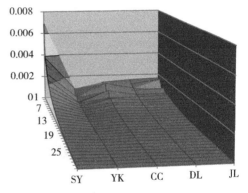

图6-30 沈阳房价受单位冲击后引起的脉冲响应三维图

（3）山东半岛城市群

根据各城市的脉冲响应函数值、观察期及各城市间的空间距离绘制脉冲响应三维图（图6-31），按照与济南的空间距离进行排序，淄博距离济南最近，威海距离济南最远。从图6-31中可以看出，各城市房价的反应强度和距离济南的远近程度具有比较显著的关系，并呈阶梯状逐渐减弱。同时发现，除济南之外其他城市的经济社会发展和城市

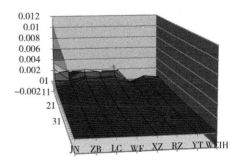

图6-31 济南房价受单位冲击后引起的脉冲响应三维图

等级基本处于同一水平,由此表明当城市发展水平基本一致时,各城市房价在受到外部冲击时的反应强弱与距离中心城市的距离呈现出明显的相关性。

(4)西部城市群

在以成都为房价溢出主导城市的情形下,根据各城市的脉冲响应函数值、观察期及各城市间的空间距离绘制脉冲响应三维图(图6-32),按照与成都的空间距离进行排序,绵阳距离成都最近,西宁距离成都最远。从图6-32中可以看出,各城市房价的反应强度和距离成都的远近程度没有绝对的关系,在同一时期内,距离成都最近的绵阳房价反应强度较小,而距离成都较远的西安反应强度却较大,表明具有较高经济社会发展水平的城市对房价变动的敏感性更强。

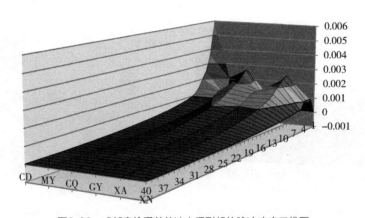

图6-32 成都房价受单位冲击后引起的脉冲响应三维图

在以西安为房价溢出主导城市的情形下,根据各城市的脉冲响应函数值、观察期及各城市间的空间距离绘制脉冲响应三维图(图6-33),按照与西安的空间距离进行排序,宝鸡距离成都最近,西宁距离成都最远。从图6-33中可以看出,各城市房价的反应强度和距离西安的远近程度没有绝对的关系,与上文分析成都为房价溢出主导城市的结论一致,仍然显示具有较高经济社会发展水平的城市对房价变动的敏感性更强。

(5)中原城市群

根据各城市的脉冲响应函数值、观察期及各城市间的空间距离绘制脉冲响应三维图(图6-34),按照与郑州的空间距离进行排序,新乡距离郑州最近,洛阳距离郑州

6 基于时空二重维度的商品住房价格溢出及演化规律

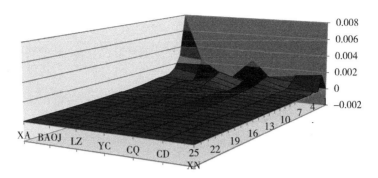

图6-33 西安房价受单位冲击后引起的脉冲响应三维图

最远。因样本城市较少,难以总结出房价溢出能力与距离之间的规律性,郑州对其他3个城市的影响强度基本在一个水平上。

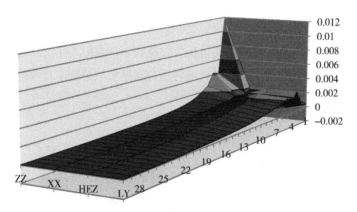

图6-34 郑州房价受单位冲击后引起的脉冲响应三维图

(6)长三角城市群

根据各城市的脉冲响应函数值、观察期及各城市间的空间距离绘制脉冲响应三维图(图6-35),按照与上海的空间距离进行排序,昆山距离上海最近,合肥距离上海最远。从脉冲响应三维图可以看出,各城市房价的反应强度和距离上海的远近程度没有绝对的关系,这是因为长三角城市群内的城市在空间和经济社会上均联系紧密,房价溢出已呈现出明显的网络结构特征,上海已经形成对大部分城市的全面溢出。

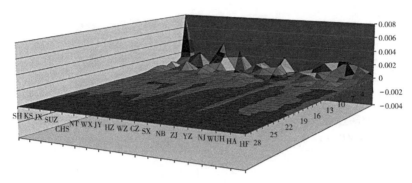

图6-35　上海房价受单位冲击后引起的脉冲响应三维图

（7）长江中游城市群

根据各城市的脉冲响应函数值、观察期及各城市间的空间距离绘制脉冲响应三维图（图6-36），按照与武汉的空间距离进行排序，宜昌距离沈阳最近，株洲距离武汉最远。可以看出，各城市房价的反应强度和距离武汉的远近程度没有绝对的关系，在同一时期内，距离武汉最近的宜昌房价反应强度较小，而距离武汉较远的长沙和南昌的房价反应强度却较大，表明具有较高经济社会发展水平的城市对房价变动的敏感性更强。

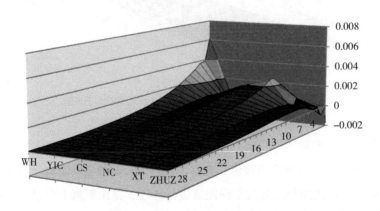

图6-36　武汉房价受单位冲击后引起的脉冲响应三维图

（8）珠三角-北部湾城市群

在以深圳为房价溢出主导城市的情形下，根据各城市的脉冲响应函数值、观察期及各城市间的空间距离绘制脉冲响应三维图（图6-37），按照与深圳的空间距离进行排序，其中惠州距离深圳最近，三亚距离深圳最远。从图6-37中可以看出，各城市房价的反应强度和距离深圳的远近程度有一定的关系，在同一时期内，距离深圳最近的惠州房价反应强度较大，而距离深圳较远的海口和三亚的房价反应强度较小。

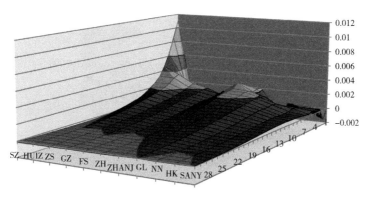

图6-37 深圳房价受单位冲击后引起的脉冲响应三维图

在以三亚为房价溢出主导城市的情形下，根据各城市的脉冲响应函数值、观察期及各城市间的空间距离绘制脉冲响应三维图（图6-38），按照与三亚的空间距离进行排序，其中海口距离三亚最近，桂林距离深圳最远。从图6-38中可以看出，各城市房价的反应强度和距离三亚的远近程度有一定的关系，在同一时期内，距离三亚最近的海口房价反应强度较大，而距离三亚较远的柳州和桂林的房价反应强度较小。

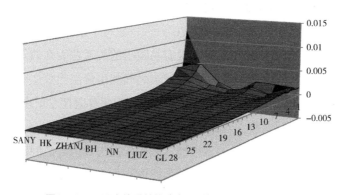

图6-38 三亚房价受单位冲击后引起的脉冲响应三维图

（9）海峡西岸城市群

根据各城市的脉冲响应函数值、观察期及各城市间的空间距离绘制脉冲响应三维图（图6-39），按照与福州的空间距离进行排序，因样本城市较少，难以总结出城市之间房价溢出能力和空间距离的相关规律，福州对泉州和厦门为直接溢出关系。

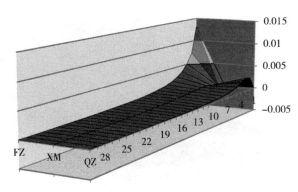

图6-39　福州房价受单位冲击后引起的脉冲响应三维图

6.4　商品住房价格的时空溢出模式与影响因素

6.4.1　商品住房价格的时空溢出模式

以往关于商品住房价格溢出的研究成果普遍认为城市间房价溢出的程度随距离的增加而逐渐减弱，本书以城市集聚和房价时空溢出为背景，通过研究分析取得了如下新发现：

（1）当某城市房价发生变化时，其最容易溢出的关系建立在同等水平的城市之间；只有当城市的综合水平基本一致时，城市之间的房价溢出效应和空间距离才有关系，即随着距离的增加溢出效应逐渐减弱，这种现象普遍存在于京津冀蒙城市群、东北城市群、山东半岛城市群、西部城市群和长江中游城市群；

（2）在拥有高度网络结构化的城市群，其房价溢出效应和空间距离及城市经济社会等级均无关，其表现为中心城市房价的全面直接溢出，这种现象在长三角城市群中得到验证；

结合哈格斯特朗（T. Hagerstrand）的空间扩散理论和房价扩散的"波纹效应"理论，归纳总结当前中国情境下商品住房价格溢出存在的模式（图6-40～图6-42）：

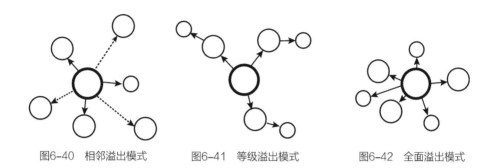

图6-40　相邻溢出模式　　　图6-41　等级溢出模式　　　图6-42　全面溢出模式

（1）相邻溢出模式。这种模式类似于空间扩散理论中的"传染模式"，即现象从源点到向外空间是一个渐近的连续扩散过程，由于距离的摩擦阻力作用，事物的传播随着距离的增加而逐渐减弱。在房价溢出过程中，当中心城市商品住房价格产生波动后，其首先扩散至与其相邻的城市，其次向距离其较近的其他城市蔓延，并且随着距离的增加，其溢出程度逐渐衰弱。

（2）等级溢出模式。空间扩散理论认为地理距离在现象的扩散中并不总是发挥非常重要的作用，社会阶层、城市规模等有时也扮演着非常显著的角色。在房价溢出过程中，在受到外部房价变动冲击后，等级较高的城市因经济条件和社会化水平较高，其对外界信息的接受和消化程度更加敏感，最容易受到外部房价变动的冲击而产生反应，其并不受城市间空间距离的影响。只有当城市的综合水平基本一致时，城市之间的房价溢出效应才随着距离的增加而逐渐减弱。

（3）全面溢出模式。在网络化结构程度高的城市群，城市之间的人口、资金、技术、信息等经济要素流动更加频繁，大中小城市之间正在形成具有一定功能和结构关联的城市网络体系，当中心城市房价发生变动后，其向其他城市的溢出效应呈现出全面溢出的现象，与城市间的空间距离、城市等级和城市经济基本面没有显著关系。

6.4.2 商品住房价格溢出的影响因素

国外相关研究成果显示，影响住房价格溢出的因素中最多的是人口和家庭迁移，其次是空间套利、预期及信息流、城市基本面、财富转移和交易成本。从国内相关研究成果来看，商品住房价格溢出机制中最多的因素同样是人口和家庭迁移，其次是城市基本面、预期及信息流，再次是资金流动、信贷扩展、空间套利、城市层级、宏观经济、政策和开发企业策略等（表6-14、图6-43）。相对而言，国外不同区域间的住房价格很少出现大起大落和短时间内全面溢出的情况，因此其房价溢出的机制主要是基于住房价格的长期均衡和协整关系，更容易从经济基本面及家庭迁移等内生因素进行研究和验证。从我国房地产市场的发展历程来看，近年来住房市场发展迅速，房价呈现出波动周期短、上涨速度快、溢出范围广等特点，除人口迁移因素外，更倾向于从预期和信息流动方面进行验证。

国外、国内研究文献关于商品住房价格溢出效应的影响因素统计 表6-14

区域	序号	作者	发表时期	主要结论
国外相关研究	1	Ekman、Englund	1989	交易成本差异、人口迁移
	2	Goodman	1990	交易与搜寻成本
	3	Holmans	1990	经济发展、人均收入
	4	Alexander、Barrow	1994	城市房价差异、人口迁移
	5	Stein	1995	资产转移、空间套利
	6	Meen	1998	人口迁移、交易与搜寻成本、资产转移、空间套利、房价决定因素的领先/滞后因素和趋同关系
	7	Wood	2003	家庭迁移、财富转移、空间套利
	8	Oikarinen	2006	人口迁移、就业率、信息流
	9	Muth	2010	预期变化
	10	Burnside	2011	信息流动
	11	Nneji	2015	空间套利（投机泡沫）
	12	Ngene、Sohn	2017	羊群效应
	13	Cun、Pesaran	2018	城市基本面（供需失衡）、人口迁移
国内相关研究	1	洪涛、西宝、高波	2007	消费者的适应性预期
	2	吴伟巍	2011	城市层级、人口迁移、城市经济基本面、心理预期

续表

区域	序号	作者	发表时期	主要结论
国内相关研究	3	Shuai Z, Le F, Jing-Lin C	2012	资本和劳动力流动
	4	余华义,黄燕芬	2015	人均收入
	5	纪哈	2015	人口流动、资金流动、信息流动
	6	张炜,景维民	2017	城市基本面(地价、土地供应、房价、需求、交通)、人口迁移、投资心理、城镇化、政策
	7	高然,龚六堂	2017	信贷约束
	8	曾海舰,赵佳雯	2017	开发企业投资策略
	9	Weng Y, Gong P	2017	人口、收入、利率、政策和宏观经济
	10	范新英,张所地	2018	产业结构
	11	卢建新	2018	城市层级、人口迁移、城市经济基本面、心理预期
	12	陈卓	2018	经济增长、城镇化、信贷扩张
	13	吕龙,刘海云	2019	人口流动、羊群效应
	14	张所地,程小燕	2019	人才流动
	15	曾岚婷,等	2019	外部冲击效应

综合现有理论及文献研究成果,本书将影响商品住房价格溢出效应的因素划分为六大类,即城市集聚、城市层级、城市经济基本面、人口迁移、空间套利/财富转移和心理预期。

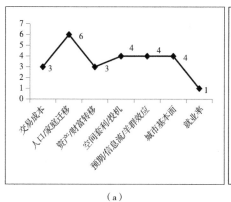
(a)

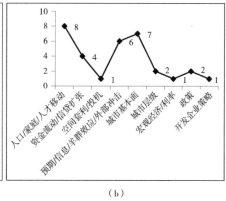
(b)

图6-43 国外、国内关于住房价格溢出机制影响因素统计图
(a)国外;(b)国内

（1）城市集聚。经济发展和基础设施建设对促进经济要素流动起到巨大的推动作用，尤其是铁路、公路等基础设施的可达性对区域经济发展和人口增长具有正向的促进作用。城市之间尤其是具有地理空间和交通联络优势的城市之间，人口、资本、产业、信息、文化等产业和生产要素互动联系频繁，最终形成经济高度聚集的城市集群，是城市之间商品住房价格联动和溢出的重要外在条件。

（2）城市层级。城市群由不同层级的城市、空间流、通道和作用场（城市吸引范围）等要素组成，核心城市对其他城市具有影响的辐射性。流动人口倾向于流入经济集聚程度较高的地区和城市，以获取更多的就业机会、更高的工资和更完善的公共服务，而这些地区进一步的人口集聚也会促进城市资金、信息、产业、技术等要素的集聚和增长（经济集聚、住房支付能力与流动人口城市迁移意愿），这其中能够引起商品住房价格传导的要素有人口流动、资金流动和信息流动，不论是具有层级之分的城市间还是同层级的城市间，这些空间流都会存在。

（3）城市经济基本面。在供给层面，城市土地供应量对房价有显著的负向影响，即政府严控土地供给的政策在很大程度上推动了房价上涨，土地成本增加和竞争程度加剧，迫使开发企业转向周边土地价格较低的区域或城市进行投资，从而带动周边区域土地价格和商品住房价格上涨；在需求层面，面对高企的住房价格，部分居民选择周边区域进行置业，同时因实施限购等限制性政策，部分投资为主的购房者也将目标转向其他邻近不限购的城市，由此也会带动周边其他区域住房价格上涨。

（4）人口迁移。人口和需求是支撑商品住房价格最核心的因素，大规模的人口流动将导致需求量的变化和住房价格的波动。以100个样本城市2010—2017年年均常住人口增量为例，只有长春、吉林、鞍山和保定出现人口负增长，其他城市人口均有不同程度的增长，其中年均增量人口在20万人以上的有12个城市，在10万~20万人的有9个，5万~10万人的有20个。产生人口迁移的原因是多方面的，其中可大致总结为四种，一是在城市化进程下的家庭从农村向城市迁移，二是城市地理环境及配套服务差异下的家庭迁移，三是城市产业结构及就业机会差异下的人口转移，四是住房搜寻及交易成本差异下的人口转移。

（5）空间套利/财富转移。城市间商品住房价格的差异特征是产生空间套利和财富转移的重要原因。一方面，投资者通过买进低房价城市的住房并在房价上涨时期进行出售，以此获得中间利润；另一方面，由于金融市场不健全，投资渠道受限，家庭更倾向于购买多套房产实现财富保值增值,在高房价城市拥有住房的居民通过出售自有住房而获得更多的资金,在信贷条件允许下极大提高了在低房价城市的支付能力,以此实现财富转移。由于投资者的空间套利和财富转移行为,使资金流向低房价城市并带动其住房价格上涨。

(6)心理预期。作为购房主体的个人无法准确估计商品住房的价值和房地产市场的发展趋势,可能会根据相邻城市或同层级城市的市场状况对本城市的房价及趋势进行预期,由此诱发出锚定效应;另一方面,随着通信技术的发展和互联网的普及,个人对信息的获取渠道纷繁复杂,而在房地产市场波动时期,各种新闻和自媒体信息层出不穷,个人很容易通过信息传播产生过度的乐观或悲观情绪从而产生羊群效应。

从影响商品住房价格溢出效应因素的作用程度来看,以上六类因素中,城市集聚、城市层级和城市经济基本面是城市间商品住房价格传导的环境要素;人口迁移、空间套利/财富转移和心理预期是动力要素。需要说明的是,各因素之间并非相互独立的,而是互相联系、相辅相成的,比如城市集聚为人口和资金提供流动渠道,但人口和资金的流动和聚集又会促进城市集聚。通过以上内容绘制我国商品住房价格溢出的影响因素构成示意图(图6-44)。

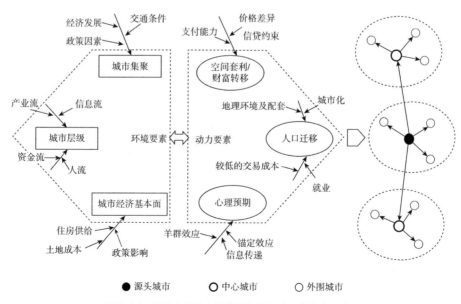

图6-44 我国商品住房价格溢出的影响因素构成示意图

6.5 本章小结

本章运用Holly提出的时空扩散模型及广义脉冲响应函数，研究城市之间房价的时空溢出效应和在时空二重维度上的变动趋势，分析商品住房价格溢出效应的形成机制，主要研究内容及研究发现如下：

（1）在中心城市层面，分别以北京和深圳为主导城市进行模型回归，结果显示北京房价变化的滞后项和当期项主要影响东北、西部、中部和东南区域城市，而深圳主要影响中部、东部区域城市；通过广义脉冲响应分析显示，各城市间房价的溢出效应与城市的经济社会水平和城市等级有显著的关系，即越是经济发达、等级越高的城市，其接受主导城市房价变动的敏感度和变动幅度越大。

（2）在城市群内部，分别以中心城市为主导城市进行模型回归和广义脉冲响应分析，研究结果显示，除具备上述中心城市房价溢出的规律外，城市群层面研究还有其他科学发现，只有在城市基本面和城市等级基本一致时，城市之间的房价溢出效应和空间距离才表现出反比关系，即随着空间距离增加房价波动溢出的影响力逐渐减弱；拥有高度网络结构化的城市群，其房价溢出效应和空间距离及城市基本面等均无显著关系，其表现为中心城市房价的全面直接溢出。

（3）中心城市房价波动对其他城市房价的冲击作用具有明显的时间规律。当中心城市房价受外部冲击而发生变动后，会迅速传导至其他城市，其他城市在受到外部房价波动影响后一般在1～6个月内达到最大反应峰值，此后这种影响逐渐减弱，大致在20个月后影响效应完全消除。

（4）影响商品住房价格溢出的影响因素包括环境要素（城市集聚、城市层级、城市经济基本面）和动力要素（人口迁移、空间套利/财富转移、心理预期）。

7 研究结论与展望

7.1 研究结论

本书基于城市集聚视角进行了大样本容量城市商品住房价格时空溢出效应的研究。首先通过空间聚类分析将样本城市划分为若干个研究单元，并确定各城市群房价波动的中心城市和全国房价波动的源头城市；其次以城市间房价的溢出关系和滞后关系为链路构建房价星型网络，从空间维度分析房价溢出的网络结构特征和传导路径；在此基础上，运用时空扩散模型和广义脉冲响应函数，研究城市之间的商品住房价格的时空溢出效应以及随时间和空间二维变量交互演化所呈现出的变化规律。

主要研究内容和结论如下：

（1）运用主成分分析法、引力模型和块模型将大样本容量城市划分为若干个具有房地产因素的城市集群，对于研究大样本容量城市的商品住房价格溢出关系和溢出效应，起到化繁为简、层层深入地揭示事物本质的基础作用。结果显示，100个样本城市可划分为京津冀蒙、东北、中原、西部、长三角、长江中游、山东半岛、珠三角-北部湾、海峡西岸共计9个城市群，其中存在20个中心城市。与国家战略规划的城市群相比，大部分城市群的空间边界范围均相吻合，但也有少量存在差异，究其原因，一方面，城市群的发育是一个具有动态特性的空间演进过程，随着经济社会发展的阶段不同，城市群的结构形态可能发生变化；另一方面，在考虑房地产相关因素后，城市之间原来以经济社会及地理区位为动力的机制被打破而导致空间结构形态发生调整。

（2）Johansen协整检验和Granger因果关系检验显示城市之间及城市群之间存在显著的商品住房价格溢出关系。各城市群中均存在1~2个商品住房价格波动溢出的中心城市，中心城市商品住房价格向邻近城市溢出的特征显著，商品住房的价格波动总是首先产生于社会经济发展层级较高的城市，继而对周边城市的市场预期产生影响并引发价格波动。

（3）城市之间的房价联动关系呈现出显著的网络结构特征，单一城市房价的变动往往是由多城市共同作用的结果。综合而言，处于房价网络结构中心地位的城市大致可分为两类，一类为南方沿海城市，上海、福州、广州、深圳、苏州等；另一类为内陆经济社会水平较高的城市，如北京、武汉、成都、济南等；而处于弱势地位的多为内陆地区经济社会水平较低的城市，如新乡、菏泽、株洲、兰州、包头等，进一步证明商品住房价格的波动总是从经济水平较高的城市向经济欠发达城市溢出。

（4）全国商品住房价格波动溢出存在北京和深圳两个源头城市，房价整体上呈现出由南北向中部、由东部向中西部扩散的路径。研究表明，北京主要影响东北、西部、中部和东南沿海地区的中心城市，深圳主要影响中部和东部沿海地区的中心城市。在城市群层面，京津冀蒙、珠三角-北部湾和山东半岛城市群是房价波动影响力比较显著的区域，城市群之间房价的溢出关系相互交织、相互影响。

（5）城市之间房价溢出的效应和空间距离没有绝对的关系，而是和城市的经济社会水平、发展等级有关。当某城市房价发生变化时，其最容易溢出的关系建立在同等水平的城市之间；只有当城市的综合水平基本一致时，城市之间的房价溢出效应随着距离的增加逐渐减弱；在高度网络结构化的城市群，其房价溢出效应和空间距离及城市经济社会等级均无关，其表现为中心城市房价的全面直接溢出，据此归纳总结当前中国情境下商品住房价格波动的相邻溢出、等级溢出和全面溢出模式。

（6）中心城市房价波动对其他城市房价的冲击作用具有明显的时间规律。当中心城市房价受外部冲击而发生变动后，会迅速传导至其他城市，其他城市在受到外部房价波动影响后一般在1~6个月内达到最大反应峰值，此后这种影响逐渐减弱，大致在20个月后影响效应完全消除。

（7）从我国发育程度最高的长三角城市群来看，城市集聚及城市网络结构化的形成，在促进城市之间商品住房价格传导和溢出效应的同时，"极点"城市的房价溢出效应和作用能力容易被城市群内的空间关联城市"稀释"，从而有利于弱化"极点"城市房价波动在全国更大范围的扩散和传导作用。

7.2 不足与展望

由于研究时间、研究视野和研究者水平的局限，本书在研究范围和研究深度等方面仍存在不足，还需要进一步研究和探讨，具体而言有以下三点：

（1）不同城市群中外围城市之间的房价溢出关系研究。因样本城市较多，如何厘清其中的房价联动和溢出关系是本书初期面对的最大难题，故为解决主要矛盾和问题，将样本城市划分为若干个城市集群，逐个逐层递进式进行研究，但不同城市群中的外围城市之间尚无法进行全面研究，比如长江中游城市群中的宜昌和中原城市群中的洛阳，若条件允许，两者之间的房价溢出关系和机制也有进一步研究的空间，有利于进行更加全面和系统性的房价溢出机理分析。

（2）因部分城市群的样本较少，难以探究其房价的时空溢出效应。如中原城市群只有4个样本城市，海峡西岸城市群只有3个样本城市。因此后续研究中，可适当地增加相关样本城市，如在中原城市群中增加开封、许昌、漯河等城市，在海峡西岸城市群中增加莆田、漳州、宁德等城市，只有样本城市容量足够大，才能发现其中的关系和规律。当然在"中指百城价格指数"样本之外增加其他新城市，需要解决统计数据来源和研究口径的问题，这也是后续研究中需要解决的问题。

（3）定量研究商品住房价格溢出效应的形成机制。因研究时间和研究条件局限，关于商品住房价格溢出效应的影响因素采用了定性研究方法，并归纳总结了基于环境要素和动力要素共同作用的影响因素结构体系，但各因素对房价溢出的影响程度及其内在的联动规律仍需要进行定量研究和分析，这也是本书后续最大的研究拓展方向。

附表

附表1

城市集群空间范围识别评价指标表

序号	城市	城市人口		产业规模			经济贸易			城镇化水平	交通联络			创新能力		房地产情况			
		1 常住人口规模	2 人口年均增量	3 工业增加值	4 第三产业增加值	5 国内生产总值	6 社会消费品零售总额	7 人均可支配收入	8 进出口总值	9 城镇人口规模	10 货物运输总量	11 旅客运输总量	12 邮电业务总量	13 专利申请数量	14 专利授权数量	15 房地产开发投资额	16 商品房施工面积	17 商品房销售面积	18 商品房销售均价
1	北京	2171	42	4274	22569	28000	11575	57230	21924	1877	23879	67490	1291	186000	107000	3746	12609	875	30400
2	上海	2418	23	8304	20783	30134	11830	58988	32238	2121	97257	20856	712	131746	70464	3857	15362	1692	23804
3	天津	1557	53	6864	10787	18595	5730	37022	7647	1291	52992	19200	407	87000	41700	2233	8796	1482	15331
4	重庆	3075	38	6587	9564	19500	8068	24153	4508	1971	115300	63300	711	65000	35000	3980	25961	6711	6792
5	深圳	1253	43	8088	13149	22438	6016	52938	28011	1250	32100	18142	1659	177100	94300	2136	5709	671	47936
6	广州	1450	36	5460	15254	21503	9403	55400	9714	1249	114595	49442	1545	118332	60201	2703	10658	1758	17633
7	杭州	947	15	3968	7930	12556	5717	49832	5085	727	34800	22300	506	75709	42227	2734	11523	2054	20354
8	南京	834	7	3853	6997	11715	5605	48104	4131	686	35462	16417	451	75406	32073	2170	8163	1430	15653
9	武汉	1089	22	4725	7141	13410	6196	38642	1936	872	57271	29950	471	49726	25528	2686	11913	4149	10000
10	成都	1605	40	5217	7390	13889	6404	38918	3936	1154	27121	99361	607	113956	41088	2488	19375	3922	8732
11	苏州	495	3	2539	4178	7105	2608	51851	10482	410	6995	17866	495	65430	29376	1272	5175	810	17791

续表

序号	城市	城市人口		产业规模		经济贸易				城镇化水平	交通联络			创新能力		房地产情况			
		1 常住人口规模	2 人口年均增量	3 工业增加值	4 第三产业增加值	5 国内生产总值	6 社会消费品零售总额	7 人均可支配收入	8 进出口总值	9 城镇人口规模	10 货物运输总量	11 旅客运输总量	12 邮电业务总量	13 专利申请数量	14 专利授权数量	15 房地产开发投资额	16 商品房施工面积	17 商品房销售面积	18 商品房销售均价
12	大连	699	6	2486	3834	7364	3723	40587	4132	503	44955	11070	218	13784	7768	567	4478	840	10315
13	厦门	401	10	1437	2512	4351	1447	46630	5816	357	30300	10100	202	24599	14678	880	4288	319	37430
14	西安	962	23	1677	4593	7470	4330	32597	2545	721	25497	24300	202	81110	25042	2333	15844	2510	8460
15	长沙	792	17	4101	5158	10536	4548	46948	938	614	41525	11701	330	37050	17170	1490	9814	2259	7688
16	宁波	801	8	4621	4417	9847	4048	48233	13840	580	50073	11000	162	62104	36993	1375	6833	1544	13325
17	东莞	834	2	3317	3965	7582	2688	45451	12264	750	16725	4319	335	81275	45204	767	4554	799	16877
18	无锡	490	2	2729	3863	7024	2595	46453	4666	382	10801	2072	277	44608	24705	1022	4318	864	9835
19	福州	766	11	2227	3711	7104	4194	32561	2326	532	27040	13196	298	25580	11266	1694	7948	1685	11057
20	沈阳	829	4	1276	3335	5865	3990	41359	868	591	22889	20320	275	20879	9891	814	6967	1300	8063
21	青岛	929	12	3953	6109	11037	4541	38763	5005	674	26516	4749	319	54331	23870	1331	13892	1901	10517
22	济南	732	10	2003	4315	7202	4146	46642	763	516	24181	3329	268	30736	17330	1233	11363	1215	9649
23	南昌	546	8	1765	2145	5003	2097	37675	669	401	13831	7562	211	18424	8241	791	16309	1610	8527
24	合肥	797	8	2482	3298	7213	2729	31950	1685	587	39000	12800	275	61340	21469	1557	8284	1283	10751
25	郑州	988	25	3191	4724	9130	4057	30556	4027	714	25130	17182	485	50544	21249	3359	16395	3098	8631

续表

序号	城市	城市人口		产业规模		经济贸易				城镇化水平	交通联络			创新能力		房地产情况			
		1	2	3	4	5	6	7	8	9	10	11	12	13	14	15	16	17	18
		常住人口规模	人口年均增量	工业增加值	第三产业增加值	国内生产总值	社会消费品零售总额	人均可支配收入	进出口总值	城镇人口规模	货物运输总量	旅客运输总量	邮电业务总量	专利申请数量	专利授权数量	房地产开发投资额	商品房施工面积	商品房销售面积	商品房销售均价
26	太原	438	4	631	2070	3382	1768	28935	915	371	3415	5196	143	8971	5503	478	5752	793	8951
27	石家庄	1088	14	2356	3066	6461	3296	24651	862	671	46000	13273	252	12966	7501	1244	6202	1092	9829
28	长春	749	−4	2655	3040	6530	2923	33168	953	366	9800	10279	89	14995	8190	574	6687	1147	7017
29	哈尔滨	1093	6	1207	3846	6355	4045	35546	227	705	8712	11922	243	21314	12115	494	4397	1249	8374
30	呼和浩特	312	5	1380	2308	2744	1571	34925	109	215	19076	2380	73	3653	1889	238	4171	317	6512
31	海口	227	5	500	1075	2744	726	28701	210	178	10036	9600	125	3193	1451	603	3337	549	11990
32	南宁	715	10	4071	2115	4119	2204	24984	607	439	35142	9245	191	16320	4496	958	7172	1544	7776
33	兰州	373	2	607	1580	2524	1359	32331	125	302	12882	7685	144	7793	4244	432	4408	734	7459
34	昆明	678	7	1159	2782	4858	2591	32496	528	489	28261	12430	133	16925	8217	1683	10090	1827	8430
35	贵阳	480	10	857	2015	3538	1335	27670	202	359	47789	73361	210	14118	5641	1027	5880	1078	7240
36	西宁	236	3	413	687	1285	561	23792	33	168	7268	3564	72	2442	1187	351	2235	388	6642

续表

序号	城市	城市人口		产业规模		经济贸易				城镇化水平	交通联络			创新能力		房地产情况			
		常住人口规模 1	人口年均增量 2	工业增加值 3	第三产业增加值 4	国内生产总值 5	社会消费品零售总额 6	人均可支配收入 7	进出口总值 8	城镇人口规模 9	货物运输总量 10	旅客运输总量 11	邮电业务总量 12	专利申请数量 13	专利授权数量 14	房地产开发投资额 15	商品房施工面积 16	商品房销售面积 17	商品房销售均价 18
37	银川	223	5	655	833	1803	562	28424	271	172	8146	3615	35	4372	2105	403	4144	595	5177
38	乌鲁木齐	351	8	644	1887	2744	1317	34403	460	198	17100	5192	69	6080	3571	429	4211	623	6606
39	温州	922	2	1740	3117	5453	3324	43185	1327	642	50073	22371	414	46000	29500	1024	4721	1070	12306
40	潍坊	936	6	2308	2693	5859	2738	28736	602	561	29579	5968	169	19086	9914	504	7349	1302	4804
41	包头	288	5	1671	2077	4080	1486	38749	135	240	33664	884	65	2511	1464	155	2506	449	5104
42	北海	166	2	2574	371	1230	250	23536	231	96	6979	2313	36	1725	415	168	1328	377	5654
43	常州	472	3	2818	3363	6622	2444	41879	2111	339	14669	6233	194	33973	16423	479	3406	1030	8991
44	桂林	506	6	2095	871	2045	928	22480	70	247	9398	7376	85	9750	2421	300	2279	529	5544
45	嘉兴	466	3	2110	1927	4355	1807	45381	2470	300	22022	3064	134	9493	1850	724	4337	1059	10759
46	南通	731	0	3042	3712	7735	2873	33011	2351	482	12766	7972	233	54742	19057	610	5158	1658	7347
47	唐山	790	6	3773	2424	7106	2617	27786	674	487	98000	4104	71	6712	3677	358	3849	735	5360
48	徐州	876	4	2448	3121	6606	2977	24535	527	559	26370	13649	209	18548	10523	539	4691	1184	6268
49	镇江	319	1	1821	1890	4105	1366	37169	711	225	9314	4311	92	33539	14825	344	3226	705	8532

续表

序号	城市	城市人口		产业规模			经济贸易			城镇化水平	交通联络			创新能力		房地产情况		
		1	2	3	4	5	6	7	8	9	10	11	12	13	14	15	16	17	18
		常住人口规模	人口年均增量	工业增加值	第三产业增加值	国内生产总值	社会消费品零售总额	人均可支配收入	进出口总值	城镇人口规模	货物运输总量	旅客运输总量	邮电业务总量	专利申请数量	专利授权数量	房地产开发投资额	商品房施工面积	商品房销售面积	商品房销售均价
50	扬州	451	1	2171	2327	5065	1494	31370	729	298	13400	3427	136	32638	14214	444	2959	880	8182
51	佛山	766	9	5456	3833	9550	3320	45813	4357	727	30997	5268	359	73948	36767	1454	9103	2800	10974
52	惠州	478	4	1976	1560	3831	1363	31091	3416	330	24693	6616	204	30448	11706	884	7604	1646	9898
53	昆山	166	0	1806	1573	3520	946	50268	5589	121	1595	4070	77	20961	10854	376	3087	346	13236
54	廊坊	474	8	1061	1432	2881	980	28349	67	277	10937	2424	50	6292	3493	758	9553	819	12148
55	连云港	452	2	959	1147	2640	1038	23302	554	279	4928	506	105	9134	6311	275	2145	644	5755
56	洛阳	710	11	1752	2075	4343	2026	22835	133	382	24000	11000	144	10724	5692	375	4722	971	5154
57	秦皇岛	311	2	424	785	1506	775	24273	338	180	7300	2581	31	4833	3021	167	992	344	6575
58	三亚	76	2	84	356	529	224	28014	50	57	1812	2452	35	275	129	550	1908	214	25794
59	汕头	561	4	1072	1061	2351	1683	22521	595	198	6403	1918	198	14463	9593	361	2664	640	9846
60	烟台	709	2	3309	3183	7339	3273	32299	3066	451	24496	6968	147	11986	6152	546	3999	1056	6360
61	中山	326	3	4917	1648	3450	1310	43554	2582	288	17656	1518	211	42168	27444	624	5332	875	10112
62	珠海	177	4	3944	1230	2565	1128	44043	2990	158	11471	5379	108	20737	12544	666	3254	510	21454

续表

序号	城市	城市人口		产业规模			经济贸易			城镇化水平	交通联络			创新能力		房地产情况			
		1 常住人口规模	2 人口年均增量	3 工业增加值	4 第三产业增加值	5 国内生产总值	6 社会消费品零售总额	7 人均可支配收入	8 进出口总值	9 城镇人口规模	10 货物运输总量	11 旅客运输总量	12 邮电业务总量	13 专利申请数量	14 专利授权数量	15 房地产开发投资额	16 商品房施工面积	17 商品房销售面积	18 商品房销售均价
63	吉林	415	-5	3139	1249	2303	1535	20531	66	219	5975	3559	35	2124	1155	64	1412	201	5231
64	金华	556	4	1396	2076	3849	2191	48552	3461	203	8786	11960	93	28852	17444	372	2342	490	11257
65	泉州	865	10	3926	2952	7548	3034	33256	1568	568	28730	7676	360	47179	25525	701	6383	1245	7559
66	赣州	864	5	897	1112	2524	887	19543	320	421	10910	8658	66	14706	5934	309	3151	1046	6209
67	宜昌	414	2	1874	1353	3857	1330	24182	184	248	15844	11357	35	11349	4271	198	1844	381	5737
68	湛江	731	6	2666	1204	2824	1578	19632	346	307	17559	9793	146	6861	3006	318	2585	589	7227
69	江门	456	2	4161	1203	2690	1280	26851	1385	300	14975	9606	129	17966	8577	451	3162	788	7262
70	鞍山	354	-2	352	879	1602	938	24871	276	185	21058	6348	70	3104	1882	157	2211	340	4380
71	宝鸡	378	1	1083	600	2180	801	23271	58	197	12956	9434	29	3454	2061	166	1178	311	3889
72	保定	1047	-15	1027	1376	3227	1849	19641	323	533	11000	7000	73	8511	5055	141	2531	402	6123
73	德州	580	5	1324	1329	3140	1537	19083	244	322	15305	1886	72	5460	2893	239	2362	713	4603
74	东营	215	2	2309	1285	3802	862	35568	1307	146	6300	639	45	5058	2906	200	643	319	5432

续表

序号	城市	城市人口		产业规模		经济贸易			城镇化水平	交通联络			创新能力		房地产情况			
		1	2	3	4	5	6	7	8	9	10	11	12	13	14	15	16	17	18
		常住人口规模	人口年均增量	工业增加值	第三产业增加值	国内生产总值	社会消费品零售总额	人均可支配收入	进出口总值	城镇人口规模	货物运输总量	旅客运输总量	邮电业务总量	专利申请数量	专利授权数量	房地产开发投资额	商品房施工面积	商品房销售面积	商品房销售均价
75	鄂尔多斯	207	3	2333	1579	3580	778	35648	53	153	53460	928	22	1524	868	236	2566	158	4155
76	邯郸	951	7	1784	1477	3666	1674	21793	149	526	22568	5515	57	4896	2435	475	2947	517	6400
77	菏泽	874	9	1281	1081	2820	1650	17222	394	429	16130	4873	102	6527	2299	296	2311	623	3792
78	湖州	299	2	1058	1175	2476	1189	42023	778	185	16756	5261	58	28808	12025	301	2194	744	8353
79	宿迁	491	4	1073	1065	2611	781	20756	199	288	6584	5265	120	11126	4368	243	3631	838	4826
80	江阴	165	2	1825	1549	3488	863	50379	820	116	6584	6728	41	7644	4221	180	1419	318	12705
81	聊城	606	5	1414	1201	3064	1279	18867	455	305	20054	1878	76	5957	2959	282	2932	595	4829
82	柳州	400	5	5116	1079	2756	1156	25279	172	256	14582	2272	78	9935	2713	395	2298	529	7432
83	马鞍山	230	19	684	664	1738	529	33260	257	156	7576	2827	21	10116	4049	259	1564	507	5129
84	锦阳	484	4	843	944	2075	1112	23459	115	247	5842	8457	78	10889	4749	177	1883	555	5200
85	日照	292	2	838	887	2003	720	23286	904	171	9460	2508	49	2764	1549	183	1885	254	5708
86	淮安	491	2	1188	1583	3387	1197	24934	313	301	12700	6438	109	16777	7331	303	3024	880	6002

续表

序号	城市	城市人口		产业规模		经济贸易				城镇化水平	交通联络			创新能力		房地产情况		
		1	2	3	4	5	6	7	8	9	10	11	12	13	14	15	16	17	18
		常住人口规模	人口年均增量	工业增加值	第三产业增加值	国内生产总值	社会消费品零售总额	人均可支配收入	进出口总值	城镇人口规模	货物运输总量	旅客运输总量	邮电业务总量	专利申请数量	专利授权数量	房地产开发投资额	商品房施工面积	商品房销售面积	商品房销售均价
87	台州	612	3	1684	2182	4388	2236	40439	1578	381	27860	8527	75	28071	19143	461	3323	829	9069
88	泰州	465	1	1954	2242	4745	1254	30944	874	302	20938	6705	109	31476	9924	292	2247	869	7129
89	威海	283	0	1414	1663	3480	1068	33788	1396	188	9812	3322	65	8326	3870	275	3825	1007	5433
90	吴江	130	1	859	830	1789	507	48517	1449	90	2719	3195	24	11456	5492	289	1608	293	14893
91	芜湖	370	29	1612	1219	3066	931	29462	431	240	28450	3779	63	28911	8910	457	2992	805	6797
92	湘潭	285	2	918	887	2056	645	27471	185	177	9458	1903	45	4523	2315	173	2063	363	4795
93	新乡	577	1	991	989	2385	966	21720	69	300	16800	5390	102	8995	4265	381	2709	951	3425
94	营口	244	0	330	619	1288	531	27709	373	157	16333	2703	46	1170	671	124	873	207	4064
95	张家港	126	0	1300	1209	2606	581	48951	2169	86	2018	3214	29	8933	4413	204	1193	292	10891
96	株洲	402	3	1281	1054	2580	1039	32424	148	264	18053	5890	64	7476	3728	300	3254	755	4914
97	淄博	471	4	2183	2141	4781	2374	32038	676	331	19030	599	87	12284	5163	242	7393	529	6153
98	衡水	446	2	643	650	1550	752	18004	198	226	5262	1231	35	3074	2069	199	2890	281	5058
99	绍兴	501	2	2138	2398	5108	1978	45306	1997	328	13427	2926	59	51107	25741	678	3200	1039	8997
100	常熟	152	0	1103	1072	2280	800	49066	1652	103	1610	3558	84	6914	3088	165	828	195	12267

附表2

初始变量之间的相关系数矩阵

变量	常住人口规模	人口年均增量	工业增加值	第三产业增加值	国内生产总值	社会消费品零售总额	人均可支配收入	进出口总值	城镇人口规模	货物运输总量	旅客运输总量	邮电业务总量	专利申请数量	专利授权数量	房地产开发投资额	商品房施工面积	商品房销售面积	商品房销售均价
常住人口规模	1.000	0.700	0.757	0.803	0.850	0.881	0.175	0.571	0.963	0.691	0.658	0.690	0.695	0.692	0.814	0.755	0.707	0.280
人口年均增量	0.700	1.000	0.703	0.742	0.770	0.722	0.279	0.535	0.763	0.551	0.642	0.737	0.728	0.691	0.776	0.656	0.565	0.435
工业增加值	0.757	0.703	1.000	0.811	0.909	0.828	0.512	0.734	0.837	0.680	0.464	0.748	0.813	0.799	0.765	0.635	0.601	0.477
第三产业增加值	0.803	0.742	0.811	1.000	0.977	0.951	0.549	0.830	0.913	0.600	0.596	0.864	0.887	0.903	0.846	0.624	0.439	0.586
国内生产总值	0.850	0.770	0.909	0.977	1.000	0.962	0.535	0.815	0.943	0.670	0.599	0.863	0.894	0.898	0.873	0.686	0.553	0.557
社会消费品零售总额	0.881	0.722	0.828	0.951	0.962	1.000	0.498	0.714	0.943	0.680	0.646	0.823	0.837	0.837	0.892	0.746	0.612	0.460
人均可支配收入	0.175	0.279	0.512	0.549	0.535	0.498	1.000	0.601	0.348	0.229	0.215	0.494	0.602	0.627	0.438	0.267	0.125	0.625
进出口总值	0.571	0.535	0.734	0.830	0.815	0.714	0.601	1.000	0.718	0.392	0.332	0.744	0.828	0.866	0.634	0.366	0.170	0.740
城镇人口规模	0.963	0.763	0.837	0.913	0.943	0.943	0.348	0.718	1.000	0.699	0.660	0.795	0.821	0.820	0.880	0.758	0.658	0.436
货物运输总量	0.691	0.551	0.680	0.600	0.670	0.680	0.229	0.392	0.699	1.000	0.480	0.538	0.449	0.451	0.637	0.565	0.568	0.179
旅客运输总量	0.658	0.642	0.464	0.596	0.599	0.646	0.215	0.332	0.660	0.480	1.000	0.609	0.588	0.542	0.675	0.631	0.603	0.241
邮电业务总量	0.690	0.737	0.748	0.864	0.863	0.823	0.494	0.744	0.795	0.538	0.609	1.000	0.880	0.889	0.767	0.556	0.434	0.654
专利申请数量	0.695	0.728	0.813	0.887	0.894	0.837	0.602	0.828	0.821	0.449	0.588	0.880	1.000	0.980	0.801	0.591	0.450	0.659
专利授权数量	0.692	0.691	0.799	0.903	0.898	0.837	0.627	0.866	0.820	0.451	0.542	0.889	0.980	1.000	0.775	0.535	0.386	0.699
房地产开发投资额	0.814	0.776	0.765	0.846	0.873	0.892	0.438	0.634	0.880	0.637	0.675	0.767	0.801	0.775	1.000	0.853	0.749	0.481
商品房施工面积	0.755	0.656	0.635	0.624	0.686	0.746	0.267	0.366	0.758	0.565	0.631	0.556	0.591	0.535	0.853	1.000	0.863	0.210
商品房销售面积	0.707	0.565	0.601	0.439	0.553	0.612	0.125	0.170	0.658	0.568	0.603	0.434	0.450	0.386	0.749	0.863	1.000	0.021
商品房销售均价	0.280	0.435	0.477	0.586	0.557	0.460	0.625	0.740	0.436	0.179	0.241	0.654	0.659	0.699	0.481	0.210	0.021	1.000

100个样本城市综合得分及排名　　　　　　　附表3

城市	$Y1$	$Y2$	Y	排名	Y值标准化
北京	13.73	3.25	12.150	1	1.0000
上海	13.53	1.86	11.767	2	0.9742
深圳	11.06	6.42	10.357	3	0.8793
广州	10.36	0.37	8.849	4	0.7778
重庆	11.09	−7.56	8.276	5	0.7393
成都	7.84	−3.50	6.126	6	0.5946
天津	6.91	−0.35	5.816	7	0.5737
杭州	4.90	0.51	4.234	8	0.4673
武汉	5.09	−2.61	3.925	9	0.4465
南京	3.57	0.72	3.142	10	0.3938
郑州	3.75	−2.30	2.833	11	0.3730
宁波	3.00	1.11	2.718	12	0.3652
佛山	3.00	−0.09	2.530	13	0.3526
青岛	2.78	−0.49	2.286	14	0.3362
西安	3.02	−1.93	2.274	15	0.3354
东莞	2.11	2.40	2.155	16	0.3273
长沙	2.52	−0.95	1.998	17	0.3168
苏州（市区）	1.64	2.42	1.760	18	0.3008
温州	1.33	0.16	1.155	19	0.2600
合肥	1.34	−0.51	1.062	20	0.2538
济南	1.12	−0.14	0.931	21	0.2450
泉州	1.12	−0.27	0.913	22	0.2438
福州	1.18	−0.79	0.878	23	0.2414
厦门	0.38	2.85	0.757	24	0.2333
无锡（市区）	0.37	1.35	0.520	25	0.2173
石家庄	0.78	−1.34	0.462	26	0.2134
大连	0.44	0.15	0.398	27	0.2091
南通	0.41	−0.08	0.339	28	0.2051
沈阳	0.42	−0.52	0.277	29	0.2010
哈尔滨	0.18	−0.38	0.096	30	0.1888
昆明	0.19	−1.37	−0.043	31	0.1794
南昌	0.05	−1.05	−0.115	32	0.1746
常州	−0.28	0.75	−0.121	33	0.1742

续表

城市	Y1	Y2	Y	排名	Y值标准化
绍兴	−0.41	1.00	−0.199	34	0.1689
唐山	0.00	−1.38	−0.208	35	0.1683
烟台	−0.23	−0.29	−0.239	36	0.1662
贵阳	0.02	−1.88	−0.271	37	0.1641
徐州	−0.15	−0.97	−0.272	38	0.1640
潍坊	−0.14	−1.15	−0.289	39	0.1629
中山	−0.62	1.07	−0.362	40	0.1580
惠州	−0.42	−0.37	−0.408	41	0.1549
台州	−0.62	0.41	−0.466	42	0.1510
金华	−0.86	1.40	−0.519	43	0.1474
南宁	−0.41	−1.34	−0.553	44	0.1451
长春	−0.60	−0.41	−0.569	45	0.1440
嘉兴	−0.89	0.51	−0.677	46	0.1368
珠海	−1.26	1.91	−0.778	47	0.1300
扬州	−1.16	0.34	−0.932	48	0.1196
昆山	−1.51	2.05	−0.969	49	0.1171
芜湖	−1.10	−0.30	−0.981	50	0.1163
洛阳	−1.03	−1.04	−1.027	51	0.1132
淄博	−1.25	−0.20	−1.094	52	0.1087
镇江	−1.43	0.72	−1.106	53	0.1079
泰州	−1.33	0.14	−1.111	54	0.1075
邯郸	−1.38	−0.82	−1.299	55	0.0949
廊坊	−1.47	−0.39	−1.303	56	0.0946
太原	−1.60	−0.06	−1.370	57	0.0901
湖州	−1.75	0.77	−1.373	58	0.0899
江门	−1.67	−0.13	−1.434	59	0.0858
江阴	−2.00	1.61	−1.456	60	0.0843
汕头	−1.89	0.12	−1.582	61	0.0758
兰州	−1.87	−0.06	−1.598	62	0.0748
包头	−1.92	0.14	−1.611	63	0.0739
淮安	−1.85	−0.32	−1.617	64	0.0735
赣州	−1.75	−0.90	−1.624	65	0.0730
湛江	−1.82	−0.62	−1.639	66	0.0720

续表

城市	Y1	Y2	Y	排名	Y值标准化
呼和浩特	−1.98	0.19	−1.651	67	0.0712
菏泽	−1.80	−0.99	−1.675	68	0.0696
乌鲁木齐	−2.05	0.17	−1.714	69	0.0670
吴江	−2.36	1.82	−1.726	70	0.0662
威海	−2.05	0.05	−1.734	71	0.0656
张家港	−2.36	1.68	−1.753	72	0.0643
常熟	−2.39	1.78	−1.758	73	0.0640
株洲	−2.05	−0.22	−1.769	74	0.0633
宜昌	−2.09	−0.19	−1.799	75	0.0612
海口	−2.18	0.27	−1.811	76	0.0604
鄂尔多斯	−2.14	−0.05	−1.826	77	0.0594
柳州	−2.15	−0.07	−1.835	78	0.0588
保定	−2.09	−0.51	−1.850	79	0.0578
聊城	−2.06	−0.69	−1.850	80	0.0578
德州	−2.13	−0.66	−1.904	81	0.0542
东营	−2.39	0.72	−1.917	82	0.0533
宿迁	−2.20	−0.57	−1.955	83	0.0507
新乡	−2.16	−0.79	−1.956	84	0.0507
马鞍山	−2.38	0.19	−1.992	85	0.0483
连云港	−2.34	−0.09	−2.001	86	0.0476
绵阳	−2.38	−0.25	−2.054	87	0.0441
桂林	−2.36	−0.37	−2.063	88	0.0435
三亚	−2.82	1.59	−2.157	89	0.0371
银川	−2.58	−0.16	−2.218	90	0.0330
湘潭	−2.77	0.07	−2.344	91	0.0246
宝鸡	−2.74	−0.27	−2.367	92	0.0230
日照	−2.82	0.06	−2.387	93	0.0217
鞍山	−2.78	−0.24	−2.392	94	0.0213
秦皇岛	−2.91	0.15	−2.448	95	0.0176
西宁	−2.89	−0.01	−2.450	96	0.0174
衡水	−2.92	−0.36	−2.532	97	0.0119
吉林	−3.00	−0.08	−2.557	98	0.0102
营口	−3.10	0.11	−2.614	99	0.0064
北海	−3.21	0.07	−2.709	100	0.0000

附表4

样本城市商品住房价格指数描述性统计结果

指标	城市																			
	BJ	SH	TJ	CQ	SZ	GZ	HZ	NJ	WH	CD	SUZ	DL	XM	XA	CS	NB	DG	WX	FZ	SY
Mean	32429	34910	11727	7687	36734	17192	18107	15157	8954	8053	13207	11050	20971	7288	6705	13492	10762	9289	14082	7294
Median	32412	32295	10894	7261	30890	17346	17094	13877	8214	7911	12500	11047	20728	7126	6500	13112	9325	8788	14088	7368
Std. Dev.	7384	8258	1698	974	12929	2908	2281	3618	1663	600	1703	597	6161	751	753	1244	2655	1108	1266	648
Skewness	0.10	0.47	0.88	1.42	0.40	0.05	1.10	0.65	0.72	0.85	0.54	0.27	0.27	1.32	0.00	1.31	0.78	0.85	−0.32	−0.97
Kurtosis	1.56	1.62	2.04	3.86	1.41	1.77	2.81	1.81	1.83	2.91	1.64	2.59	1.56	3.90	3.17	3.66	1.96	2.13	2.18	4.63
Jarque–Bera	9.12	12.07	17.24	37.54	13.64	6.50	20.87	13.29	14.62	12.57	12.96	1.98	10.17	33.49	0.12	31.14	15.21	15.56	4.63	27.46
Probability	0.01	0.00	0.00	0.00	0.00	0.04	0.00	0.00	0.00	0.00	0.00	0.37	0.01	0.00	0.94	0.00	0.00	0.00	0.10	0.00

指标	城市																			
	QD	JN	NC	HF	ZZ	TY	SJZ	CC	HEB	HHHT	HK	NN	LZ	KM	GY	XN	YC	WLMQ	WZ	WF
Mean	9724	9282	9431	8251	9290	6875	7206	6969	7360	6905	11482	8181	7418	8458	5046	5744	5027	7043	15508	4676
Median	9268	8723	9086	7383	9176	6916	6997	6829	7183	6976	11372	7915	7226	8344	4988	5860	5030	7184	15151	4500
Std. Dev.	1152	1190	1188	2017	1553	985	1490	709	731	402	1770	924	677	686	427	462	194	784	2034	586
Skewness	1.66	0.98	0.82	0.79	0.16	0.69	0.66	1.19	1.36	−0.15	0.25	1.19	0.79	1.35	1.48	−0.30	0.38	−1.44	0.92	1.46
Kurtosis	4.85	2.33	2.63	2.03	1.86	3.27	2.05	3.95	3.99	3.18	1.69	3.28	2.53	4.55	5.28	2.70	3.94	4.58	3.33	4.75
Jarque–Bera	62.16	18.48	12.00	14.84	6.01	8.49	11.46	28.40	36.13	0.51	8.43	24.45	11.74	41.74	60.09	1.91	6.31	46.35	15.07	49.73
Probability	0.00	0.00	0.00	0.00	0.05	0.01	0.00	0.00	0.00	0.78	0.01	0.00	0.00	0.00	0.00	0.38	0.04	0.00	0.00	0.00

续表

指标	城市																		
	BT	BH	CZ	GL	JX	NT	TS	XZ	ZJ	YZ	FS	HUIZ	KS	LF	LYG	LY	QHD	SANY	ST	YT
Mean	5588	5910	8176	5467	8259	9492	6234	6085	6803	9319	9615	7538	10671	8327	5858	5660	7050	23023	8344	6533
Median	5524	5766	8110	5497	7819	9461	6088	5843	6563	8985	8725	6643	9111	7195	5805	5332	6886	23448	8262	6392
Std. Dev.	254	578	911	530	1100	849	476	793	840	947	1791	1651	2521	2347	704	837	702	2990	1076	551
Skewness	0.27	1.87	0.84	−0.22	1.26	0.09	1.33	0.97	1.21	1.58	1.06	0.74	0.91	0.88	0.50	1.50	1.13	−0.23	0.76	1.87
Kurtosis	2.74	6.00	2.96	2.08	3.22	2.09	3.63	3.32	3.60	4.71	2.44	1.79	1.98	2.04	2.64	4.24	3.43	1.83	3.05	6.34
Jarque–Bera	1.53	98.77	12.01	4.44	27.33	3.74	32.02	16.45	26.57	55.29	20.78	15.72	18.57	17.20	4.88	45.21	22.70	6.77	9.89	107.89
Probability	0.47	0.00	0.00	0.11	0.00	0.15	0.00	0.00	0.00	0.00	0.00	0.00	0.00	0.00	0.09	0.00	0.00	0.03	0.01	0.00

指标	城市																	
	ZS	ZH	JL	JH	QZ	GANZ	YIC	ZHANJ	JM	AS	BAOJ	BD	DZ	DY	EEDS	HD	HEZ	HUZ	SQ	JY
Mean	7220	15049	5537	9186	7385	5904	5675	7288	6282	5064	4255	6065	4904	5519	8422	4971	4418	8746	4777	7123
Median	6385	13138	5514	9267	7588	5773	5477	7017	6031	5085	4211	5582	4815	5468	8284	5005	4336	8642	4683	7041
Maximum	10655	21757	6437	10469	8685	7932	7676	10483	7733	5438	5237	8962	6190	5971	9410	5861	5332	10210	5479	8671
Minimum	5971	9892	4915	8057	6102	4613	4797	4781	5470	4655	3803	4143	4186	5126	7267	4100	2876	7448	4002	6224
Std. Dev.	1530	3816	410	612	695	860	690	1270	611	142	333	1547	495	217	411	426	605	627	341	567
Skewness	1.14	0.78	0.32	−0.17	−0.17	0.61	1.56	0.83	1.15	−0.15	1.30	0.65	1.16	0.45	0.49	0.12	−0.65	0.59	0.17	0.83
Kurtosis	2.67	2.01	2.11	2.12	2.05	2.46	4.64	3.55	3.04	3.10	4.50	1.93	3.59	1.97	3.37	2.64	3.17	3.16	2.81	3.49
Jarque–Bera	22.74	14.68	5.14	3.79	4.35	7.71	53.10	13.23	22.82	0.44	38.85	12.04	24.79	7.97	4.66	0.78	7.40	6.15	0.64	12.95
Probability	0.00	0.00	0.08	0.15	0.11	0.02	0.00	0.00	0.00	0.80	0.00	0.00	0.00	0.02	0.10	0.68	0.02	0.05	0.73	0.00

续表

指标	城市																				
	LC	LIUZ	MAS	MY	RZ	HA	TZZ	TZJ	WEIH	WUH	XT	XX	YK	ZJG	ZHUZ	ZB	HS	SX	CHS
Mean	5002	6879	5639	4981	6328	4982	10843	6595	6434	6244	4074	4178	4624	9348	4794	6053	4662	9697	9548
Median	5099	7021	5621	4899	6314	4850	10981	6591	6279	6115	3974	4186	4588	9280	4780	5838	4880	9837	9210
Maximum	6042	8837	6833	6295	7551	5844	12648	7774	8462	7581	5365	5580	4942	10489	6220	7671	6427	12539	13788
Minimum	4035	5196	4909	4228	5547	4272	9579	5128	5354	5483	3228	2787	4297	8461	3085	5318	3102	8174	7497
Std. Dev.	398	964	516	413	436	376	765	615	771	518	455	632	149	537	635	578	997	956	1495
Skewness	0.08	0.04	0.77	1.25	0.68	0.64	−0.16	−0.18	1.12	0.82	1.18	0.02	0.38	0.25	−0.23	1.56	0.16	0.56	0.96
Kurtosis	3.18	2.09	2.92	5.11	3.23	2.70	2.11	2.43	3.58	2.98	4.27	3.37	2.30	2.18	4.04	4.42	1.97	3.66	3.38
Jarque–Bera	0.24	3.61	10.21	45.94	8.09	7.36	3.82	1.98	22.79	11.47	30.84	0.61	4.59	3.94	5.54	50.29	4.94	7.32	16.48
Probability	0.88	0.16	0.01	0.00	0.02	0.03	0.15	0.37	0.00	0.00	0.00	0.74	0.10	0.14	0.06	0.00	0.08	0.03	0.00

附表5 京津冀蒙城市群房价变动格兰杰检验结果

因\果	北京	天津	太原	石家庄	呼和浩特	包头	唐山	廊坊	秦皇岛	保定	鄂尔多斯	邯郸	衡水
北京	—	26.978***	1.999	11.832***	0.141	9.814***	1.122	15.000***	0.007	0.511	6.841***	1.303	7.843**
天津	13.833***	—	9.457***	0.015	0.249	5.731***	10.006***	3.990*	11.863***	1.367	0.117	0.021	2.325
太原	6.828**	2.587	—	0.561	10.603***	0.001	0.905	5.120**	0.168	1.816	7.935***	1.810	0.581
石家庄	19.251***	21.141***	5.075**	—	3.263*	11.312***	2.753**	14.686***	3.055**	0.103	2.167	1.707	8.527***
呼和浩特	2.509	0.011	0.149	1.545	—	3.223*	1.132	2.120	1.131	7.256***	0.596	3.834*	1.512
包头	1.054	0.410	1.469	0.087	0.895	—	9.765***	0.238	2.600	1.197	0.005	0.222	0.742
唐山	0.817	0.874	0.013	0.004	0.215	5.038**	—	5.890**	11.203***	1.049	0.928	1.814	0.385
廊坊	8.234***	23.283***	3.350*	0.985	3.595***	1.643	1.529	—	0.674	1.847	0.152	0.006	0.822
秦皇岛	0.067	0.029	1.491	0.008	2.747*	1.120	1.838	0.552	—	1.957	0.738	0.021	1.361
保定	9.202***	10.340***	4.580**	1.547	0.055	0.477	0.549	11.258***	0.017	—	2.924	13.451***	0.023
鄂尔多斯	2.232	0.105	7.333***	0.376	0.647	0.004	0.940	3.175*	0.084	0.007	—	11.041***	0.721
邯郸	2.066	1.341	7.761***	0.112	1.211	2.008	0.460	0.712	0.314	0.420	9.977***	—	0.206
衡水	2.526	5.963**	2.115	0.253	2.585	11.181***	0.016	12.490***	0.460	7.816***	2.412	1.228	—

注：*、**、***分别表示在10%、5%和1%显著水平下拒绝原假设，后同。

附表6

东北城市群房价变动格兰杰检验结果

因	果						
	大连	沈阳	长春	哈尔滨	吉林	鞍山	营口
大连	—	1.079	0.920	1.994	0.591	23.000***	3.406
沈阳	6.147**	—	7.255**	0.890	4.492	8.248**	7.904**
长春	0.479	0.085	—	8.938**	4.452	2.069	8.517**
哈尔滨	3.208	3.120	6.440**	—	4.824*	16.978***	5.483*
吉林	0.860	0.114	2.585	6.668**	—	16.205***	0.059
鞍山	2.273	11.773***	2.028	2.614	3.743	—	4.438
营口	2.147	13.158**	6.743**	6.259**	4.215	13.852***	—

附表7

山东半岛城市群房价变动格兰杰检验结果

因	果											
	青岛	济南	潍坊	徐州	连云港	烟台	德州	东营	聊城	日照	威海	淄博
青岛	—	0.031	4.438**	13.835**	0.143	2.888*	0.026	0.605	0.012	0.027	2.247	2.186
济南	30.464**	—	0.083	0.001	2.707*	4.155**	3.814*	1.647	7.337***	0.099	2.612	3.127*
潍坊	4.059**	0.072	—	3.090*	0.174	22.225**	0.367	0.283	0.767	0.298	2.072	1.169
徐州	2.984*	1.177	0.605	—	0.226	6.647***	0.319	4.145**	0.196	1.247	1.506	2.582
连云港	0.839	0.088	0.322	15.212**	—	0.019	1.145	2.694	1.180	0.049	0.658	0.545
烟台	2.675	1.526	0.521	15.990**	0.652	1.012	0.149	1.552	0.045	0.200	0.668	0.799
德州	3.053*	1.059	0.106	0.005	0.326	4.054**	—	0.208	0.755	3.379*	0.889	0.045
东营	5.322**	0.802	0.589	0.017	2.494	2.398	0.002	—	0.163	0.200	0.808	0.060
聊城	17.810**	0.315	0.006	0.044	0.346	1.811	0.194	0.547	—	1.725	11.115**	0.154
日照	13.750**	6.453**	1.204	4.251**	1.895	0.091	0.078	1.773	4.346**	—	0.721	0.161
威海	0.241	6.133**	6.469**	0.047	0.964	2.964*	2.774*	0.088	1.135	2.863*	—	0.132
淄博	0.903	1.003	10.872	3.076*	1.205		4.543**	2.345	0.400	9.388***	10.974**	—

附表8 西部城市群房价变动格兰杰检验结果

因	果									
	重庆	成都	西安	兰州	昆明	贵阳	西宁	银川	乌鲁木齐	宝鸡	绵阳
重庆	—	3.646	2.785	11.614***	6.010*	6.630*	0.451	2.222	4.411	1.739	5.822**
成都	11.565***	—	5.804*	12.502***	0.453	0.608	1.423	2.239	3.386	2.782	16.684***
西安	0.944	4.888*	—	13.832***	4.951*	1.070	1.782	1.907	2.717	7.694***	7.580**
兰州	2.057	0.955	2.957	—	0.226	2.674	4.721	2.781	1.978	5.376*	1.288
昆明	0.528	6.507**	4.952*	12.808***	—	1.825	0.033	0.944	0.641	2.175	2.207
贵阳	7.368**	0.245	4.914*	2.474	0.976	—	4.263	2.449	5.616*	0.261	0.521
西宁	4.712*	1.451	1.969	1.832	1.203	0.259	—	1.768	2.536	6.236**	9.874***
银川	2.251	11.147***	1.914	10.351***	3.954	0.073	8.158	—	6.396**	2.398	10.745***
乌鲁木齐	1.600	3.915	3.844	12.840***	5.920*	2.917	9.506**	11.622***	—	1.833	3.664
宝鸡	4.529	3.659	5.192*	3.877	5.457*	3.661	6.351	14.357***	1.689	—	15.478***
绵阳	10.455***	1.521	0.667	3.828	1.715	0.220	0.940	0.778	2.395	8.796***	—

附表9 中原城市群房价变动格兰杰检验结果

因	果			
	郑州	洛阳	菏泽	新乡
郑州	—	4.730*	0.679	0.738
洛阳	0.022	—	12.388***	9.829***
菏泽	0.193	3.351	—	1.163
新乡	0.476	0.485	1.351	—

附表10

长三角城市群房价变动格兰杰检验结果

因	上海	杭州	南京	苏州	宁波	无锡	合肥	温州	常州	嘉兴	南通	镇江	扬州
上海	—	2.525	0.025	9.332**	0.466	0.187	3.008*	0.009	0.480	0.507	0.832	0.090	0.151
杭州	0.193	—	0.249	0.017	2.567	0.000	0.038	3.072*	0.126	3.075*	0.190	0.637	0.537
南京	0.212	21.632*	—	4.040**	1.336	1.355	3.837*	0.260	5.000**	3.125*	0.008	4.338**	6.067**
苏州	0.914	0.328	27.230**	—	0.378	3.579*	2.116	0.346	6.854	1.178	5.341**	0.810	0.002
宁波	1.825	6.262**	2.669	2.504	—	0.285	1.853	8.664**	0.177	5.325**	0.636	0.194	0.009
无锡	4.148**	14.146*	0.001	6.597**	0.005	—	0.298	1.331	12.747	0.640	3.408**	0.088	0.090
合肥	0.042	3.331*	3.605*	3.026*	0.514	0.896	—	0.202	0.132	0.137	0.290	8.111**	4.976**
温州	0.659	1.064	6.831**	1.822	1.351	2.748*	0.171	—	0.347	0.370	2.862*	3.891**	2.034
常州	7.629**	1.271	6.808**	2.531	1.853	4.817**	1.656	3.506	—	0.516	2.187	0.023	2.935*
嘉兴	9.277**	24.555**	15.479**	2.105	7.839***	4.179**	0.058	0.000	3.616**	—	0.727	0.102	6.052**
南通	2.028	1.127	4.599**	1.605	1.827	0.057	0.118	1.003	1.264	2.100	—	1.012	2.800*
镇江	7.179**	2.217	8.665**	0.502	0.024	0.063	0.549	0.892	4.963**	0.188	0.518	—	0.289
扬州	1.645	10.474*	3.543*	0.746	4.230**	0.614	0.299	1.176	0.037	0.334	0.562	0.559	—
昆山	0.263	1.471	1.131	3.319*	2.145	0.062	0.034	0.934	2.675	1.360	2.391	0.207	0.856
金华	0.193	0.176	1.006	0.157	1.531	2.086	0.516	0.092	0.524	0.542	0.067	0.158	0.005
湖州	1.002	2.629	2.872*	5.599**	0.493	0.096	2.189	0.553	0.082	0.194	0.299	0.036	3.386**
宿迁	0.227	12.963**	6.509**	0.277	0.004	0.644	6.422**	2.465	5.259**	2.822*	0.809	0.016	6.049**
江阴	0.057	0.336	2.842*	8.871	0.232	0.068	0.109	1.451	0.006	0.109	0.322	0.727	1.158
马鞍山	0.152	0.221	0.450	0.000	0.668	1.028	0.129	3.637*	3.197*	0.722	3.182*	0.109	10.123*

续表

因	上海	杭州	南京	苏州	宁波	无锡	合肥	温州	常州	嘉兴	南通	镇江	扬州
淮安	2.051	10.063*	23.600*	1.160	7.465***	0.849	0.491	0.176	2.150	0.090	0.621	0.253	1.944
台州	2.286	4.101**	0.943	0.016	0.768	0.164	0.060	0.397	2.291	0.384	0.099	0.195	0.141
泰州	4.051**	17.315*	2.451	2.638	2.668	3.409*	4.358**	0.003	10.521*	0.183	1.828	0.974	35.146*
芜湖	2.475	2.851*	17.675*	2.247	0.021	0.287	0.551	1.024	1.322	2.269	0.104	0.032	2.625
张家港	0.130	6.507**	1.796	0.064	0.415	3.785*	0.260	6.064**	0.174	9.795**	0.613	0.703	5.242**
绍兴	0.698	2.548	0.225	0.827	0.004	0.251	3.333*	0.022	3.325*	0.716	0.220	0.046	0.132
常熟	1.180	0.520	0.557	1.847	7.572***	1.069	0.000	0.429	0.056	0.053	1.241	1.322	0.161

因	昆山	金华	湖州	宿迁	江阴	马鞍山	淮安	台州	泰州	芜湖	张家港	绍兴	常熟
上海	0.406	0.664	0.964	0.029	0.090	1.216	4.874**	0.033	12.074***	0.382	3.467*	9.151***	0.161
杭州	0.018	2.264	0.028	1.236	0.024	0.883	3.733*	0.079	0.013	3.638**	5.158**	1.769	0.122
南京	0.050	4.214**	2.172	0.189	0.127	0.078	1.233	0.370	0.202	1.179	0.026	1.218	4.425
苏州	15.854***	9.527***	0.544	3.985**	7.992***	0.239	0.923	5.121**	0.581	0.629	0.002	0.207	0.016
宁波	0.030	5.873**	1.865	1.467	6.348**	0.628	0.210	2.403	2.980*	0.682	0.223	0.845	7.133***
无锡	6.951***	1.621	0.690	0.300	16.968***	0.152	1.043	0.359	4.646**	18.204***	0.487	0.019	1.089
合肥	4.337**	2.531	0.020	0.003	0.007	0.134	0.010	1.746	1.133	0.078	7.350***	5.461**	0.337
温州	0.019	2.647	0.319	0.455	1.262	0.234	3.635*	2.844*	0.814	0.176	1.822	3.399*	0.001
常州	2.267	1.366	0.439	0.145	1.644	0.426	0.043	0.053	0.117	16.079***	6.490**	2.955*	0.098

续表

因	昆山	金华	湖州	宿迁	江阴	马鞍山	淮安	台州	泰州	芜湖	张家港	绍兴	常熟
嘉兴	4.071**	0.791	4.421**	0.634	7.571***	5.301**	2.064	0.025	0.007	0.003	0.260	0.526	0.516
南通	3.955***	3.166**	4.627**	0.135	0.108	0.666	0.490	2.189	0.832	4.995**	4.537**	3.947**	0.272
镇江	2.367	0.092	2.197	0.031	6.706***	0.947	0.009	0.522	8.682***	3.685*	4.032**	1.554	0.209
扬州	6.765***	2.328	0.373	1.155	0.782	0.090	0.036	7.852***	1.334	2.429	1.133	0.170	0.216
昆山	—	1.961	3.660*	0.494	3.256*	0.227	0.164	0.951	1.267	0.724	0.354	0.048	8.289
金华	0.063	—	0.035	0.832	2.688	0.946	7.944***	9.101***	0.018	0.189	0.304	1.207	1.185
湖州	0.827	0.944	—	3.794*	0.081	0.062	2.803*	1.088	0.199	4.492**	0.051	0.380	0.684
宿迁	0.000	0.647	0.039	—	2.080	0.302	0.004	0.262	0.106	0.152	9.284***	0.000	0.743
江阴	6.185**	0.011	9.669	0.104	—	0.379	0.001	0.381	3.798*	0.411	0.409	0.209	1.096
马鞍山	0.324	2.507	0.017	0.585	0.617	—	3.882**	0.960	1.178	4.058**	1.619	3.311*	0.005
淮安	0.835	3.503*	0.141	9.327***	2.384	0.249	—	0.008	2.511	1.154	3.517	0.219	1.869
台州	2.797*	2.376	4.399**	2.291	4.625**	0.907	0.173	—	0.002	0.884	0.527	0.658	0.065
泰州	5.542***	0.161	0.585	18.338***	0.263	0.048	1.847	13.907***	—	13.301***	3.815*	0.043	0.008
芜湖	6.798***	2.477	1.767	0.048	8.029***	0.000	6.046**	0.004	2.347	—	3.636*	6.648***	0.022
张家港	0.408	1.117	0.285	1.469	1.631	2.450	11.744***	0.170	0.306	10.166***	—	1.734	0.853
绍兴	2.593	1.171	0.041	2.870*	4.684**	2.512	0.855	1.696	0.293	2.255	0.099	—	6.250**
常熟	0.411	2.608	0.471	4.715**	7.853***	27.094***	6.194**	0.214	1.355	1.010	4.064**	1.040	—

附表11 长江中游城市群房价变动格兰杰检验结果

因 \ 果	武汉	长沙	南昌	宜昌	湘潭	株洲
武汉	—	0.037	5.823**	2.875**	0.024	0.610
长沙	6.758***	—	0.698	0.385	0.247	0.474
南昌	0.737	11.550***	—	4.176**	3.353*	3.250*
宜昌	18.427***	2.341	0.450	—	2.516	0.240
湘潭	13.092***	0.135	0.020	0.634	—	0.002
株洲	0.339	2.579	0.295	1.283	0.383	—

附表12 珠三角-北部湾城市群房价变动格兰杰检验结果

因 \ 果	深圳	广州	东莞	海口	南宁	北海	桂林	佛山	惠州	三亚	汕头	中山	珠海	赣州	湛江	江门	柳州
深圳	—	16.021***	12.135**	5.015	7.309	5.858	14.885***	5.993	32.071***	9.659***	6.462	4.205	7.044	5.306	6.117	10.603**	5.291
广州	0.757	—	3.116	6.220	3.031	5.864	4.618	18.606***	8.175**	6.478	3.715	10.094**	8.400*	4.913	4.484	5.077	14.563***
东莞	1.970	7.481	—	12.881***	3.242	3.415	7.644	9.090*	4.151	7.487	8.603*	3.845	4.117	3.818	8.530*	3.528	2.597
海口	2.382	12.035**	4.912	—	6.467	9.133*	5.068	3.685	8.959*	2.014	1.430	9.361*	3.860	3.692	11.654**	6.213	3.681
南宁	5.888	4.212	2.479	7.340	—	9.637**	2.025	6.456	2.885	4.565	0.768	1.787	7.375	13.073**	5.723	5.634	7.957*
北海	1.723	2.153	5.500	4.011	5.253	—	4.235	1.056	7.534	6.590	2.157	5.168	3.528	5.271	5.137	5.243	4.807
桂林	4.019	3.937	6.005	10.879**	6.360	5.983	—	3.121	8.649*	3.219	10.688**	4.797	4.319	2.676	10.034**	1.413	6.264

续表

因	深圳	广州	东莞	海口	南宁	北海	桂林	佛山	惠州	三亚	汕头	中山	珠海	赣州	湛江	江门	柳州
佛山	0.477	3.505	1.791	1.686	10.037**	6.238	14.482***	—	3.499	1.860	2.339	3.310	9.752**	3.002	6.781	0.968	2.947
惠州	2.914	7.695	3.841	7.649	5.694	11.111**	10.502**	8.328*	—	2.705	1.136	2.544	9.452*	5.969	6.032	6.075	3.015
三亚	1.747	7.019	6.510	35.871***	11.558**	3.071	19.373***	3.552	5.202	—	4.644	5.202	4.400	1.059	1.965	8.901*	6.734
汕头	3.091	5.729	6.014	0.653	2.776	7.170	4.396	11.279**	9.299*	2.381	—	0.241	6.415	1.750	4.916	4.493	4.193
中山	0.697	15.383***	4.469	6.060	8.131*	1.676	11.252**	14.989***	4.374	7.172	2.571	—	2.378	2.684	6.362	3.008	7.932*
珠海	3.694	7.462	3.563	9.181*	3.945	2.561	10.162**	7.454	10.403**	2.025	5.617	4.860	—	1.024	1.936	3.383	3.694
赣州	7.536	1.351	3.544	3.761	9.557**	1.310	7.396	7.366	12.012**	4.077	3.496	7.101	5.359	—	2.591	0.988	2.676
湛江	6.486	7.027	1.362	12.451**	3.540	12.771**	17.449***	8.003*	16.178***	11.110**	2.747	4.298	0.804	6.393	—	2.124	7.048
江门	2.195	10.385**	11.200**	3.802	1.224	4.182	10.660**	4.246	2.044	8.087**	12.636**	2.987	2.458	1.712	6.761	—	0.961
柳州	4.758	13.110**	2.575	5.405	9.509**	3.756	5.018	11.587**	5.571	4.482	0.540	4.199	1.226	1.004	5.894	4.556	—

附表13 海峡西岸城市群房价变动格兰杰因果检验结果

因	果		
	厦门	福州	泉州
厦门	—	0.445	3.649
福州	6.845**	—	18.285***
泉州	7.185**	0.908	—

附表14 中心城市房价变动格兰杰检验结果

因\果	郑州	西安	武汉	深圳	沈阳	上海	三亚	济南	福州	成都	北京
郑州	—	21.060***	4.502	4.915	13.606**	3.392	19.775***	6.212	11.153*	15.210**	8.383
西安	9.701	—	7.100	8.561	4.439	7.032	6.342	7.609	18.450***	12.512*	7.934
武汉	7.242	12.324*	—	4.853	19.185***	16.477***	23.425***	4.475	11.493*	15.091**	7.106
深圳	17.809***	10.367	26.279***	—	18.925***	25.877***	9.139	11.958**	19.557***	17.665***	4.418
沈阳	3.355	6.592	3.078	4.294	—	14.753***	23.832***	4.699	5.376	6.857	9.667
上海	28.586***	10.494	30.359***	4.520	19.149***	—	10.608	6.931	14.385**	9.260	5.115
三亚	22.504***	16.692**	12.090*	7.026	8.299	4.638	—	1.931	3.231	15.136**	7.913
济南	19.445***	26.369***	7.629	4.414	29.447***	14.687**	10.660*	—	7.870	11.448*	5.928
福州	14.901	24.238***	10.020	7.688	11.473*	14.834***	13.588**	10.999**	—	11.977*	17.919***
成都	25.037***	22.715***	14.601**	15.694***	16.017**	10.930**	16.065**	6.365	14.546**	—	7.686
北京	9.367	12.949**	21.994***	2.561	18.676***	11.757**	26.178***	3.293	4.453	5.602	—

附表15

城市群房价变动格兰杰检验结果

因	果								
	JJJM	DB	SDBD	XB	ZY	CSJ	CJZY	ZSJB	HXX
JJJM	—	1.329	9.423**	12.996***	5.320*	3.632	0.875	1.114	7.347**
DB	5.981*	—	1.563	0.701	6.407**	2.481	4.306	0.384	0.055
SDBD	2.132	4.171	—	0.908	18.849***	4.938*	15.708***	3.662	13.109***
XB	1.599	2.593	5.409*	—	5.442*	1.710	2.763	1.974	12.955***
ZY	3.230	8.751**	3.245	11.059***	—	2.225	6.261**	0.754	2.300
CSJ	5.379*	4.820*	1.430	0.455	5.617*	—	4.673	9.155**	1.847
CJZY	0.871	1.598	2.804	3.682	0.116	2.492	—	0.453	2.574
ZSJB	4.152	1.373	1.987	1.368	12.011***	11.233***	5.222*	—	17.872***
HXX	1.627	0.632	8.851**	4.829	4.945	6.201**	9.440***	2.936	—

9个城市群房价网络节点特征　　　　　　　　附表16

城市群	城市	中心度（点出度）	中心度（点入度）	城市群	城市	中心度（点出度）	中心度（点入度）
京津冀蒙	北京	14.741	11.833	长三角	苏州	20.796	20.217
	天津	12.780	13.616		宁波	12.876	25.457
	太原	7.986	10.643		无锡	17.772	21.812
	石家庄	18.202	2.471		合肥	15.628	15.723
	呼和浩特	4.496	5.833		温州	12.118	12.287
	包头	2.279	11.657		常州	15.945	13.415
	唐山	5.806	5.595		嘉兴	17.370	11.162
	廊坊	7.744	16.286		南通	14.679	1.576
	秦皇岛	1.010	6.006		镇江	18.527	5.426
	保定	11.097	4.038		扬州	8.688	26.258
	鄂尔多斯	5.549	6.294		昆山	6.086	23.543
	邯郸	4.349	6.345		金华	10.665	11.117
	衡水	8.781	4.203		湖州	19.118	7.177
东北	大连	3.135	1.816		宿迁	12.788	5.256
	沈阳	7.975	5.043		江阴	10.689	13.667
	长春	5.825	5.754		马鞍山	15.671	4.196
	哈尔滨	7.971	5.921		淮安	18.449	20.312
	吉林	4.682	3.067		台州	1.863	13.481
	鞍山	2.466	13.490		泰州	20.514	10.812
	营口	8.948	5.911		芜湖	12.097	33.237
山东半岛	青岛	5.178	14.200		张家港	15.030	17.141
	济南	10.309	3.678		绍兴	19.721	13.895
	潍坊	5.630	5.743		常熟	29.188	6.982
	徐州	4.409	11.820	长江中游	武汉	2.820	2.390
	连云港	2.722	0.996		长沙	1.910	2.450
	烟台	2.772	9.966		南昌	6.270	1.760
	德州	2.334	3.873		宜昌	2.910	2.490
	东营	3.072	1.422		湘潭	2.570	1.210
	聊城	5.288	3.462		株洲	0.000	1.180

续表

城市群	城市	中心度（点出度）	中心度（点入度）	城市群	城市	中心度（点出度）	中心度（点入度）
山东半岛	日照	7.401	4.509	珠三角-北部湾	深圳	14.951	1.944
	威海	5.753	4.804		广州	14.175	6.337
	淄博	10.745	1.140		东莞	8.964	14.281
西部	重庆	7.899	8.342		海口	19.579	14.384
	成都	10.911	6.811		南宁	8.783	11.367
	西安	10.820	8.138		北海	5.880	4.145
	兰州	1.682	15.045		桂林	9.080	8.358
	昆明	6.023	6.868		佛山	6.050	20.949
	贵阳	5.315	1.892		惠州	8.351	16.026
	西宁	5.670	6.200		三亚	15.898	8.753
	银川	11.077	5.117		汕头	10.422	2.320
	乌鲁木齐	9.036	3.582		中山	6.504	9.176
	宝鸡	10.772	7.726		珠海	6.533	6.306
	绵阳	4.521	14.005		赣州	3.812	12.932
中原	郑州	1.554	0.000		湛江	10.716	0.000
	洛阳	4.802	1.554		江门	9.422	12.920
	菏泽	0.000	2.517		柳州	4.075	12.997
	新乡	0.000	2.285	海峡西岸	厦门	0.000	3.896
长三角	上海	19.199	14.051		福州	4.830	0.000
	杭州	10.819	16.259		泉州	1.972	2.906
	南京	9.271	21.108				

全样本城市网络节点特征　　　　　　附表17

序号	城市	点度中心度	点出度	点入度	接近中心度	中介中心度
1	深圳	37.914	35.970	4.697	28.824	9.251
2	上海	46.105	33.943	28.181	28.080	38.476
3	北京	37.035	29.522	14.719	27.298	20.403
4	常熟	34.502	29.190	6.980	19.718	0.279
5	成都	34.667	27.793	22.757	26.064	9.572
6	济南	39.642	27.423	17.092	27.374	17.383
7	三亚	44.031	27.040	29.080	24.873	16.699
8	福州	31.841	26.607	16.085	28.994	17.513
9	苏州	31.509	20.800	20.220	22.633	5.290
10	泰州	29.750	20.510	10.810	19.444	1.893
11	绍兴	29.351	19.720	13.890	22.738	3.196
12	海口	26.407	19.580	14.380	17.626	2.358
13	武汉	32.708	19.400	22.340	27.374	15.813
14	湖州	24.547	19.120	7.180	19.444	0.468
15	镇江	23.953	18.530	5.430	22.685	1.202
16	淮安	33.559	18.450	20.312	19.406	2.082
17	石家庄	18.202	18.200	2.470	21.075	1.259
18	郑州	25.699	18.094	18.236	25.258	5.989
19	无锡	35.220	17.772	21.812	22.477	2.361
20	嘉兴	23.629	17.370	11.163	22.685	4.451
21	常州	29.360	15.945	13.415	22.581	1.582
22	马鞍山	19.867	15.671	4.196	19.253	0.090
23	合肥	27.587	15.628	15.723	19.329	1.848
24	张家港	24.605	15.030	17.141	19.253	0.234
25	南通	14.679	14.679	1.576	19.329	0.108

续表

序号	城市	点度中心度	点出度	点入度	接近中心度	中介中心度
26	广州	16.477	14.175	6.337	19.444	0.347
27	沈阳	35.090	13.837	28.024	24.318	13.273
28	西安	30.654	13.735	25.784	24.079	9.718
29	宁波	35.090	12.876	25.457	19.329	0.371
30	宿迁	14.791	12.788	5.256	19.368	0.153
31	天津	22.385	12.780	13.616	20.851	1.286
32	温州	22.790	12.118	12.287	19.253	0.151
33	芜湖	39.263	12.097	33.237	19.103	1.267
34	保定	15.135	11.097	4.038	20.896	2.233
35	银川	14.338	11.077	5.117	21.304	1.256
36	杭州	23.681	10.819	16.259	19.253	1.244
37	宝鸡	12.671	10.772	7.726	19.878	4.904
38	淄博	11.885	10.745	1.140	18.491	1.725
39	湛江	10.716	10.716	0.000	24.873	0.000
40	江阴	22.510	10.689	13.667	22.222	1.518
41	金华	18.453	10.665	11.117	19.103	0.320
42	汕头	10.844	10.422	2.320	20.588	0.084
43	江门	16.557	9.422	12.920	19.838	2.596
44	南京	26.835	9.271	21.108	16.695	0.416
45	桂林	15.714	9.080	8.358	19.561	1.282
46	乌鲁木齐	10.762	9.036	3.582	17.883	0.046
47	东莞	17.480	8.964	14.281	19.919	0.837
48	营口	9.181	8.948	5.911	19.838	1.908
49	南宁	20.150	8.783	11.367	17.407	1.391
50	衡水	12.984	8.781	4.203	17.594	0.797

续表

序号	城市	点度中心度	点出度	点入度	接近中心度	中介中心度
51	扬州	33.181	8.688	26.258	19.029	0.843
52	惠州	22.653	8.351	16.026	17.345	0.296
53	太原	15.428	7.986	10.643	20.763	1.514
54	哈尔滨	8.753	7.971	5.921	16.724	0.030
55	重庆	12.587	7.899	8.342	17.851	1.500
56	廊坊	19.329	7.744	16.286	20.851	3.411
57	日照	11.910	7.401	4.509	22.022	1.462
58	珠海	10.818	6.533	6.306	19.141	0.600
59	中山	15.680	6.504	9.176	19.178	0.913
60	南昌	8.027	6.265	1.762	18.148	2.693
61	昆山	25.706	6.086	23.543	18.956	1.082
62	佛山	24.978	6.050	20.949	16.610	0.180
63	昆明	11.291	6.023	6.868	21.030	1.847
64	北海	8.394	5.880	4.145	16.724	0.028
65	长春	7.807	5.825	5.754	16.695	1.315
66	唐山	9.784	5.806	5.595	17.469	1.015
67	威海	10.557	5.753	4.804	21.973	1.425
68	西宁	10.040	5.670	6.200	16.810	0.063
69	潍坊	9.972	5.630	5.740	1.053	0.021
70	鄂尔多斯	7.551	5.549	6.294	17.438	1.009
71	贵阳	5.315	5.315	1.892	19.838	0.548
72	聊城	8.750	5.288	3.462	18.284	0.452
73	青岛	16.884	5.178	14.200	1.053	0.992
74	洛阳	6.356	4.802	1.554	1.031	1.830
75	吉林	6.175	4.682	3.067	16.667	0.004

续表

序号	城市	点度中心度	点出度	点入度	接近中心度	中介中心度
76	绵阳	14.590	4.521	14.005	16.781	0.154
77	呼和浩特	10.329	4.496	5.833	17.531	1.162
78	徐州	13.242	4.409	11.820	1.053	1.016
79	邯郸	8.394	4.349	6.345	17.314	0.037
80	柳州	14.941	4.075	12.997	22.791	7.063
81	赣州	14.829	3.812	12.932	19.216	1.135
82	大连	4.951	3.135	1.816	16.498	0.000
83	东营	4.494	3.072	1.422	1.052	0.000
84	宜昌	4.343	2.914	2.485	21.586	0.326
85	烟台	10.844	2.772	9.966	1.052	0.437
86	连云港	3.718	2.722	0.996	1.063	0.431
87	湘潭	3.782	2.572	1.210	21.634	0.326
88	鞍山	13.846	2.466	13.490	19.639	2.477
89	德州	6.207	2.334	3.873	18.250	0.437
90	包头	12.319	2.279	11.657	14.916	0.302
91	泉州	4.878	1.972	2.906	1.020	0.000
92	长沙	4.358	1.911	2.447	21.634	0.326
93	台州	15.344	1.863	13.481	16.013	0.087
94	兰州	16.727	1.682	15.045	16.667	0.072
95	秦皇岛	7.016	1.010	6.006	15.008	0.040
96	株洲	1.179	0.000	1.179	1.010	0.000
97	厦门	3.896	0.000	3.896	1.010	0.000
98	菏泽	3.718	0.000	2.517	1.010	0.000
99	新乡	2.285	0.000	2.285	1.010	0.000

参考文献

[1] 吴建楠,程绍铂,姚士谋. 中国城市群空间结构研究进展[J]. 现代城市研究, 2013 (12): 101-105.

[2] 刘梅,赵曦. 城市群网络空间结构及其经济协调发展[J]. 经济问题探索, 2019 (9): 100-110.

[3] 潘毅. 国家发改委:将更好发挥城市群对促进区域协调发展的重要作用[N/OL]. 央广网, 2019-8-18.

[4] 沈坤荣. 人民要论:以城市群推动经济高质量发展[N/OL]. 人民日报, 2018-8-6.

[5] 曾祥渭,刘志东,刘雯宇. 我国城市群商品住宅价格传导与波动性外溢研究[J]. 管理评论, 2015, 27 (9): 3-13.

[6] 兰峰,徐东涛. 长三角地区重点城市的商品住宅价格波动扩散机理研究[J]. 西安建筑科技大学学报(自然科学版), 2014, 46 (4): 604-608.

[7] 兰峰,张春苗. 空间经济学视角下的商品住房价格溢出效应研究[J]. 统计与信息论坛, 2015 (6): 39-44.

[8] 董加加,纪晗. 我国城市间住宅价格溢出效应研究[J]. 经济经纬, 2018 (1): 8-13.

[9] McAvinchey I D, Maclennan D. A Regional Comparison of House Price Inflation Rates in Britain, 1967-1976[J]. Urban Studies, 1982, 19 (1): 43-57.

[10] Tsai I C. Ripple effect in house prices and trading volume in the UK housing market: New viewpoint and evidence[J]. Economic Modelling, 2014, 40: 68-75.

[11] Giussani B, Hadjimatheou G. Modeling regional house prices in the UK[J]. Journal of Financial Intermediation, 1997, 44 (3): 225-246.

[12] Macdonald R, Taylor M P. Regional House Prices in Britain: Long-Run Relationships and Short-Run Dynamics[J]. Scottish Journal of Political Economy, 1993, 40 (1): 43-55.

[13] Munro M, Tu Y. UK House Price Dynamics: Past and Future Trends[R]. Council of Mortgage Lender Research Report, 1996.

[14] Cook S. The Convergence of Regional House Price in the UK[J]. Urban Studies, 2003, 40 (11): 2285-2294.

[15] Cook S, Thomas C. Taylor & Francis Online: An alternative approach to examining the ripple effect in UK house prices [J]. Applied Economics Letters, 2003, 10 (13): 849-851.

[16] Cook Steven. Detecting long-run relationships in regional house prices in the UK[J].

International Review of Applied Economics, 2005, 19 (1): 107–118.

[17] Stevenson Simon. House price diffusion and inter-regional and cross-border house price dynamics[J]. Journal of Property Research, 2004, 21 (4): 301–320.

[18] Pollakowski H O, Ray T S. Housing Price Diffusion Patterns at Different Aggregation Levels: An Examination of Housing Market Efficiency[J]. Journal of Housing Research, 1997, 8 (1): 107–124.

[19] Dolde W, Tirtiroglu D. Temporal and Spatial Information Diffusion in Real Estate Price Changes and Variances[J]. Real Estate Economics, 1997, 25 (4): 539–565.

[20] Cho S, Kim J, Roberts R K, et al. Neighborhood spillover effects between rezoning and housing price[J]. Annals of Regional Science, 2012, 48 (1): 301–319.

[21] Berg Lennart. Prices on the Second-hand Market for Swedish Family Houses: Correlation, Causation and Determinants[J]. European Journal of Housing Policy, 2002, 2 (1): 1–24.

[22] Lean Hooi Hooi, Smyth Russell. Regional House Prices and the Ripple Effect in Malaysia[J]. Urban Studies, 2013, 50 (5): 895–922.

[23] Teye A L, Ahelegbey D F. Detecting Spatial and Temporal House Price Diffusion in the Netherlands: A Bayesian Network Approach[J]. Regional Science & Urban Economics, 2017, 65 (5): 463–469.

[24] Shih Y N, Li H C, Qin B. Housing price bubbles and inter-provincial spillover: Evidence from China[J]. Habitat International, 2014, 43: 142–151.

[25] Zhang F, Morley B. The convergence of regional house prices in China[J]. Applied Economics Letters, 2014, 21 (3): 205–208.

[26] Chow W W, Fung M K, Cheng A C S. Convergence and spillover of house prices in Chinese cities[J]. Applied Economics, 2016: 1–20.

[27] Mei-Se, Chiena, Shu-Jung, et al. The Convergence of Regional House Price: An Application to Taiwan[C]//Proceedings of the 2006 Joint Conference on Information Sciences. JCIS 2006. Kaohsiung, Taiwan: DBLP, 2006: 8–11.

[28] Ho Lok Sang, Ma Yue, Haurin Donald R. Domino Effects Within a Housing Market: The Transmission of House Price Changes Across Quality Tiers[J]. Journal of Real Estate Finance and Economics, 2008, 37 (4): 299–316.

[29] 任超群,顾杰,张娟锋,等. 关于我国住宅价格波纹效应的研究[J]. 地理研究,2013, 32(6):1121–1131.

[30] 邓韬,王心蕊. 我国商品房价格区域扩散效应研究——基于GVAR模型的实证分析[J]. 江西社会科学,2015,3:36–42.

[31] 洪涛. 城市间住宅价格波动关系的比较研究——以长三角和京津冀地区为例[J]. 统计与信息论坛,2009(4):58–62.

[32] 郭慧秀,拓星星,贾菲. 国内城市房价时空分异及其动力机制研究进展[J]. 地域研究与开发,2016,35(2):58–64.

[33] 张谦，王成璋. 中国住房价格波动的空间溢出效应研究[J]. 软科学，2013（4）：50–53.

[34] 王锦阳，刘锡良. 住宅基本价值、泡沫成分与区域溢出效应[J]. 经济学，2014（7）：1283–1302.

[35] 黄飞雪，谷静. 金融危机对中国70城市房价影响的关联聚集效应[J]. 管理评论，2011（6）：5–10.

[36] 兰峰，徐东涛. 长三角地区重点城市的商品住宅价格波动扩散机理研究[J]. 西安建筑科技大学学报（自然科学版），2014（46）：604–608.

[37] 兰峰，屠萌. 关中城市群商品住宅价格波动的时空扩散机理研究[J]. 西安建筑科技大学学报（自然科学版），2013（6）：907–912.

[38] 兰峰，刘娇，杨赞. 成渝城市群商品住房价格时空溢出机理研究[J]. 财经问题研究，2017（7）：102–109.

[39] 兰峰，张毅. 城市房价小周期波动下的空间溢出效应研究——以长江中游城市群25个城市为例[J]. 郑州大学学报（哲学社会科学版），2018（4）：48–52.

[40] 丁如曦，倪鹏飞. 中国城市住房价格波动的区域空间关联与溢出效应——基于2005—2012年全国285个城市空间面板数据的研究[J]. 财贸经济，2015，36（6）：136–150.

[41] Alexander C, Barrow M. Seasonality and Cointegration of Regional House Prices in the UK[J]. Urban Studies, 1994, 31 (10): 1667–1689.

[42] Muellbauer J, Murphy A. Explainig Regional House Prices in the UK[R]. Dublin: University College Dublin Working Paper, 1994.

[43] Holmes Mark J. How Convergent are Regional House Prices in the United Kingdom? Some New Evidence from Panel Data Unit Root Testing[J]. Journal of Economic and Social Research, 2007, 9 (1): 1–17.

[44] Holmes Mark J., Grimes Arthur. Is There Long-run Convergence among Regional House Prices in the UK? [J]. Urban Studies, 2008, 45 (8): 1531–1544.

[45] Gupta Rangan, Miller Stephen. Ripple effects and forecasting home prices in Los Angeles, Las Vegas, and Phoenix[J]. Annals of Regional Science. 2012, 489 (3): 763–782.

[46] Kuethe T H, Pede V O. Regional Housing Price Cycles: A Spatio-temporal Analysis Using US State-level Data[J]. Regional Studies, 2011, 45 (5): 563–574.

[47] Smyth R., Nandha M. Cointegration and Causality in Australian Capital City House Prices1986—2001[J]. Journal of Economic and Social Policy, 2003, 7 (2): 35–50.

[48] Mikhailitchenko Serguei. Granger Causality, House Prices in Capital Cities of Australia[D]. Kuwait: Australian College of Kuwait, 2007.

[49] Lee M T, Lee M L, Lin S H. Trend properties, cointegration, and diffusion of presale house prices in Taiwan: Can Taipei's house prices ripple out? [J]. Habitat International, 2014, 44: 432–441.

[50] Lee Chien-Chiang, Chien Mei-Se. Empirical Modelling of Regional House Prices and the Ripple Effect[J]. Urban Studies. 2011, 48 (10): 2029–2047.

[51] 郭文伟. 中国十大城市房价泡沫相依结构及其传导机制研究[J]. 中央财经大学学报, 2017（4）: 62-73, 91.

[52] 黄飞雪. 中国东中西部城市房价波动的涟漪效应——以中国东中西部代表的九城市为例[J]. 运筹与管理, 2011, 20（5）: 206-215.

[53] 周倩雯, 邓小鹏, 常腾原. 基于波纹—溢出效应的区域城市房价时空联动性实证研究——以南京都市圈为例[J]. 建筑经济, 2018（1）: 66-70;

[54] 王松涛, 杨赞, 刘洪玉. 我国区域市场城市房价互动关系的实证研究[J]. 财经问题研究, 2008（6）: 122-129.

[55] 黄燕芬, 张志开, 唐将伟. 京津冀城市群住房价格波动溢出效应——基于单中心理论视角下的分析[J]. 价格理论与实践, 2018, 413（11）: 33-36.

[56] Holly S, Pesaran M H, Yamagata T. The spatial and temporal diffusion of house prices in the UK[J]. Journal of Urban Economics, 2011, 69 (1): 0–23.

[57] Tu, Yong. Segmentation of Australian housing markets: 1989—1998[J]. Journal of Property Research, 2000, 17 (4): 311–327.

[58] Luo Z Q, Liu C, Picken D. Housing price diffusion pattern of Australia's state capital cities[J]. International Journal of Strategic Property Management, 2007, 11 (4): 227–242.

[59] Chunlu, Luo Zhenqiang, MA Le, et al. Identifying house Price Diffusion Patterns among Australian State Capital Cities[J]. International Journal of Strategic Property Management, 2008, 12 (4): 237–250.

[60] Oikarinen Elias. The Diffusion of Housing Price Movements from Center to Surrounding Areas[J]. Journal of Housing Research, 2006, 15 (1): 3–28.

[61] Balcilar Mehmet, Beyene Abebe, Gupta Rangan, et al. Ripple Effects in South African House Prices[J]. Urban Studies, 2013, 50 (5): 876–894.

[62] Sing Tien-Foo, Tsai I-Chun, Chen Ming-chi. Price dynamics in public and private housing markets in Singapore[J]. Journal of Housing Economics, 2006, 15 (4): 305–320.

[63] Roehner Bertrand M. Spatial analysis of real estate price bubbles: Paris, 1984—1993[J]. Regional Science and Urban Economics, 1999, 29 (1): 73–88.

[64] Larraz-Iribas Beatriz, Alfaro-Navarro Jose-Luis. Asymmetric Behaviour of Spanish Regional House Prices[J]. International Advances in Economic Research, 2008, 14 (4): 407–421.

[65] 梁云芳, 行成生. 动态因子模型在房价波动因素分解中的应用——基于中国26个城市房价波动的分析[J]. 数学的实践与认识, 2012, 42（6）: 7-16.

[66] 徐迎军, 李东. 关于我国住宅价格波纹效应的研究[J]. 统计与决策. 2008, 21: 15-17.

[67] 方晓萍, 丁四保. 中国城市住房价格的地理扩散及其区域外部性问题[J]. 地理科学, 2012, 32（2）: 143-148.

[68] 龚健, 栾君, 王文婷, 等. 长三角城市群住宅价格的空间传导路径[J]. 经济地理. 2017（7）: 90-98.

[69] 钟威. 珠三角"极点"城市住宅价格传导研究[D]. 武汉: 华中科技大学, 2010.

[70] 李进涛，李红波. 土地出让价格信号引起的房价变化时空扩散效应[J]. 重庆大学学报（社科版），2011，17（6）：17-23.

[71] 吕龙，刘海云. 城市房价溢出效应的测度、网络结构及其影响因素研究[J]. 经济评论，2019，216（2）：125-139.

[72] 刘海云，吕龙. 城市房价泡沫及其传染的"波纹"效应[J]. 中国工业经济，2018，369（12）：44-61.

[73] Clapp J M，Tirtiroglu D. Positive Feedback Trading and Diffusion of Asset Price Changes: Evidence from Housing Transactions[J]. Journal of Economic Behavior and Organization, 1994, 24 (3): 337–355.

[74] Holly S, Hashem P M, Yamagata Takashi. A Spatio-Temporal Model of House Prices in the US[N]. IZA Discussion Paper, 2006–9 (2338).

[75] Cohen J P, Ioannides Y M, Thanapisitikul W. Spatial Effects and House Price Dynamics in the U. S. A[J]. Journal of Housing Economics, 2015, 31: 1–13.

[76] 王鹤，潘爱民，赵伟. 区域房价空间与时间扩散效应的实证研究[J]. 经济评论，2014（4）：85-95.

[77] 林睿，李秀婷，董纪昌. 基于时空模型的区域房地产价格扩散效应研究[J]. 系统工程理论与实践，2016，36（10）：2525-2536.

[78] 马晨伊. 华东地区城市间房价时空扩散效应研究[D]. 杭州：浙江大学，2016.

[79] 李祥飞，凯斯·布尔斯马. 基于时空分析模型的城市房地产政策区域扩散效应[J]. 系统工程，2017（12）：85-96.

[80] Meen, Geoffrey. Regional House Prices and the Ripple Effect: A New Interpretation[J]. Housing Studies, 1999, 14 (6): 733–753.

[81] Cun W, Pesaran M H. Land Use Regulations, Migration and Rising House Price Dispersion in the U. S[J]. CESifo Working Paper Series, 2018, 4 (10): 249–280.

[82] Ekman E, Englund P. Transaction Costs and House Price Dynamics[C]//ENHR. Housing Economics Workshop Paper. Vienna: ENHR, 1997: 120–132.

[83] Goodman A C. Modeling and Computing Transactions Costs for Purchasers of Housing Services[J]. Real Estate Economics, 1990, 18 (1): 1–21.

[84] Stein J C. Prices and Trading Volume in the Housing Market: A Model with Down-Payment Effects[J]. Quarterly Journal of Economics, 1995, 110 (2): 379–406.

[85] Nneji O, Brooks C, Ward C W R. Speculative Bubble Spillovers across Regional Housing Markets[J]. Land Economics, 2015, 91 (3): 516–535.

[86] Holmans A. House Prises: Changes through Time at National and Sub-National Level[N]. Government Economic Service Working Paper, 1990 (110).

[87] Muth R F. Expectations of house-price changes[J]. Papers in Regional Science, 2010, 59 (1): 45–55.

[88] Ngene G M, Sohn D P, Hassan M K. Time-Varying and Spatial Herding Behavior in the US

Housing Market: Evidence from Direct Housing Prices[J]. The Journal of Real Estate Finance and Economics, 2017, 54 (4): 482–514.

[89] 周亮锦，夏恩君，魏星. 基于供求关系的房价波动分析[J]. 北京理工大学学报（社会科学版），2019, 115（6）: 103–112.

[90] 陈浪南，王鹤. 我国房地产价格区域互动的实证研究[J]. 统计研究, 2012（7）: 39–45.

[91] 张炜，景维民. 房地产价格空间溢出效应测度与趋势解析[J]. 现代财经（天津财经大学学报），2017（5）: 62–75.

[92] 范新英，张所地. 产业结构对城市房价影响的空间溢出效应研究[J]. 软科学, 2018, 32（4）: 44–48.

[93] 张所地，程小燕. 城市创新性特质对房价分化影响的实证研究[J]. 数理统计与管理, 2019, 38（1）: 109–118.

[94] 余华义，黄燕芬. 利率效果区域异质性、收入跨区影响与房价溢出效应？[J]. 经济理论与经济管理, 2015（8）: 65–80.

[95] 高然，龚六堂. 论房价波动的区域间传导——基于两地区DSGE模型与动态空间面板模型的研究[J]. 华东师范大学学报（哲学社会科学版），2017, 49（1）: 154-163.

[96] 陈卓. 长三角地区城市的房价偏离及其溢出效应[J]. 南京财经大学学报, 2018, 211（3）: 37-45.

[97] 曾海舰，赵佳雯. 房价波动的网络传导机制研究[J]. 广西大学学报（哲学社会科学版），2017（1）: 110–118.

[98] 曾岚婷，叶阿忠，杨建辉. 国际资本流动对省域房价的异质性传导效应检验[J]. 统计与决策, 2019（14）: 141–145.

[99] 吴伟巍，郑彦璐，李启明，等. 区域城市间住宅价格波动溢出效应的内涵分析[J]. 城市发展研究, 2011, 18（10）: 69–73.

[100] 卢建新. 住房价格波动的时空特征、传导机理与金融风险研究[M]. 北京：中国社会科学出版社, 2018: 43.

[101] 刘士林. 关于我国城市群规划建设的若干重要问题[J]. 江苏社会科学, 2015（5）: 30–38.

[102] 裴丽岚. 国内外城市群研究的理论与实践[J]. 城市观察, 2011（5）: 164–173.

[103] 史育龙，周一星. 戈特曼关于大都市带的学术思想评介[J]. 经济地理, 1996（3）: 32-36.

[104] 洪世键，黄晓芬. 大都市区概念及其界定问题探讨[J]. 国际城市规划, 2007, 22（5）: 50–57.

[105] 王丽. 中国城市群的理论、模型与实证[M]. 北京：科学出版社, 2017: 34–50.

[106] 闫卫阳，王发曾，秦耀辰. 城市空间相互作用理论模型的演进与机理[J]. 地理科学进展, 2009, 28（4）: 511–518.

[107] 许学强，周一星，宁越敏. 城市地理学[M]. 2版. 北京：高等教育出版社, 2009: 56.

[108] 王雅莉，姜义颖. 网络时代的城市经济学发展研究[J]. 城市发展研究, 2019, 26（1）: 36–43.

[109] 胡晶，董春，吴喜之．中国广电产业发展与地区差异比较——基于Panel data的分析[J]．统计与决策，2007（5）：96–97.

[110] Roberto P. Camagni and Carlo Salone. Network urban structures in northern Italy: elements for a theoretical framework[J]. Urban Studies, 1993, 30 (6): 1053–1064.

[111] 王莎．城市网络理论与中国城市体系中的网络效应[J]．当代经济，2015（22）：130–133.

[112] Roberto P. Camagni, Lidia Diappi and Stefano Stabilini. City networks in the Lombardy region: an analysis in terms of communication flows[J]. Flux, 1994, (15): 37–50.

[113] 绽逸博，侯思华．我国城市网络效应对经济增长的影响分析[J]．商业经济研究，2015（23）：51–53.

[114] Capello, Roberta. The City Network Paradigm: Measuring Urban Network Externalities[J]. Urban Studies, 2000, 37 (11): 1925–1945.

[115] 甄峰，王波，陈映雪．基于网络社会空间的中国城市网络特征——以新浪微博为例[J]．地理学报，2012，67（8）：1031–1043.

[116] 姚士谋，等．中国城市群新论[M]．北京：科学出版社，2016：110–123.

[117] 谭术魁，钟威，李进涛．英国区域性住宅价格传导研究概述[J]．中国房地产，2010（8）：73–74.

[118] 陈蔚镇，郑炜．城市空间形态演化中的一种效应分析——以上海为例[J]．城市规划，2005，29（3）：15–21.

[119] 王奇珍，王玉东．国际油价、美国经济不确定性和中国股市的波动溢出效应研究[J]．中国管理科学，2018（11）：50–61.

[120] 周惠来，郭蕊．中国城市群研究的回顾与展望[J]．地域研究与开发，2007，26（5）：55–60.

[121] 倪鹏飞，等．2006年城市竞争力蓝皮书[M]．北京：社会科学文献出版社，2006：47–60.

[122] 方创琳，姚士谋，刘盛和，等．2010中国城市群发展报告[M]．北京：科学出版社，2010：67.

[123] 刘士林．改革开放以来中国城市群的发展历程与未来愿景[J]．甘肃社会科学，2018（5）：1–9.

[124] 潘竟虎，戴维丽．1990—2010年中国主要城市空间形态变化特征[J]．经济地理，2015，35（1）：44–52.

[125] 方创琳．城市群空间范围识别标准的研究进展与基本判断[J]．城市规划学刊，2009（4）：1–6.

[126] 顾朝林，庞海峰．基于重力模型的中国城市体系空间联系与层域划分[J]．地理研究，2008，27（1）：1–12.

[127] 刘军．社会网络模型研究论析[J]．社会学研究，2004（1）：1–12.

[128] 刘军．法村社会支持网络的整体结构研究块模型及其应用[J]．社会，2006，26（3）：69–80.

[129] 刘军．整体网分析——UCINET软件实用指南[M]．上海：格致出版社，2014：222–223.

[130] 方创琳. 中国城市群研究取得的重要进展与未来发展方向[J]. 地理学报, 2014, 69 (8): 1130–1144.

[131] 兰峰, 焦成才. 商品住房价格空间分异特征及演化机理研究[J]. 财经问题研究, 2018 (6): 138–144.

[132] 于涛方, 丁睿, 潘振. 成渝地区城市化格局与过程[J]. 城市与区域规划研究, 2008, 1 (2): 65–93.

[133] 高铁梅. 计量经济分析方法与建模: EViews应用及实例[M]. 北京: 清华大学出版社, 2006: 232.

[134] 马慧慧. Eviews统计分析与应用[M]. 3版. 北京: 电子工业出版社, 2016: 160–180.

[135] 曾祥渭. 我国典型城市群商品住宅价格城市间互动性研究[D]. 北京: 中央财经大学, 2016.

[136] 林海明. 主成分分析与初始因子分析的异同——兼与卢纹岱《SPSS for Windows统计分析》商榷[J]. 统计与决策, 2006 (8): 33–34.

[137] 陈明华, 刘华军, 孙亚男, 等. 城市房价联动的网络结构特征及其影响因素——基于中国69个大中城市月度数据的经验考察[J]. 南方经济, 2016, 34 (1): 71–88.

[138] 纪晗. 房价溢出效应与货币政策异质效果: 综述与展望[J]. 金融发展研究, 2015 (07): 37–43.

[139] Manski, Charles F. Economic Analysis of Social Interactions[J]. Journal of Economic Perspectives, 2000, 14 (3): 115–136.

[140] Ioannides Y M. Residential Neighborhood Effects[J]. Discussion Papers Series, Department of Economics, Tufts University, 1999, 32 (2): 145–165.

[141] Ioannides Y M, Zabel J E. Neighborhood Effects and Housing Demand[J]. Journal of Applied Econometrics, 2003, 18 (5): 563–584.

[142] Ioannides Y M, Zabel J E. Interactions, neighborhood selection and housing demand[J]. Journal of Urban Economics, 2008, 63 (1): 0–252.

[143] 曹琳剑, 王杰, 王欢欢, 等. 京津冀基础设施建设与人口集聚耦合演进分析——基于推拉理论解析[J]. 地理科学, 2019 (8): 1256–1264.

[144] 兰峰, 焦成才. 基于TVP-SV模型的商品住房价格波动机理研究——以深圳市为例[J]. 数理统计与管理, 2018, 37 (3): 390–398.